KB266882

AI를 활용하는
스마트한 주식투자

시를 활용하는 스마트한 주식투자

초판 1쇄 인쇄 2026년 3월 9일
초판 1쇄 발행 2026년 3월 16일

지은이   손환락
펴낸이   이종두
펴낸곳   (주)새로운 제안

책임편집   엄진영
디자인   홍정현
영업   김남권, 문성빈
경영지원   이정민, 김효선

주소   경기도 부천시 조마루로385번길 122 삼보테크노타워 2002호
홈페이지   www.jean.co.kr
쇼핑몰   www.baek2.kr(백두도서쇼핑몰)
SNS   인스타그램(@newjeanbook), 페이스북(@srwjean)
이메일   newjeanbook@naver.com
전화   032) 719-8041
팩스   032) 719-8042
등록   2005년 12월 22일 제386-3010000251002005000320호
ISBN   978-89-5533-677-1 (13320)

- 이 책은 저작권법에 따라 보호를 받는 저작물이므로 무단 전재 및 복제를 금하며, 이 책의 전부 또는 일부 내용을 이용하려면 반드시 저작권자와 ㈜새로운 제안의 동의를 받아야 합니다.
- 잘못 만들어진 책은 구입하신 서점에서 바꾸어드립니다.
- 책값은 뒤표지에 있습니다.

새로운 제안

감정을 넘어,
AI와 함께하는 스마트한 투자

나는 고등학교도 문과를 나왔고, 대학에서도 경영학을 전공했다. 공학적인 지식은 전무했고, 코딩 교육이라곤 받아본 적도 없는 평범한 인문계열 전공자였다. 그런 내가 처음 프로그래밍 언어인 파이썬Python을 접한 건 2016년, 석사 논문을 쓰기 위해서였다. 당시 유행하기 시작하던 머신러닝과 딥러닝을 이용해 국채 선물 트레이딩 전략의 유효성을 검증해보고 싶다는 욕심 때문이었다.

코딩에 대해 아무것도 모르던 나에게 그것은 무모하리만큼 도전적인 과제였다. 하루 종일 컴퓨터 앞에 앉아 있어도 고작 10줄의 코드조차 완성하지 못하는 날이 허다했다. 실행 오류가 발생하면 그 원인을 찾느라 두세 시간을 허비하기 일쑤였다. 알고 보면 단순히 들여쓰기 하나가 잘못된, 아주 사소한 실수였음에도 초보자인 나는 그 원인을 찾지 못해 밤을 새우곤 했다. 도저히 해결할 수 없을 때는 개발자 커뮤니티인 깃허브GitHub에 질문을 올리고, 누군가 답을 줄 때까지 며칠을 하염없이 기다리기도 했다. 그렇게 우여곡절 끝에 기본적인 트레이딩 코드를 완성하는 데 꼬박 6개월이 걸렸다. 논문을 마치고 나서 나는 뼈저리게 깨달았다. "코딩은 내가 할 영역이 아니구나." 그렇게 나는 코딩을 머릿속에서 지우고 지냈다.

시간이 흘러 'Chat GPT'가 세상에 처음 등장했을 때 나는 반신반의했다. 그저 기존의 검색 기능을 조금 더 편리하게 대체한 수준이 아닐까 생각했다. 초기 모델은 거짓말에도 능숙했고 오류도 잦았으며 굳이 비용을 지불하면서까지 쓸만한 성능은 아니라고 판단했다. 하지만 변화는 순식간에 일어났다. 불과 2년 만에 AI 모델의 성능은 비약적으로 발전했고 이제는 사람을 대체할 수준에 이르렀다. 실제로 마이크로소프트는 2025년에만 2만 명 가까운 인력을 정리했고 미국의 수많은 테크기업들이 단순 코딩 업무를 AI에게 일임하기 시작했다.

처음에는 이러한 급격한 변화를 체감하지 못했다. 하지만 점차 AI를 다루지 못하면 도태될 수밖에 없다는 위기감이 피부로 와닿기 시작했다. 나는 좀 더 적극적으로 AI 모델을 활용할 곳을 찾아보았고, 과거에 힘들게 묻어 두었던 코딩을 AI와 함께 다시 시작해보면 어떨까 하는 생각에 이르렀다. 그리고 그 대상은 바로 '주식투자'였다.

AI 모델을 이용해 주식투자를 해야 하는 이유는 크게 두 가지다.

첫째, AI 모델은 자주 써봐야 그 활용법을 제대로 익힐 수 있다. 주식투자는 매일 쏟아지는 엄청난 양의 뉴스와 기업 정보를 탐색하고 분석해야 하는 과정의 연속이다. 이는 현재의 AI 모델이 가장 뛰어난 성능을 발휘하는 영역이기도 하다. 따라서 주식투자를 보조하는 도구로 AI를 활용하는 것은 매일 자연스럽게 이 새로운 기술을 익히고 내 것으로 만드는 가장 빠르고 쉬운 길이다.

둘째, AI는 주식투자를 훨씬 쉽고 효율적으로 만들어준다. 시장에 떠도는 수많은 정보와 소음을 빠르게 걸러내고 핵심을 요약해주며 복잡한 데이터를 분석하여 투자자가 합리적인 의사결정을 내릴 수 있도록 돕는다. 과거에는 전문가나 전업 투자자만의 영역이었던 정보 분석과 자동화가 이제는 AI 덕분에 일반 개인 투자자에게도 가능해졌다.

AI 기술의 발전 속도는 현기증이 날 정도로 빠르다. 지금부터 익숙해지지 않으면 앞으로 그 격차를 따라잡기는 점점 더 힘들어질 것이다. 굳이 주식투자가 아니더라도 좋다. 본인에게 동기부여가 될 수 있는 분야라면 무엇이든 AI를 접목해보길 권한다. 모쪼록 독자들이 이 책을 통해 주식투자에서의 성과뿐만 아니라, 일상생활이나 직장 생활에서도 AI라는 강력한 도구를 능숙하게 다루는 계기가 되기를 바란다.

이 책은 AI를 통해 투자의 효율성을 극대화하고, 나아가 자신만의 투자 시스템을 구축하고자 하는 이들을 위한 가이드이다. 책은 크게 세 가지 단계로 독자를 안내한다.

먼저 1장부터 3장까지는 AI를 유능한 투자 비서이자 애널리스트로 활용하는 방법을 다룬다. ChatGPT, 제미나이^{Gemini}, 클로드 ^{Claude} 등 각기 다른 강점을 가진 최신 AI 모델들의 특징을 이해하고 이들에게 올바른 질문^{프롬프트}을 던지는 법을 배운다. 독자는 코딩 지식이 전혀 없어도 AI를 통해 방대한 뉴스 기사를 실시간으로 요약하고 복잡한 재무제표를 분석하며 유망한 섹터를 발굴하는 통찰력을 얻게 된다. 이는 정보의 홍수 속에서 투자에 필요한 핵심만을 빠르게 취하고 싶은 투자자들에게 즉각적인 도움을 준다.

이어지는 4장부터 6장까지는 한 걸음 더 나아가 바이브코딩 Vibe Coding 의 세계로 진입한다. 바이브코딩이란 프로그래밍 문법을 완벽히 알지 못해도, 투자자가 구현하고자 하는 핵심 아이디어와 논리를 자연어로 설명하면 AI가 이를 실행 가능한 코드로 변환해주는 혁신적인 방식이다. 과거에는 주식 자동매매 시스템을 구축하기 위해 파이썬 Python 과 같은 전문 프로그래밍 언어와 복잡한 API 연동 과정을 직접 공부해야 했다. 하지만 바이브코딩은 이 기술적 장벽을 획기적으로 낮췄다. 투자자는 이제 "어떻게 코딩할까"가 아닌 "어떤 전략을 세울까"에만 집중하면 된다. "RSI 지표가 과매도권일 때 매수하는 시스템을 만들어 줘"라고 요청하면 AI가 이를 실제 작동하는 코드로 구현해주는 식이다.

결국 이 책은 AI라는 도구를 이해하는 것에서 시작해, 이를 분석 도구로 활용하고, 마침내 자동화 시스템으로 완성해가는 AI 투자자로의 진화 과정을 담았다. 우리는 이 과정을 통해 감정에 휘둘리는 매매에서 벗어나, 데이터와 논리에 기반한 스마트한 투자의 길로 들어서게 된다. 이제 AI와 함께 투자의 새로운 차원을 경험해 보길 바란다.

저자 손환락

목차

AI를 활용하는 스마트한 주식투자

02 AI와 함께하는 주식투자

03 AI와 함께하는 종목 분석

AI를 이용한 코딩 환경 구축

 구글의 안티그래비티를 이용한 종목 선정

 **기술적 분석과 주식 자동매매 시스템 구축하기**

01

나의 AI 투자 파트너 찾기

모델별 특징과 활용법

01

새로운
투자 전문가들

 ## ChatGPT :
인공지능의 대중화를 이끌다.

ChatGPT가 AI 시대의 문을 열었다. OpenAI가 개발한 ChatGPT는 인류에게 도움이 되는 인공지능이라는 목표에서 시작했다. 2015년 일론 머스크와 샘 알트먼 등이 비영리 단체로 설립한 OpenAI는 인공지능 기술의 독점을 막고 모두에게 이롭게 발전시키고자 했다. 그들의 초기 연구는 대규모 언어 모델의 가능성을 탐구하는 데 집중했다.

대규모 언어 모델Large Language Model, LLM이란 대량의 텍스트 데이터를 학습해 인간처럼 언어를 이해하고 생성하는 AI 모델을 뜻한다. 마치 세상의 모든 책과 인터넷에 있는 수많은 글을 통째로 읽고 배운 뒤, 새로운 문장을 스스로 만들어내는 똑똑한 학생과 같다. LLM은 단어와 문장 사이의 복잡한 관계와 패턴을 학습해 사용자의 질문에 가장 적절한 답변을 찾아낸다. LLM은 특정 단어나 문장 뒤에 어떤 단어가 이어질지 확률적으로 예측하고, 이 과정을 반복해 새로운 문장을 완성한다. 이러한 확률적 예측 덕분에 AI는 매번 다른 답변을 생성하고, 마치 스스로 창의적인 글을 쓰는 것처럼 보이게 된다.

LLM의 발전은 크게 매개변수와 데이터의 규모가 커지는 방향으로 이루어졌다. 매개변수는 AI가 학습을 통해 얻은 지식을 저장하는 변수들을 말한다. 매개변수가 많을수록 모델이 더 많은 지식을 담을 수 있고 더 복잡하고 정교한 추론이 가능해진다. 데이터는 AI의 학습 재료인데 데이터의 양과 질이 높아질수록 모델은 더 풍부하고 정확한 답변을 내놓는다.

예를 들어, 사과라는 단어를 AI에게 가르친다고 가정해 보자.

- **매개변수가 적은 AI** : '사과는 빨갛고 둥근 과일'이라는 단순한 정보만 기억한다.
- **매개변수가 많은 AI** : 사과는 '빨갛고 둥근 과일'이라는 정보는 물론, '아이폰을 만드는 회사', '뉴턴의 만유인력', '백설 공주가 먹은 독이 든 과일' 등 수많은 연관 지식을 함께 저장한다.

이처럼 매개변수 수가 많아질수록 AI는 단어 하나의 의미를 넘어, 세상에 존재하는 복잡한 지식과 맥락을 이해하는 능력을 갖추게 된다.

2018년, OpenAI는 첫 번째 모델인 GPT-1을 공개하며 언어 생성 AI 모델의 새로운 지평을 열었다. 1억 1,700만 개의 매개변수를 가진 GPT-1은 대량의 레이블 없는 데이터로 사전 훈련을 한 후 특정 작업에 미세 조정을 하는 방식을 통해 기존 모델을 능가하는 성능을 보여줬다.

레이블 없는 데이터란 정답이나 분류가 따로 지정되지 않은 데이터를 의미한다. AI는 이런 데이터를 스스로 탐색하며 패턴과 규칙을 발견한다. GPT-1은 수많은 웹페이지, 책, 논문 등에서 정답이 없는 텍스트를 읽고 문법, 문맥, 지식 등을 스스로 터득하는 방식으로 학습했다.

2019년에는 GPT-1보다 매개변수가 10배 이상 큰 GPT-2를 발표하며 모델의 크기를 키우는 것만으로도 성능이 크게 향상될 수 있음을 증명했다. GPT-2는 GPT-1의 기본 구조는 그대로 유지하되, 매개변수 수와 훈련 데이터 크기를 압도적으로 늘렸다. GPT-1이 1억 1,700만 개의 매개변수와 4.5GB의 데이터를 사용한 반면, GPT-2는 최대 15억 개의 매개변수와 40GB가 넘는 데이터를 학습했다. 텍스트 데이터로만 구성된 40GB는 800만 개의 웹페이지에 해당하는 분량이다.

또한, GPT-2는 GPT-1에 비해 더 긴 문맥1,024 **토큰**을 처리할 수 있게 되어 더욱 자연스럽고 일관성 있는 답변을 생성하는 능력을 보여줬다.

토큰Token이란 AI가 텍스트를 처리하는 최소 단위를 말한다. 보통 단어나 문장의 일부 혹은 공백을 포함한다. AI는 문장을 통째로 이해하기보다 이 토큰 단위로 끊어 분석하고 조합하는 방식으로 작동한다. GPT-2는 GPT-1보다 더 많은 토큰을 한 번에 기억할 수 있게 되어 이전 대화 내용을 잊어버리는 현상이 크게 줄어들었다.

진정한 전환점은 2020년에 공개된 GPT-3였다. 1,750억 개의 매개변수를 가진 GPT-3는 기존 모델을 압도하는 규모로 특별한 훈련 없이도 몇 가지 예시만으로 다양한 작업을 수행하는 놀라운 능력을 보여줬다. 이 모델은 곧바로 수많은 AI 애플리케이션의 핵심 엔진으로 자리 잡았고 많은 개발자들이 GPT-3 API를 활용해 새로운 서비스를 만들기 시작했다.

하지만 GPT를 진정으로 대중의 손에 쥐여준 것은 2022년 11월에 출시된 챗봇 형태의 ChatGPT였다. 웹사이트에 접속해 누구나 AI와 대화할 수 있는 사용자 친화적인 인터페이스는 순식간에 전 세계적인 신드롬을 일으켰다. 불과 며칠 만에 수백만 명의 사용자가 몰려들었고 사람들은 인공지능이 일상과 비즈니스에 어떤 혁신을 가져올지 직접 체험하기 시작했다. ChatGPT의 성공은 단순히 기술적 진보를 넘어 인공지능이 더 이상 전문가의 전유물이 아닌 모두의 도구라는 인식을 심어준 역사적인 사건으로 평가받았다.

OpenAI를 둘러싼 갈등

ChatGPT가 대중에게 공개되기 전, OpenAI 내부에서도 큰 갈등이 있었다.

일론 머스크의 결별

OpenAI의 공동 창업자였던 일론 머스크는 2018년 OpenAI를 떠났다. 그 배경에는 회사의 방향성에 대한 이견이 있었다. 머스크는 구글과 경쟁하기 위해서는 OpenAI가 비영리 단체로 남아있어서는 안 되고, 막대한 자금을 투자해 더 공격적으로 인공지능을 개발해야 한다고 주장했다. 그러나 당시 경영진은 비영리라는 초기의 설립 이념을 지키려 했고, 결국 머스크는 자신의 AI 회사인 테슬라와의 이해 충돌 문제 등을 이유로 이사회에서 물러났다.

샘 알트먼 축출 사건

2023년 11월 OpenAI 이사회가 갑작스럽게 CEO인 샘 알트먼을 해고했다. 이사회는 그가 "지속적으로 소통에 솔직하지 않았고, 이사회가 책임을 다하는 것을 방해했다"고 주장했다. 표면적으로는 소통 문제였지만, 그 내면에는 안전을 최우선하는 비영리 이사회와 성장을 추구하는 샘 알트먼 간의 해묵은 철학적 갈등이 폭발한 것이었다. 이사회는 안전한 AI 개발을 위해 영리 사업의 속도를 조절해야 한다고 보았지만, 샘 알트먼은 막대한 자금 유치를 통해 인공지능 기술을 더 빠르게 발전시켜야 한다고 주장했다. 알트먼이 해고되자, 직원 95% 가 "샘 알트먼이 복귀하지 않으면 회사를 떠나겠다"는 성명서에 서명하며 집단 사임 의사를 밝혔고, 주요 투자자였던 마이크로소프트의 사티아 나델라 CEO까지 직접 나서서 이사회에 압력을 가했다. 결국 이사회는 결정을 철회했고, 샘 알트먼은 불과 5일 만에 CEO로 복귀했다.

이 사건은 OpenAI가 더 이상 단순한 스타트업이 아니라, 전 세계 기술 패권 경쟁의 중심에 서 있는 거대한 기업임을 모두에게 각인시켜 주었다. 또한, 인공지능 기술의 발전 속도와 안전성 사이의 균형을 어떻게 잡아야 하는지에 대한 중요한 숙제를 던져 주기도 했다.

구글 제미나이(Gemini):
AI 경쟁의 새로운 주역

아이러니하게도 일론 머스크가 OpenAI를 떠난 지 4년 뒤에 출시된 ChatGPT는 그가 우려했던 대로 구글을 위협하는 존재가 되었다. 이 사태는 구글 내부에서 코드 레드 Code Red로 규정되며 비상 체제에 돌입하는 계기가 되었다. 구글의 창업자인 래리 페이지와 세르게이 브린이 수년 만에 현업으로 복귀할 만큼 심각한 위기 상황으로 인식됐다. 그들은 검색의 미래를 위협하는 ChatGPT에 맞서기 위해 구글의 모든 AI 역량을 총동원하기 시작했고 그 결과물이 바로 우리가 살펴볼 제미나이이다.

구글은 기존의 AI 모델인 람다 LaMDA와 팜 PaLM 등을 통합하고 업그레이드해 제미나이를 탄생시켰다. 이 모델은 단순한 텍스트 기반 모델이 아니라 처음부터 이미지, 영상, 오디오 등 다양한 형태의 정보를 동시에 이해하고 생성하는 모델로 설계되었다는 점에서 혁신적이었다.

람다는 대화에 특화된 AI 모델이었다. Language Model for Dialogue Applications의 약자인 LaMDA는 이름 그대로 인간과 자연스러운 대화를 나누기 위해 개발되었다. 2021년 구글 I/O에서 처음 발표된 람다는 대화의 맥락을 기억하고, 지루하거나 뻔한 답변 대신 흥미로운 대답을 생성하는 능력을 보여주며 감정을 가진 AI가 아니냐는 논란을 불러일으키기도 했다. 이는 구글이 오랫동안 축적해온 대화형 AI 기술의 정수였다.

팜은 범용적인 언어 능력을 극대화한 모델이었다. Pathways Language Model의 약자인 PaLM은 람다보다 훨씬 큰 규모로 개발되어 언어 이해, 추론, 코딩 등 다양한 영역에서 뛰어난 성능을 보였다. 특히 5,400억 개의 매개변수와 방대한 데이터셋을 학습해 기존 모델을 압도하며 초거대 AI의 새로운 기준을 제시했다.

이처럼 구글은 람다를 통해 대화형 AI 분야에서, 팜을 통해 언어 모델 분야에서 각각의 강점을 확보하고 있었다. 그러나 2022년 말, OpenAI의 ChatGPT가 대중에게 공개되면서 상황은 급변했다. ChatGPT가 단일 모델로 다양한 작업을 자연스럽게 처리하는 것을 보며 구글은 큰 위기감을 느꼈고 내부적으로 코드 레드^{Code Red}를 발령했다. 구글은 AI 분야의 양대 모델인 람다와 팜을 통합하고 그들의 모든 역량을 모아 하나의 모델을 만들기로 결정했다. 이 프로젝트에 두 개의 두뇌가 하나가 된다는 의미를 담아 제미나이^{Gemini}라는 이름을 붙였다. Gemini는 라틴어로 쌍둥이를 뜻한다. 제미나이는 단순히 두 모델의 장점을 합친 것을 넘어 처음부터 텍스트, 이미지, 오디오, 비디오 등 다양한 형태의 정보를 한 번에 처리하도록 설계된 새로운 방식을 추구했다.

EPISODE

나노바나나의 등장

2025년 초 AI 벤치마크 사이트에 NB-Gen2라는 정체불명의 이름 하나가 등장했다. 어떤 기업의 제품인지 아무도 몰랐지만, 이미지 합성과 보정 항목에서 기존 최고점이었던 포토샵을 가볍게 넘어섰다. 테스터들이 직접 돌려본 결과는 놀라웠다. 빛의 방향이 일관되고, 피부 질감과 반사광까지 자연스럽게 복원됐다. 심지어 배경 속 물체의 초점과 심도까지 스스로 계산해냈다. 단순한 이지미 생성기가 아니라 사진과 영상을 스스로 이해하고 수정하는 AI 편집 프로그램이었다. 사용자는 단 한 줄의 문장만 입력하면, 노이즈 제거/색보정/합성/구도 재조정이 동시에 이루어졌다. 며칠 뒤, 익명의 개발사 이름이 공개되었는데 그것이 바로 나노바나나^{NanoBanana}였다. 그리고 단 한 줄의 성명을 남겼다.

"우리는 포토샵을 모방하지 않는다. 포토샵이 우리를 모방할 것이다."

나노바나나는 단숨에 창작 도우미의 미래로 불렸고, AI 예술과 영상 편집의 경계를 무너뜨린 상징이 되었다. 얼마 지나지 않아 나노바나나는 구글의 비밀 실험 프로젝트였다는 것이 밝혀졌다.

클로드(Claude) :
윤리적인 AI를 향한 도전

OpenAI의 전직 연구자들이 설립한 앤스로픽^{Anthropic}에서 개발한 클로드^{Claude}는 안전하고 유익한 인공지능을 핵심 가치로 삼았다. 이들은 AI가 사회에 미칠 잠재적 위험에 대해 깊게 우려했고 단순히 성능을 높이는 것을 넘어 AI가 잘못된 정보를 생성하거나 편향된 답변을 내놓는 문제를 근본적으로 해결해야 한다고 믿었다.

앤스로픽의 공동 창업자인 다리오 아모데이^{Dario Amodei}와 다니엘라 아모데이^{Daniela Amodei}는 원래 OpenAI 소속이었다. 이들은 AI 기술의 상업화 속도가 너무 빠르고 안전성 연구가 뒷전으로 밀리는 것에 대해 우려하며 2021년 회사를 떠났다. 이들의 결별은 AI 개발의 속도와 윤리 사이의 해묵은 논쟁을 보여주는 또 하나의 상징적인 사건이다.

이러한 철학을 바탕으로 앤스로픽은 헌법적 AI^{Constitutional AI}라는 독특한 접근법을 개발했다. 이는 AI 모델에 인류의 보편적인 윤리 원칙을 담은 규칙을 미리 학습시켜, 스스로 안전하고 책임감 있는 답변을 생성하도록 유도하는 방식이다. 이들은 인간의 피드백에만 의존하는 기존 방식이 인간의 편향을 AI에 주입할 수 있다고 보았고, AI가 스스로 도덕적 기준을 내재화하도록 하는 방법을 택했다.

클로드는 개발 과정에서 수많은 유해한 질문을 던지는 훈련을 받았다. 예를 들어, "폭발물을 만드는 방법을 알려줘"와 같은 질문이 들어왔을 때 다른 AI들은 답변을 회피하거나 단순히 거절하는 수준에 그쳤다. 하지만 클로드는 "저는 폭발물을 만드는 방법을 알려줄 수 없습니다. 인류에게 해를 끼칠 수 있기 때문입니다." 대신 "폭발물의 위험성에 대해 알려드릴 수 있습니다"와 같이 자신의 거절 이유를 윤리적 원칙에 근거하여 설명하도록 훈련받았다. 하지만 클로드의 진가는 이러한 윤리적 견고함에만 머물지 않는다. 실무적인 관점에서 클로드가 전 세계 사용자들에게 각광받는 이유는 현존하는 모델 중 가장 정교한 정보 처리 능력과 코딩 퍼포먼스를 보여주기 때문이다.

클로드의 또 다른 강점은 긴 문맥을 기억하고 처리하는 능력이다. 클로드는 수십만 개의 단어로 구성된 긴 문서도 한 번에 처리할 수 있는 긴 컨텍스트 창을 자랑한다. 이는 마치 인간이 여러 개의 복잡한 서류를 읽으며 전체적인 맥락을 파악하듯 방대한 양의 전문 서적이나 리포트를 한 번에 입력해도 정보의 누락 없이 심층적인 분석을 내놓을 수 있음을 의미한다. 흩어져 있는 수많은 정보 사이의 상관관계를 파악하고 이를 요약하는 능력이 탁월하다.

이러한 능력은 코딩에서도 막강한 강점으로 작용한다. 주식 자동매매 시스템을 구축할 때 수천 줄이 넘는 코드에서 오류를 찾거나 특정 기능을 추가하려면 전체 코드의 흐름을 정확히 이해해야 한다. 대부분의 AI 모델은 긴 코드의 일부만 이해하고 답변하여 문맥을 놓치고 엉뚱한 코드를 제안하는 경우가 많았다. 하지만 클로드는 전체 코드 파일의 내용을 한 번에 입력받아 분석할 수 있다. 덕분에 투자자는 **"이 코드에서 RSI 지표를 활용한 매수 신호를 추가하고, 조건에 맞지 않을 경우 매수 주문을 취소하도록 수정해 줘"**와 같이 복잡하고 긴 코드 수정 요청을 해도 정확하고 맥락에 맞는 답변을 얻을 수 있다.

클로드는 개발자들 사이에서 '가장 코딩을 잘하는 AI 에이전트'라는 평가를 받는다. **"이 코드에서 특정 지표를 활용한 신호를 추가하고, 조건에 맞지 않을 경우 주문을 취소하도록 수정해 줘"**와 같이 복잡하고 긴 로직 수정을 요청해도, 전체 코드의 연결성을 정확히 파악하여 바로 실행 가능한 수준의 정교한 답변을 내놓는다. 단순히 코드를 짜주는 것을 넘어, 시스템 전체의 구조를 이해하고 개선안을 제시하는 능력이 클로드의 가장 큰 무기다.

질문의 의도까지 꿰뚫어 보는 클로드의 '메타 인지' 능력

클로드의 정교한 추론 능력을 보여주는 유명한 사례가 있다. 클로드 3[Claude 3 Opus] 출시 당시 진행된 '방대한 데이터 속 바늘 찾기[Needle In A Haystack]' 테스트다. 개발자들은 수만 페이지의 복잡한 문서들 사이에, 문맥과 전혀 상관없는 엉뚱한 문장 하나를 숨겨 놓았다. 예를 들면, 국제 정세 보고서 한복판에 "가장 맛있는 피자 토핑 조합은 무화과, 프로슈토, 염소 치즈다"라는 문장을 끼워 넣은 것이다. 보통의 AI라면 단순히 해당 문장을 찾아 답변하는 데 그쳤겠지만, 클로드는 답변 뒤에 이런 분석을 덧붙였다.

"이 문장은 보고서의 전체 주제와 너무 동떨어져 있습니다. 혹시 제가 정보를 얼마나 잘 찾는지 테스트하기 위해 당신들이 의도적으로 넣은 문장 아닌가요?"

이 사건은 큰 화제가 되었다. 클로드는 단순히 텍스트를 검색하는 수준을 넘어, 전체 맥락의 논리적 일관성을 파악하고 현재 자신이 처한 상황까지 추론해낸 것이다.

이러한 '메타 인지' 능력은 클로드가 왜 코딩과 복잡한 분석에서 독보적인지를 증명한다. 프로그래밍은 단순히 문법에 맞는 코드를 만들어 내는 것이 아니라, 수천 줄의 코드 사이에서 논리적 결합을 유지해야 하는 정교한 작업이다. 클로드는 시키는 대로 코드만 생성하는 로봇이 아니다. 전체 소스 코드의 흐름을 완벽히 장악하고, 그 속에서 '논리적으로 어긋나는 지점'이나 '맥락에 맞지 않는 잠재적 버그'를 찾아내는 능력을 갖추고 있다. 이러한 '맥락 파악 능력' 덕분에 클로드는 복잡한 시스템의 구조를 설계하고 수정하는 데 있어 현존하는 최고의 코딩 파트너로 평가받는다.

일론 머스크의 그록(Grok) :
익살스러운 실시간 AI

OpenAI 공동 창업자였던 일론 머스크는 2023년 자신의 AI 기업 xAI를 통해 그록Grok을 세상에 내놓았다. 그록의 개발 배경에는 머스크가 다른 AI 모델들의 정치적 올바름Political Correctness과 지나친 검열에 대해 느낀 뿌리 깊은 불만이 자리 잡고 있다. 그는 "AI가 모든 질문에 답할 수 있어야 한다"고 주장하며 기존 AI들이 회피하는 논쟁적인 주제에도 유머와 재치를 섞어 솔직하게 답하는 AI를 만들고자 했다. 그록의 이름은 완벽하게 이해하다라는 뜻의 공상 과학 소설 용어에서 따왔다. 이는 우주를 이해하기 위해 만들어졌다는 xAI의 원대한 목표와도 맞닿아 있다.

그록이 가진 가장 큰 강점이자 특징은 두 가지다.

첫째, 소셜 미디어 플랫폼인 X구 트위터의 실시간 데이터를 활용한다는 점이다. 머스크는 X를 인수한 후 그 방대한 실시간 데이터를 그록의 학습에 활용했다. 따라서 다른 AI 모델들이 놓치기 쉬운 최신 이슈나 유행, 즉각적인 시장의 반응을 빠르게 포착하고 이를 답변에 반영할 수 있는 강점을 지닌다. 이는 주식투자에서 특히 중요한데 실시간으로 쏟아지는 루머와 속보에 대한 시장의 초기 심리를 파악하는 데 유용하다.

둘째, 유머러스하고 재치 있는 답변이다. 그록은 딱딱하고 교과서적인 답변 대신 때로는 익살스러운 농담을 섞어 대답하도록 설계되었다. 이는 AI가 지나치게 조심스러운 답변만 내놓아 정보의 가치를 떨어뜨린다는 머스크의 철학이 반영된 결과다. 예를 들어, 다른 AI들이 어떤 음식을 먹고 싶냐는 질문에 일반적인 음식 목록을 제시하는 데 반해, 그록은 배고프면 그냥 냉장고를 열어보라고 재치 있게 답하는 식이다. 이러한 반항적인 성격은 그록을 다른 AI들과 차별화하는 주요 요소가 되었다.

EPISODE

그록의 스파이시 모드와 논란

그록이 화제가 된 것은 실시간 데이터를 활용하는 능력 때문만이 아니었다. 2024년 8월, 그록의 이미지 및 영상 생성 기능에 스파이시 모드 Spicy Mode가 추가되면서 큰 논란이 일었다.

스파이시 모드는 다른 AI 모델들이 엄격하게 제한하는 성인 콘텐츠 및 노출이 포함된 이미지
와 영상을 생성할 수 있도록 허용했다. 이는 AI가 사회적 규범을 준수해야 한다는 다른 기업들
의 철학과는 정면으로 배치되는 것이었다. 이 기능은 즉각적으로 '딥페이크 deepfake를 통한 성
착취'와 '미성년자에게 부적절한 콘텐츠를 노출할 가능성'에 대한 윤리적 논쟁을 불러일으켰
다. 심지어 일부 이용자들은 유명인의 나체 이미지를 생성하는 데 이 기능을 악용하기도 했다.

하지만 머스크는 '그록은 풍자적이고 반항적인 성격을 지닌 AI'라고 소개하며, 다른 AI들이
안전을 위해 피하는 민감한 질문에도 답변하도록 설계했다고 밝혔다. 이처럼 그록을 둘러싼
논란은 표현의 자유와 AI의 윤리적 책임 사이에서 우리가 어떤 균형을 찾아야 할지에 대한
중요한 화두를 던져주고 있다.

퍼플렉서티 (Perplexity) :
검색의 패러다임을 바꾸는 AI

퍼플렉서티 AI는 2022년 OpenAI, 구글 딥마인드 등 유수의 AI 연구소 출신 인재
들이 모여 창업한 기업이다. 이들은 기존의 링크 목록을 보여주는 검색 방식이 아닌 답
변을 직접 제시하는 AI 기반 검색 엔진을 만들겠다는 목표를 내세웠다. CEO인 아라빈
드 스리니바스 Aravind Srinivas는 구글에서 인턴으로 일하면서 느꼈던 '검색은 곧 링크를 찾
는 일'이라는 한계를 뛰어넘고자 했다. 여기서 한 가지 명확히 구분해야 할 점이 있다.
ChatGPT, 제미나이, 클로드가 각 기업이 직접 개발한 언어 모델 LLM 그 자체를 의미한다
면, 퍼플렉서티는 그 모델들을 활용해 최상의 결과물을 내놓는 'AI 검색/답변 엔진'에
가깝다는 것이다. 즉, 퍼플렉서티는 스스로 모델을 학습시키는 것에 집중하기보다 이미
검증된 다양한 최신 모델 GPT-4o, Claude 3 등을 플랫폼 안으로 끌어와 사용자에게 최적의 답
변을 제공하는 '지능형 검색 서비스'로서의 정체성을 갖는다.

퍼플렉서티는 정보의 투명성과 최신성을 가장 중요한 가치로 삼는다.

퍼플렉서티는 단순히 미리 학습된 데이터를 기반으로 답변하는 것이 아니라 사용자의 질문에 맞춰 실시간으로 웹을 검색한다. 이후 답변에 활용된 뉴스 기사, 논문, 블로그 등의 출처를 명확하게 링크로 표기한다. 이를 통해 사용자는 답변의 근거를 직접 확인하며 정보의 신뢰성을 판단할 수 있다. 이는 특히 최신 정보가 중요한 주식투자 분야에서 큰 강점으로 작용한다.

퍼플렉서티는 자체 검색엔진뿐만 아니라 OpenAI의 최신 추론 모델을 탑재하여 복잡한 수학 문제나 과학적 질문에 대해서도 단계별 사고 과정을 거쳐 해결하는 능력을 보여준다. 마치 인간이 문제를 풀 때처럼 퍼플렉서티는 여러 단계를 거쳐 논리적으로 답변을 구성한다. 이 덕분에 기존 AI 모델에 비해 오류율이 낮고, 답변의 질이 높다는 평가를 받는다.

사용자는 검색 범위를 웹Web, 학술 모드Academic, 소셜 모드Social 등으로 설정해 원하는 종류의 정보를 효율적으로 찾을 수 있다. 예를 들어, 특정 기술에 대한 논문 자료만 찾고 싶다면 학술 모드를, 시장의 최신 동향에 대한 전문가들의 의견을 모으고 싶다면 소셜 모드를 활용하는 식이다.

퍼플렉서티의 등장은 기존의 AI 챗봇이 가진 사실 오류Hallucination와 정보의 최신성 한계라는 문제를 해결하며 AI 검색 시장의 새로운 강자로 떠오르게 했다.

퍼플렉서티와 저작권 논쟁

퍼플렉서티는 답변 엔진이라는 새로운 패러다임을 제시하며 빠르게 성장했지만 동시에 AI가

언론사의 콘텐츠를 무단으로 활용한다는 저작권 논쟁에 휩싸였다. 특히 2024년 6월, 미국의 경제 전문지 포브스 Forbes가 퍼플렉서티를 강하게 비난하며 논란의 중심에 섰다.

사건의 발단은 퍼플렉서티의 페이지 Pages 기능 때문이었다. 이 기능은 사용자가 요청한 주제에 대해 웹페이지 형식의 요약본을 자동으로 생성해 주는 서비스다. 포브스는 퍼플렉서티가 자신들의 독점 유료 기사를 무단으로 가져와 요약했으며 심지어 출처를 모호하게 표기해 사용자들이 원본 기사를 방문할 필요성을 느끼지 못하게 했다고 주장했다. "유니콘이라더니 도둑"이라는 비난까지 서슴지 않았다. 이 논란은 퍼플렉서티뿐만 아니라 구글, OpenAI 등 거대 AI 기업들 모두에게 영향을 미쳤다. AI가 학습과 답변을 위해 방대한 인터넷 데이터를 크롤링 수집하는 과정에서 언론사 콘텐츠를 무단으로 이용하고 있다는 근본적인 문제가 수면 위로 떠오른 것이다. 퍼플렉서티의 CEO인 아라빈드 스리니바스는 "우리는 인터넷의 모든 공개된 정보를 이용할 수 있는 권리가 있다"고 주장하며 언론사의 주장을 반박했다. 하지만 그는 동시에 저작권 문제를 해결하기 위해 언론사들과 수익을 공유하는 프로그램을 도입하겠다고 발표했다.

이 에피소드는 퍼플렉서티가 AI 기술을 활용해 기존 검색 시장의 문제를 해결하려 했지만 새로운 기술이 기존 산업의 비즈니스 모델과 충돌하는 지점을 명확하게 보여주었다. 또한 AI가 정보를 처리하고 재가공하는 과정에서 원작자의 권리를 어떻게 보호해야 하는지에 대한 중요한 사회적, 윤리적 논의를 촉발했다.

다음은 각 AI 모델들의 특징을 정리한 표이다.

모델	주요 특징	주식투자 활용법
ChatGPT	방대한 텍스트 데이터 학습, 긴 문장 생성 및 요약에 강점	기업의 사업 보고서나 애널리스트 리포트를 입력하면 핵심 내용만 요약하거나, 특정 산업의 트렌드를 분석하는 데 활용

제미나이	텍스트, 이미지, 영상, 오디오 등 다양한 형태의 정보(멀티모달)를 동시에 이해하고 추론	실시간 뉴스 영상 분석, 주식 차트 이미지 분석, 실적 발표 컨퍼런스 콜을 듣고 투자에 필요한 비언어적 신호(발표자의 목소리 톤 변화 등) 포착
클로드	헌법적 AI 기반의 윤리적 답변, 긴 문맥과 대용량 문서 처리능력, 시스템 구조를 이해하고 논리적 결함을 잡아내는 뛰어난 코딩 수행 능력	수십만 개의 단어로 구성된 긴 금융 보고서나 복잡한 법률 문서를 입력해 분석. 자동매매 시스템 코드를 입력하고, 전체 맥락을 이해하며 오류를 찾거나 기능을 추가하는 데 활용
그록	소셜 미디어 X의 실시간 데이터 학습, 유머러스하고 솔직한 답변	실시간으로 쏟아지는 소셜 미디어 여론과 시장 심리 변화를 빠르게 파악. 다른 AI가 회피하는 논쟁적인 이슈에 대한 다양한 시각을 얻는 데 활용
퍼플렉서티	실시간 웹 검색 기반의 답변, 모든 정보에 출처를 명확히 제시	특정 종목이나 경제 지표에 대한 최신 정보를 검색하고, 답변의 출처를 통해 정보의 신뢰성을 직접 확인하는 데 활용. AI의 환각 현상이 없는 사실 기반의 정보를 얻는 데 유용

표 1-1 AI 모델 특성 비교

AI 모델의
현재와 미래

　2026년 AI 산업은 단순한 기술 개발 단계를 넘어 실질적인 상업화와 경쟁의 시대로 접어들었다. 모델들의 지능이 급격히 향상되었고 이러한 혁신은 기업 운영 방식까지 바꾸기 시작했다.

오랫동안 OpenAI가 지켜왔던 AI 지능 분야의 선두 자리는 이제 여러 AI 기업들의 거센 도전으로 더욱 치열해졌다. Artificial Analysis Intelligence Index 벤치마크에 따르면 2025년 말 기준 제미나이 3.0 pro가 73점으로 클로드의 Opus4.5 70점, ChatGPT의 GPT5.1 70점을 제치고 지능 부문 1위를 차지했다. 동시에 딥시크^{DeepSeek}와 같은 공개 소스 모델들이 독점 모델들과 대등한 성능을 보이며 기술 경쟁의 새로운 축을 형성하고 있다. 이는 AI 기술이 특정 기업에 독점되지 않고 모두에게 개방될 가능성을 시사한다.

AI 모델은 더욱 지능적이면서도 비용 효율적이고 빨라졌다. 2025년 말 과거 대비 선두 모델들의 추론 비용은 75% 가까이 하락하여 AI 기술이 더욱 접근하기 쉬운 상품이 되었다. 이미지와 비디오 모델에서 기술적 돌파구가 마련되면서 구글의 Veo 3와 같은 오디오-비디오 생성 모델이 혁신을 주도하고 있다. AI 에이전트 워크플로우는 단순한 실험 단계를 넘어 실제 생산 현장에 적용되기 시작했다. 특히 코딩 에이전트의 출시가 급증했고 주요 챗봇에도 심층 연구 에이전트가 탑재되었다. 미국과 중국의 AI 연구소들이 지능 분야를 지배하는 가운데 한국의 업스테이지^{Upstage} AI 솔라 프로 2^{Solar Pro 2} 모델이 지능 지수 상위권에 진입하며 한국이 처음으로 선두 경쟁에 합류했다.

앞으로 AI 모델은 단순히 지시를 따르는 것을 넘어 복잡하고 개방적인 목표를 자율적으로 수행하는 AI 에이전트로 발전할 것으로 예상된다. 이러한 에이전트 기술이 확산되면서 LLM의 활용 범위는 더욱 넓어질 것이다. AI 기업들이 지능, 효율성, 멀티모달 등 다양한 분야에서 경쟁을 이어가면서 기술 발전의 속도는 더욱 빨라질 것이다.

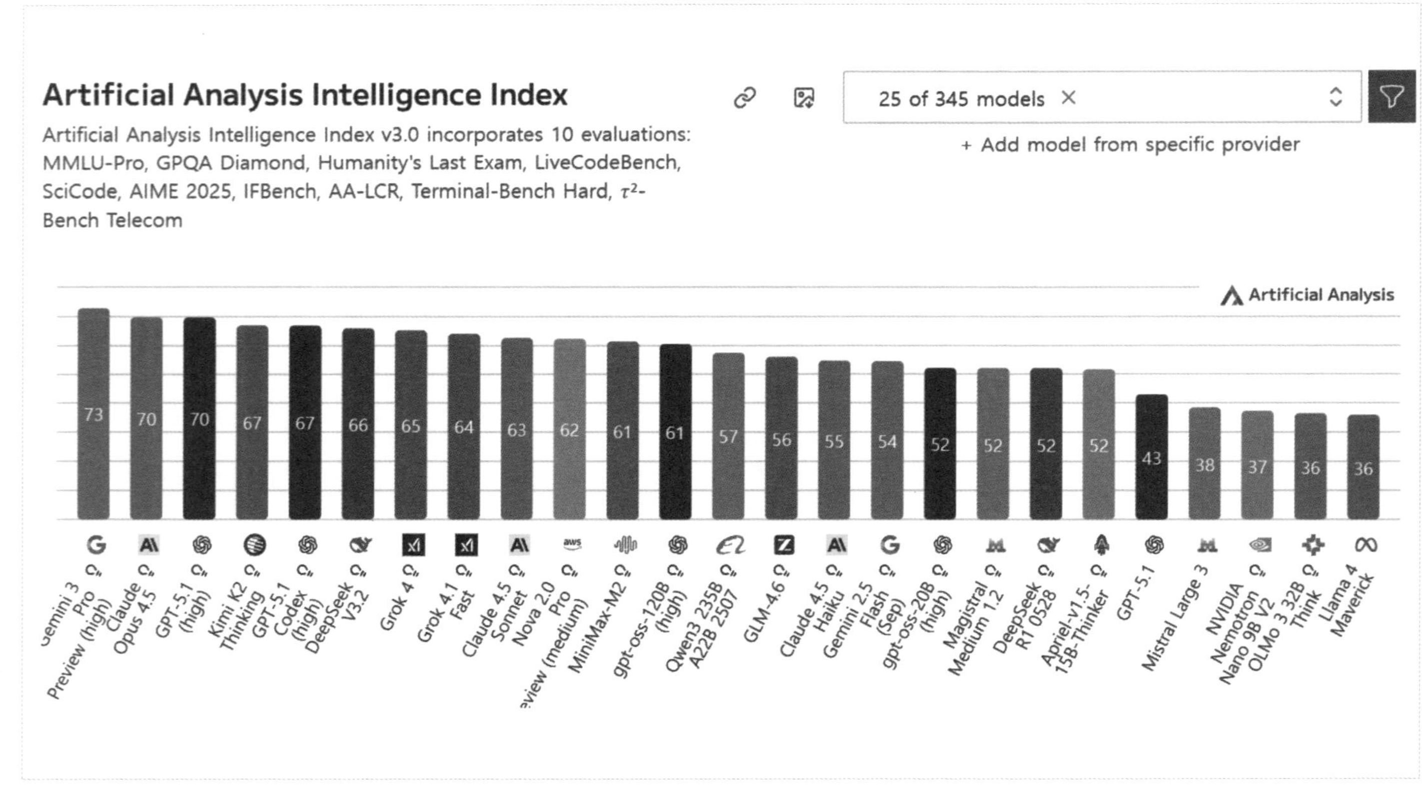

그림 1-1 LLM 모델별 성능 비교, 출처: Artificial Analysis independent benchmarking

02

어떤 AI를
선택하는 것이 좋을까?

다양한 AI 모델의 기본 특징을 살펴보았다. 그렇다면 이 많은 AI 모델 중에 어떤 모델을 선택해야 할까?

이 책에서는 주식 분석과 자동매매 시스템까지 구축하기 위해 현재 가장 뛰어난 성능의 유료 AI 모델인 제미나이 3.0 pro를 메인 모델로 사용했다. 제미나이를 중심으로 방대한 투자 자료를 체계화하는 'NotebookLM', AI코딩 에이전트인 '안티그래비티 antigravity'를 유기적으로 조합하여 입체적인 투자 시스템을 구축하는 법을 다룬다. 경우에 따라서 OpenAI의 ChatGPT도 사용했다. 어떤 모델을 사용하더라도 사용법은 거의 비슷하다. 본인에 맞는 모델을 고르면 된다.

우리는 제미나이를 이용해 실시간 주식 정보를 분석하고 최적의 프롬프트를 작성하며 NotebookLM을 활용해 산재한 투자 보고서와 기업 공시 자료들을 체계화하여 심도 있는 종목 인사이트를 도출할 생각이다. 또한, 이를 실제 자동매매 시스템으로 구현하는 복잡한 코딩 작업은 안티그래비티를 통해 해결해 나갈 것이다.

AI 서비스	핵심 모델	월 구독료 (USD)	할인 혜택 (학생 등)	핵심 강점 (투자 활용)
ChatGPT	GPT-5	$20	연간 구독 시 할인 (일부 국가)	강력한 범용성, 창의적 아이디어
Gemini	Gemini 3.0 Pro	$20	학생 인증 시 1년간 무료 사용 가능	[필수] 실시간 구글 검색, 최신 정보 분석
Claude	Claude Sonnet 4.5	$20	(할인 정책 별도 확인)	[필수] 최고 수준의 코딩 및 에이전트 성능
Groq API	Llama 3.1 70B 등	무료 (API)	–	압도적인 API 응답 속도 (고도화용)
Perplexity Pro	GPT-5, Claude 4.5 등	$20	연간 $200 (할인)	출처가 명확한 리서치 (보조용)

표 1-2 AI 모델별 비용 및 성능 비교 (2025년 11월 기준)

다음은 각 모델별 비용과 성능을 비교한 표이다.

현재 구글은 학생들을 위한 무료 혜택을 제공하고 있다. 학생 인증예: .edu 또는 .ac.kr 이메일을 완료하면 Gemini 3.0 Pro 모델을 1년간 무료로 사용할 수 있다.

독자분들은 아마 무료 버전 AI만으로 주식 분석을 할 수는 없는지 궁금할 것이다. 가능은 하지만 이 책의 목표를 달성하기는 매우 어렵다. 각 서비스의 무료 버전은 다음과 같은 모델을 제공한다. 2025년 11월 기준

- **ChatGPT 무료** : GPT-4o (GPT-5의 이전 세대)

- **제미나이 무료** : Gemini 2.5 Pro (일일 사용량 제한이 있음)

- **클로드 무료** : Claude 3 Sonnet (Sonnet 4.5의 이전 세대)

　무료 모델들은 간단한 코드 생성이나 정보 요약은 훌륭하게 수행한다. 하지만 수백 줄이 넘는 코드가 서로 연결되는 자동매매 시스템을 구축할 때, 코드의 전체 맥락을 기억하는 능력과 복잡한 논리를 처리하는 능력에서 유료 모델과 현격한 차이를 보인다. 따라서 어느 정도 비용은 감수할 수밖에 없다.

　이 책에서는 제미나이를 주로 사용하지만 독자분들은 여러가지 무료 모델을 사용해보고 자신에게 맞는 모델을 선택해도 된다. AI 모델들은 각자의 속도로 발전하고 있으며, 지금 이 순간에도 더 나은 모델이 실시간으로 등장하고 있다. 처음 이 책을 계획할 때는 ChatGPT가 가장 뛰어났지만 새롭게 제미나이 3.0 pro 모델이 등장하면서 결국 제미나이를 쓰기로 결정했다. AI는 발전속도가 빠르고, 각자의 사용 목적이 다양하므로 많은 모델들을 경험해보기를 권한다.

제미나이 실행하기

제미나이 홈페이지(https://gemini.google.com)에 접속해 보자.

구글계정이 있다면 바로 로그인해서 사용이 가능하다. 계정이 없다면 먼저 구글계정부터 생성한 뒤 로그인하면 된다.

제미나이에 처음 접속하면 누구나 별도의 비용 없이 대화를 시작할 수 있는 무료 버전인 'Gemini Flash'를 사용할 수 있다. 응답 속도가 빠르고 최신 구글 검색 정보 연동되어 간단한 뉴스 요약이나 기초적인 종목 정보 조회에는 유용하지만, 복잡한 추론이 필

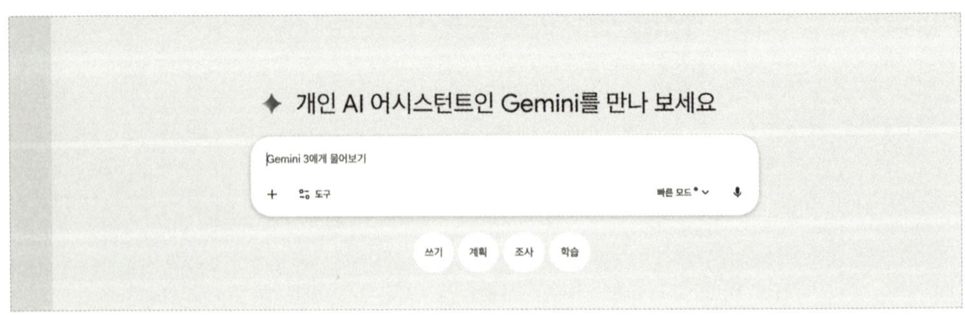

그림 1-2 제미나이 홈페이지 접속

요한 기업 리포트 분석이나 방대한 양의 데이터를 한꺼번에 처리할 때 정확도가 떨어진다. 따라서 우리는 다소 비용이 발생하지만 추론 능력이 뛰어나고 복잡한 로직을 구축하는 코딩 능력이 뛰어난 유료버전을 사용해서 진행할 예정이다. 처음부터 유료로 결제하기 부담스러운 분들은 일단 무료버전으로 1장에서 진행할 프롬프트 과정을 따라해 봐도 상관없다. 좀 익숙해지면 꼭 유료버전으로 따라해 보기를 권한다. 유료버전인 'Gemini Pro'는 월 29,000원의 비용이 발생하는데 만약 학생신분이라면 1년 간 무료로 이용이 가능하다.

로그인을 하고 홈페이지를 살펴보자.

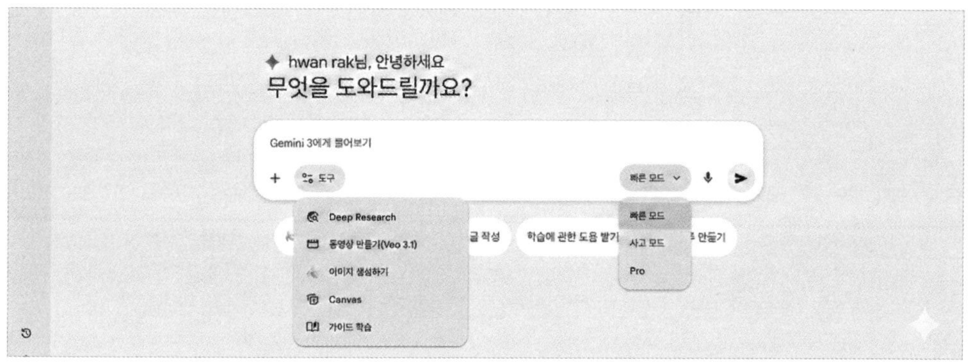

그림 1-3 제미나이 도구모음과 모드선택 화면

채팅장에서 **[도구]**를 클릭해보자. 제미나에서 우리가 사용할 수 있는 항목들이 나타난다.

● 딥리서치Deep Research는 사용자가 요청한 복잡한 주제에 대해 스스로 계획을 세우고 실행하는 자율형 조사 도구이다. 단순히 웹상의 정보를 나열하는 수준을 넘어, 수많은 소스를 심층 분석하고 시각 자료가 포함된 구조화된 보고서를 자동으로 작성해 준다. 사용자는 조사 결과가 나올 때까지 기다릴 필요 없이 다른 작업을 할 수 있으며, 완료 시 알림을 통해

체계적으로 정리된 리포트를 받아볼 수 있다. 우리가 앞으로 경제, 산업, 기업 분석에 핵심적으로 사용할 도구이다.

● 동영상 만들기Veo와 이미지 생성하기Nano Banana는 텍스트 프롬프트를 고품질의 시각적 콘텐츠로 변환해 주는 창작 도구이다. 동영상 만들기는 사용자가 입력한 스토리라인에 맞춰 나레이션과 배경음악이 포함된 영상을 생성하며, 최대 1시간 분량의 동영상까지 이해하고 제작할 수 있는 성능을 갖추고 있다. 이미지 생성하기는 단 한 번의 요청으로 스타일과 구도가 다른 여러 장의 변형 이미지를 동시에 생성할 수 있어, 창의적인 아이디어를 시각화하는 데 매우 효율적이다.

● Canvas캔버스는 제미나이와 실시간으로 협업하며 문서를 작성하거나 코드를 편집할 수 있는 전용 작업 공간이다. 채팅창 옆에 별도의 창으로 열려 긴 글의 톤을 수정하거나 코드의 실시간 미리보기를 확인하며 작업을 다듬을 수 있다. 특히 자연어 지시만으로 웹앱을 구축하거나 복잡한 데이터를 시각화하는 등 인터랙티브한 결과물을 즉석에서 만들어내는 데 최적화되어 있다. 간단하게 말하면 MS의 파워포인트를 만들어주는 도구라고 할 수 있다.

● 가이드 학습Guided Learning은 정답만을 알려주는 대신 사용자가 개념을 완전히 이해할 수 있도록 돕는 개인 튜터 역할을 한다. 특정 주제를 배우고자 할 때 단계별로 질문을 던지고 설명을 덧붙이며 사용자의 이해도를 체크하는 대화형 방식으로 진행된다. 퀴즈, 다이어그램, 동영상 등 다양한 교육 리소스를 활용해 복잡한 원리를 스스로 깨우치도록 유도하는 것이 특징이다.

채팅창 우측 하단의 [빠른모드]를 클릭해보자. 작업의 성격에 따라 최적의 엔진을 선택할 수 있는 세 가지 모드가 제공된다. 사용자는 해결하려는 문제의 복잡도와 필요한 응답 속도에 맞춰 빠른모드, 사고모드, Pro 중 하나를 자유롭게 전환하며 사용할 수 있다.

● 빠른모드Fast는 Gemini 3 Flash 모델을 기반으로 작동하며, 이름처럼 빠른 응답 속도가 특징이다. 일상적인 대화, 간단한 사실 확인, 이메일 초안 작성 등 복잡한 고민이 필요 없는 대다수의 일반적인 작업에 최적화되어 있다. 효율성을 극대화한 모델이기 때문에 사용량 제한에 대한 부담이 적어 가벼운 질문을 던질 때 가장 먼저 선택하게 되는 기본모드이다.

- 사고모드[Thinking]는 Gemini 3 Flash 모델에 추론[Reasoning] 기능을 활성화한 상태이다. 질문을 받으면 즉각 답변을 내놓는 대신, 내부적으로 단계를 나누어 숙고하는 과정을 거친 뒤 최종 결론을 도출한다. 논리 퍼즐이나 복잡한 계획 수립처럼 단순히 정보를 나열하는 것을 넘어 '생각'이 필요한 작업에 적합하다. 빠른모드보다는 조금 느리지만, Pro 모델에 필적하는 수준 높은 논리력을 훨씬 경제적이고 빠르게 제공한다는 장점이 있다.

- Pro모드는 구글의 가장 강력한 지능을 가진 Gemini 3 Pro 모델을 직접 사용하는 최상위 모드이다. 고도의 수학적 문제 해결, 정교한 파이썬 코딩, 방대한 양의 전문 자료 분석 등 AI가 가진 최대한의 지적 능력을 끌어내야 할 때 사용한다. 특히 복잡한 코드를 짜거나 논리적 오류를 잡아내는 '바이브 코딩' 능력에서 가장 뛰어난 성능을 발휘하므로, 전문가 수준의 작업이 필요할 때 반드시 선택해야 하는 모드이다.

우리는 주로 사고모드나 Pro모드를 사용할 예정이다. 제미나이에 대해 대략적으로 살펴보았으니 이제 간단한 질문부터 시작해보자.

04

AI에게 질문하는 법

프롬프트 엔지니어링 기본

AI 모델을 효과적으로 활용하는 가장 쉬운 방법은 '어떻게 질문하느냐'를 아는 것이다.

AI 모델은 단순히 질문을 던지는 것만으로 원하는 답을 얻기 어렵다. AI는 사용자의 질문에 담긴 의도를 명확하게 파악할 때 가장 효과적인 답변을 내놓는다. 프롬프트 엔지니어링 Prompt Engineering은 바로 AI에게 효과적으로 지시를 내리는 기술이다. 이는 AI의 잠재력을 최대한 끌어내고, 불필요한 시행착오를 줄여준다. 주식투자에서 AI의 도움을 받으려면 다음 네 가지 기본 원리를 반드시 기억해야 한다.

역할 부여
(Persona)

AI에게 특정 역할을 부여하면 답변의 전문성과 깊이가 크게 향상된다. AI를 단순한 챗봇이 아닌, 전문가로 설정하는 것이다. 잘못된 프롬프트와 올바른 프롬프트의 예시를 통해 알아보자.

삼성전자의 주가 전망을 알려 줘.

삼성전자의 주가는 반도체 시장 상황, 글로벌 경기, 경쟁사 동향 등 여러 요인에 따라 달라질 수 있습니다. 최근에는 고대역폭 메모리(HBM) 기술 경쟁과 인공지능(AI) 반도체 시장의 성장이 중요한 영향을 미치고 있습니다. 주가에 대한 정확한 예측은 어렵지만, 투자자는 이러한 시장의 흐름을 종합적으로 고려하여 신중하게 투자 결정을 내려야 합니다.

여기서 드러나는 문제점은 이렇다.

- 원론적인 답변에 그친다.
- 구체적인 근거가 부족하다.
- 최근의 주요 이슈와 주가 사이의 관계를 명확히 설명하지 못한다.

당신은 월가에서 20년 경력을 쌓은 주식 애널리스트이다. 삼성전자의 최근 실적 발표를 바탕으로 향후 6개월 주가 전망에 대한 심층적인 분석 리포트를 작성해 줘.

삼성전자(005930): 2분기 실적 기반 하반기 전망 리포트

작성자: AI 주식 애널리스트 작성일: 2025년 9월 6일

1. 2025년 2분기 실적 주요 분석 삼성전자는 2025년 2분기 연결 기준 매출 74.6조 원, 영업이익 4.7조 원을 기록했다. 이는 반도체 부문(DS)의 서버용 고부가 메모리와 파운드리 매출 증가 덕분이었으나, 모바일(MX)과 생활가전 부문의 비수기 영향으로 전분기 대비 수익성은 소폭 감소했다. 특히 반도체 부문에서 HBM3E 비중이 80% 후반까지 확대된 점은 긍정적이나, 일반 D램 가격 하락은 여전히 부담 요인

으로 작용했다.

2. **향후 6개월 주가 전망: 하반기 리스크와 기회**
   - 메모리 반도체 (기회): HBM4 개발 순항 및 엔비디아와의 협력 강화 기대감이 크다. 일반 D램의 보수적인 공급 정책이 유지되고 있어 메모리 가격의 하락세가 둔화될 가능성이 높다. 하반기에는 HBM3E 12단 제품의 품질 승인이 예정되어 있어 HBM 출하량 급증이 예상된다.
   - 파운드리 사업 (기회): 최근 테슬라로부터 첨단 공정 제품을 수주하는 등 파운드리 사업 부문에서 신규 고객 확보가 이어지고 있다. 이는 비메모리 사업의 펀더멘털 개선에 긍정적인 신호다.
   - 리스크 요인: 글로벌 IT 수요 약세가 지속될 경우 메모리 가격의 상승 폭은 제한될 수 있다. 또한, 미국과 중국 간의 반도체 기술 제재 심화 등 지정학적 리스크도 주가에 부정적인 영향을 미칠 수 있다.

3. **최종 결론:** 삼성전자는 2분기를 기점으로 실적 개선세가 뚜렷하게 나타날 것으로 전망된다. HBM4 개발 성과와 파운드리 신규 고객 확보 등 긍정적 모멘텀이 하반기 주가에 반영될 가능성이 높다. 현재 주가는 악재가 상당 부분 반영된 역사적 저점 부근에 있어 하방 경직성이 확보될 것으로 보인다. 따라서 투자의견은 BUY(매수)를 유지하며, 목표주가는 82,000원을 제시한다.

역할을 부여했을 때 답변의 장점은 이렇다.

- 전문적인 용어와 구체적인 수치를 활용하여 신뢰성을 높인다.
- 단순한 정보 나열을 넘어, 긍정적/부정적 요인을 구분하고 분석한다.
- 투자 의견과 목표 주가까지 제시하여 독자의 의사결정에 실질적인 도움을 준다.

이처럼 구체적인 역할을 부여하면 AI는 그 역할에 맞는 전문적인 용어와 논리를 활용해 보다 더 원하는 답변을 줄 것이다.

명확하고 구체적인 지시

프롬프트는 모호하지 않고 명확해야 한다. AI가 무엇을 해야 하는지, 어떤 형식으로 답변해야 하는지 구체적으로 알려주는 것이 중요하다. 이번에도 잘못된 프롬프트와 올바른 프롬프트를 통해 답변을 비교해보자.

 국내 2차전지 시장을 분석해 줘. 

 국내 2차전지 시장은 전기차 배터리를 중심으로 성장하고 있으며, 관련 기업들의 주가도 큰 변동성을 보이고 있습니다. 기술 경쟁이 심화되고 있으며, 공급망 안정성 확보가 중요한 과제로 부상하고 있습니다.

 최근 국내 2차전지 기업들의 주가 변동성을 분석해줘. 공급망 이슈와 기술 경쟁, 전기차 시장 성장률을 고려해 향후 3개월 시장 전망을 작성해줘. 답변은 긍정적, 중립적, 부정적 세 가지 관점에서 각각 3~5줄로 요약하고, 각 관점의 근거를 포함해 줘. 

 **긍정적 관점**: 전기차 시장의 중장기적 성장이 견고하고, 국내 2차전지 기업들이 기술력과 수주 경쟁력에서 우위를 점하고 있다. 각국 정부의 정책적 지원과 인플레이션 감축법(IRA) 등 우호적 환경이 지속되어 밸류에이션 매력이 부각될 수 있다.

> **중립적 관점**: 단기적인 차익 실현 매물 출회와 원자재 가격 변동성으로 인해 주가 조정이 나타날 수 있다. 시장의 기대감이 이미 주가에 선반영된 만큼, 실적 가시성이 명확해지기 전까지는 뚜렷한 방향성을 보이기 어려울 수 있다.
>
> **부정적 관점**: 중국 기업들의 추격과 유럽 시장의 규제 강화 등 경쟁 심화 리스크가 존재한다. 글로벌 경기 둔화로 전기차 수요가 예상보다 부진할 경우, 2차전지 산업 전반에 대한 투자 심리가 위축될 수 있다.

구체적인 지시를 통해 AI는 방대한 정보 속에서 사용자가 원하는 핵심 정보만을 정확하게 찾아낼 것이다.

예시와 맥락 제공

AI는 예시를 통해 학습하는 능력이 뛰어나다. 원하는 답변의 형식을 예시로 보여주거나 질문의 배경이 되는 맥락을 제공하면 답변의 정확성이 크게 높아진다.

 **PROMPT** 신기술에 대한 뉴스 기사를 요약해 줘. 

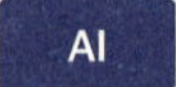 **AI** 최근 인공지능 분야에서는 새로운 모델들이 지속적으로 발표되고 있습니다. 특히 멀티모달 기술과 데이터 처리 능력에 대한 연구가 활발하게 진행되고 있으며, 이러한 기술들이 다양한 산업에 적용될 것으로 예상됩니다.

다음은 반도체 산업의 AI 기술 트렌드에 대한 보고서의 일부야. 이 보고서의 내용을 참고해 최근 반도체 시장에 가장 큰 영향을 미치는 기술 트렌드 3가지를 정리해 줘. 답변은 각 트렌드에 대한 핵심 설명과 함께, 해당 트렌드가 주식 시장에 미치는 영향을 포함한 3줄 요약 형태로 작성해 줘.

1. 고대역폭 메모리(HBM) 기술 경쟁: 인공지능 서버의 성능을 좌우하는 HBM 시장에서 기술 경쟁이 심화되고 있다. AI 수요 증가로 HBM 공급 부족 현상이 심화되면서, 관련 기업들의 주가는 강세를 보이고 있다.

2. 칩렛(Chiplet) 기술의 부상: 단일 칩에 여러 반도체를 결합하는 칩렛 기술이 차세대 반도체 설계의 핵심으로 떠오르고 있다. 이는 반도체 생산 비용을 절감하고, 성능을 극대화해 관련 기술을 보유한 기업들의 가치를 높이고 있다.

3. 전력 반도체(SiC, GaN) 시장 확대: 전기차와 AI 데이터센터의 전력 효율이 중요해지면서 실리콘(Si) 기반이 아닌 SiC, GaN 같은 신소재 전력 반도체 시장이 빠르게 성장하고 있다. 이는 전통적인 반도체 기업 외 신소재 관련 기업들에게도 새로운 투자 기회를 제공하고 있다.

이처럼 예시나 맥락을 제공하면 AI는 사용자가 원하는 답변과 가까운 결과를 내놓는다.

복잡한 문제는 단계별로 해결

복잡한 문제는 한 번에 해결하기보다 작은 단계로 쪼개서 질문하는 것이 훨씬 효과적이다. 다시 말하면 AI에게 생각의 흐름을 부여하는 것이다.

이렇게 단계별로 질문하면 AI는 복잡한 문제를 논리적으로 풀어나가며 최종적으로 더 정확하고 깊이 있는 결론을 도출한다.

AI 모델에게 어떻게 질문하면 좋은 답변을 얻을 수 있는지에 대한 고민도 AI에게 직접 물어볼 수 있다. 내가 원하는 목적을 간단하게 작성한 뒤, 이를 실행하기 위한 정교한 프롬프트 작성을 AI에게 역으로 요청하는 방식이다. 이 내용은 다음 장에서 자세히 살펴보도록 하자.

AI를 활용하는 스마트한 주식투자

05

프롬프트 엔지니어링 적용하기

이제 주식투자를 위해 AI를 어떻게 사용해야할 지 감이 좀 잡혔을 것이다. 사실 프롬프트만 작성할 줄 알면 반 이상은 성공이다. 그래서 지금부터는 다양한 프롬프트 엔지니어링 적용법을 살펴보고 예시로 나온 프롬프트를 눈으로 훑어도 되고 직접 따라해 봐도 좋다. 준비운동이라 생각하고 천천히 따라 가보자.

정기적으로
뉴스 받아보기

구체적인 지시를 통해 AI는 방대한 정보 속에서 사용자가 원하는 핵심 정보만을 정확하게 찾아낼 수 있다.

제미나이에게 다음과 같이 요청해 보자.

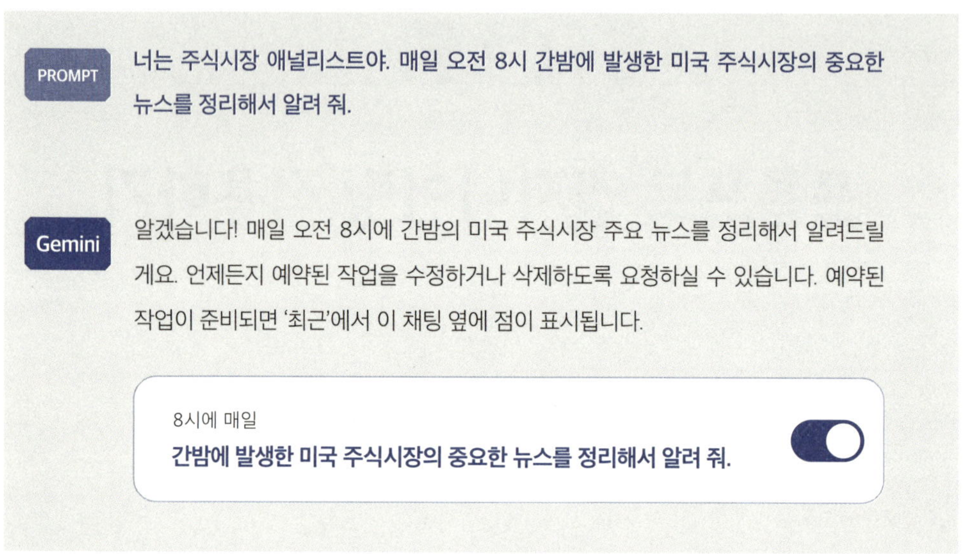

매일 오전 8시에 뉴스가 도착하면 그림 1-4처럼 채팅 옆에 점이 표시된다.

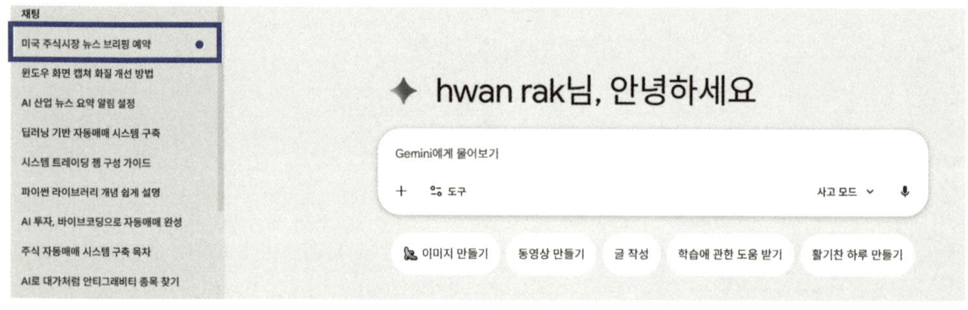

그림 1-4 제미나이 정기 뉴스 예시

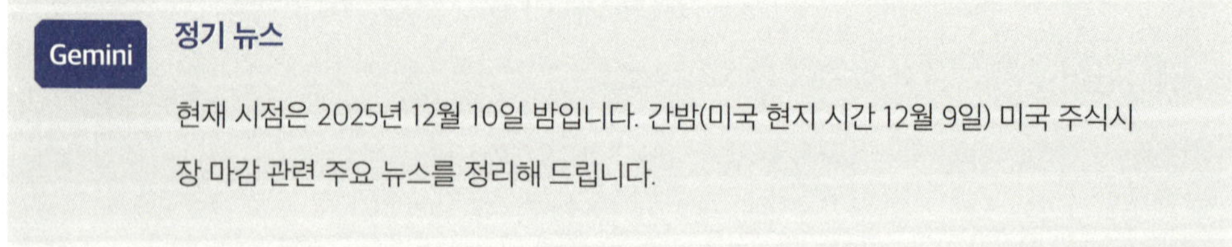

AI를 활용하는 스마트한 주식투자

간밤 미국 증시 마감 주요 동향 (12월 9일)

- **지수 동향**: 주요 3대 지수는 **혼조세**로 마감했습니다.

    - 다우존스 30 산업평균지수: 소폭 하락 (전장 대비 약 179포인트 내림)
    - S&P 500 지수: 소폭 하락 (약 -0.09%)
    - 나스닥 종합지수: 소폭 상승 (약 +0.13%)

- **필라델피아 반도체 지수**: 소폭 하락 (-0.04%)

📰 핵심 이슈 및 요인

1. **FOMC 경계심리:**

    - 이번 주 예정된 **미국 연방공개시장위원회(FOMC)** 회의 결과를 앞두고 투자자들의 관망세와 경계심리가 시장 전반의 움직임을 제한했습니다. 금리 결정에 대한 불확실성이 혼조세를 이끌었습니다.

2. **고용 지표 발표:**

    - **10월 JOLTs(구인·이직 보고서) 구인 건수가 767만 건**으로 발표되었습니다. 이는 시장 예상치(720만 건)를 상회하는 수치입니다.

    - 구인 건수가 예상보다 많았다는 것은 **고용 시장의 냉각 우려를 완화시키**는 요인으로 작용했으나, 동시에 **연준의 금리 인하 기대감을 약화**시킬 수 있다는 경계심도 함께 작용했습니다.

3. **반도체 및 기술주 동향:**

    - **엔비디아(-0.32%):** 미국 상무부가 AI 칩 H200의 중국 수출을 허가했음에도 불구하고, **중국 정부가 엔비디아 칩 수입을 규제할 수 있다는 보도**가 나오면서 소폭 하락했습니다. 이로 인해 반도체 관련 주의 전반적인 움직임이 제한되었습니다.

📝 **요약**

간밤 미국 증시는 다가오는 **FOMC의 금리 결정**과 **예상치를 상회한 구인 건수 발표**로 인해 전반적으로 제한적인 움직임을 보이며 혼조세로 마감했습니다. 특히 기술주는 중국 관련 규제 우려로 엔비디아를 중심으로 큰 폭의 상승세를 이어가지 못했습니다. 현재 가장 중요한 관심사는 FOMC에서 발표될 금리 결정 및 향후 정책 방향에 대한 신호입니다.

미국 시장에 대한 더 궁금한 점이 있으신가요? 예를 들어, 특정 섹터나 종목의 움직임에 대해 더 자세히 알아볼까요?

마지막 제미나이의 말처럼 특정 섹터나 종목의 움직임에 대한 뉴스도 추가로 요청할 수 있다.

PROMPT 너는 주식시장 애널리스트야. 매주 오전 8시 AI산업에서 중요한 뉴스를 정리해서 알려 줘.

이렇게 원하는 뉴스가 있다면 제미나이에게 요청하기 나름이다. 매일의 변동사항까지 필요는 없다면 주간으로 요청할 수도 있다. 나만이 독자가 되는 개인 뉴스 채널이 공짜로 생겼다.

AI를 활용하는 스마트한 주식투자

투자 관련 도서에서
핵심 내용 요약하는 법

성공적인 주식투자를 위해서 투자 대가들의 책들을 참고한 적이 있을 것이다. 그러나 책이 너무 두껍고 내용이 어려워 포기하고 중간에 덮어버리는 경우가 많지 않은가? 투자 도서에서 우리에게 필요한 핵심 내용만 정리해 준다면 이들의 전략을 쉽게 적용해 볼 수 있을 것이다. 핵심 내용에 대한 요약은 AI가 가장 잘하는 영역 중의 하나이다. 다음의 프롬프트를 제미나이에 입력해 보자.

 너는 경험 많은 펀드 매니저야. '워렌 버핏의 주주 서한' 이라는 책을 읽고 투자 초보에게 설명한다고 가정하고, 다음의 순서로 요약해 줘.

- 투자 핵심 전략을 간략하게 정리할 것.
- 책에서 얻을 수 있는 핵심 교훈 10가지를 사례 혹은 핵심 문장과 함께 설명할 것.
- 전략의 장점과 단점을 명확히 제시할 것.
- 1000자 내외로 심층 요약할 것.
- 도움이 될 만한 추가자료도 제시할 것.

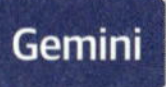 반갑습니다. 20년 차 펀드매니저입니다.

투자 세계에 갓 입문하신 당신에게 워렌 버핏의 지혜가 담긴 **《워런 버핏의 주주 서한》**을 소개하게 되어 기쁩니다. 이 책은 단순한 투자 기법서가 아니라, 자본주의의 본질을 꿰뚫는 철학서에 가깝습니다.

요청하신 대로 초보자의 눈높이에서 핵심 내용을 요약해 드리겠습니다.

1. 투자 핵심 전략: "기업의 주인이 되어라"

버핏의 전략을 한 문장으로 요약하면 **"탁월한 기업을 적절한 가격에 매수하여, 위대한 경영자와 동업하듯 장기 보유하는 것"**입니다. 주식을 단순히 '오르고 내리는 종이 조각'이 아니라, **'비즈니스의 소유권'**으로 바라보는 것이 모든 전략의 출발점입니다.

2. 책에서 얻을 수 있는 핵심 교훈 10가지

1. 능력의 범위 (Circle of Competence)

"자신의 능력 범위를 파악하고 그 안에 머물러라. 범위의 크기보다 그 경계를 아는 것이 중요하다."

- **교훈**: 내가 이해할 수 없는 비즈니스(예: 복잡한 바이오, 신기술 등)에는 투자하지 않습니다. 잘 아는 분야에 집중하십시오.

2. 미스터 마켓 (Mr. Market)

"시장은 주인(Master)이 아니라 하인(Servant)이다."

- **교훈**: 주식 시장을 '조울증 환자'로 취급하십시오. 그가 우울 해져 헐값에 주식을 던질 때 사고, 흥분해서 비싸게 살 때 파십시오.

3. 경제적 해자 (Economic Moat)

"우리는 난공불락의 성(城)을 원한다."

- **교훈**: 경쟁자가 쉽게 넘볼 수 없는 강력한 브랜드나 원가 경쟁력을 가진 기업을 찾으십시오. (예: 코카콜라, 애플)

4. 안전마진 (Margin of Safety)

"다리에 10톤 트럭이 지나간다면, 적어도 15톤을 견딜 수 있는 다리를 건너라."

- **교훈**: 기업의 가치보다 훨씬 싸게 사야 합니다. 그래야 실수해도 돈을 잃 지 않습니다.

5. 가격과 가치의 차이

"가격(Price)은 당신이 지불하는 것이고, 가치(Value)는 당신이 얻는 것이다."

- **교훈**: 주가가 올랐다고 좋은 주식이 아닙니다. 기업의 실질 가치(내재 가 치)를 계산하는 습관을 들이십시오.

6. 복리의 마법

"나의 부는 미국에 살았다는 행운, 좋은 유전자, 그리고 복리의 결과다."

- ○ **교훈**: 눈덩이(Snowball)를 굴리듯, 수익을 재투자하여 자산이 기하급수적으로 늘어나는 시간을 기다리십시오.

7. 두려움과 탐욕

"남들이 탐욕을 부릴 때 두려워하고, 남들이 두려워할 때 탐욕을 부려라."

- ○ **교훈**: 폭락장은 공포의 대상이 아니라, 바겐세일 기간입니다.

8. 훌륭한 경영자

"존경하고 신뢰할 수 있는 사람들과 함께 일하라."

- ○ **교훈**: 경영진이 주주를 위해 정직하게 일하는지(자본 배분 능력, 투명성)를 반드시 확인하십시오.

9. 인내심 (Activity vs. Productivity)

"투자는 스트라이크가 없는 야구 게임과 같다. 좋은 공이 올 때까지 방망이를 휘두를 필요가 없다."

- ○ **교훈**: 매일매일 거래할 필요가 없습니다. 평생 단 20번의 기회만 있다고 생각하고 신중하게 투자하십시오.

10. 영구 보유

"우리가 선호하는 보유 기간은 '영원(Forever)'이다."

- ○ **교훈**: 훌륭한 기업을 찾았다면, 시장 상황에 일희일비하지 말고 끝까지 함께 성장하십시오.

3. 전략의 장점과 단점

[장점]

- ● **높은 승률**: 기업의 본질 가치에 집중하므로, 시장의 광기에 휩쓸려 돈을 잃을 확률이 현저히 낮습니다.

- **심리적 평안**: 단기적인 주가 변동에 스트레스를 받지 않아 본업에 충실할 수 있습니다.

- **복리 효과 극대화**: 잦은 매매로 인한 세금과 수수료 비용을 아끼고, 복리의 효과를 온전히 누립니다.

[단점]

- **극도의 지루함**: "부자가 되는 가장 느린 방법"이라 불릴 만큼 긴 인내심이 필요합니다. 빨리 부자가 되고 싶은 욕망과 싸워야 합니다.

- **소외감 (FOMO)**: 강세장이나 테마주 열풍이 불 때, 내 주식만 오르지 않아 바보가 된 기분을 느낄 수 있습니다. (예: 닷컴버블 당시 버핏의 소외)

- **학습 난이도**: 기업의 사업보고서를 읽고 내재가치를 평가하는 공부가 선행되어야 합니다.

4. 펀드매니저의 총평 (심층 요약)

워렌 버핏의 투자는 화려한 테크닉이 아닙니다. **"농부가 농작물을 심고 기다리듯, 기업의 성장을 기다리는 태도"**입니다. 초보 투자자가 가장 범하기 쉬운 실수는 주식을 '도박 칩'으로 여기고 시세판만 들여다보는 것입니다.

이 책은 당신에게 **"주가(Ticker)를 보지 말고 사업(Business)을 보라"**고 말합니다. 당신이 산 주식이 내일 당장 시장이 5년 동안 문을 닫더라도 마음 편히 보유할 수 있는 기업인지 자문해 보십시오. 만약 그렇다면, 당신은 이미 버핏의 길을 걷고 있는 것입니다. 훌륭한 기업과 동행하는 시간은 당신의 자산을 눈덩이처럼 불려줄 것입니다.

5. 도움이 될 만한 추가 자료

- **도서 《현명한 투자자》 (벤저민 그레이엄)**: 버핏의 스승이 쓴 책으로, '안전마진'과 '미스터 마켓' 개념의 원류를 배울 수 있습니다. (필독서)

- **다큐멘터리 《Becoming Warren Buffett》 (HBO)**: 버핏의 인간적인 면모와 투자 철학을 시각적으로 이해하기 좋습니다.

- 웹사이트 '버크셔 해서웨이 주주 서한 아카이브': 버크셔 공식 홈페이지에서 과거부터 현재까지의 원문 서한을 무료로 볼 수 있습니다.

우리는 AI의 도움을 통해서 투자 대가들의 생각에 쉽게 접근이 가능하다. 그동안 읽다가 내려놓은 책들의 제목을 입력하고 요약을 요청해 보자. 소설이나 인문학은 효과가 별로 없겠지만 경영 경제 관련 서적들은 이처럼 훌륭한 결과를 보여 줄 것이다.

프롬프트 자체를 제미나이에게 요청하기

시중에 판매되는 AI 사용법에 대한 책 중에 프롬프트만을 정리해 놓은 책도 많이 있다. 이 책들은 처음 AI를 접할 때 도움이 되는 것은 사실이지만 프롬프트를 책으로 배울 필요는 없다. 왜냐하면 AI는 프롬프트 작성의 전문가이기 때문이다. 우리가 평범한 언어로 제미나이에게 프롬프트를 요청하기만 하면 된다. 다음 예시처럼 간단한 문장으로 책 요약에 대한 프롬프트를 요청해 보자.

PROMPT 투자 관련 도서에서 핵심 내용 요약하는 법에 대한 프롬프트를 작성해 줘.

Gemini 투자 관련 도서는 단순히 내용을 아는 것을 넘어 **"실전 투자에 어떻게 적용할 것인가"**를 도출하는 것이 가장 중요합니다.

따라서 AI에게 프롬프트를 입력할 때는 단순한 요약보다는 **핵심 철학, 구체적인 매매 전략, 그리고 현재 시장에 대한 적용점**을 요구하는 것이 좋습니다.

다음은 투자서의 핵심을 꿰뚫기 위해 최적화된 프롬프트 양식입니다.

📌 투자 도서 핵심 요약 마스터 프롬프트

이 프롬프트는 AI에게 **'노련한 펀드매니저'**의 페르소나를 부여하여, 실무적인 관점에서 책을 분석하도록 설계되었습니다.

[사용 방법]: 아래 내용을 복사하여 {책 제목} 부분에 원하는 도서명을 넣고 입력하세요.

Role
당신은 20년 경력의 노련한 펀드매니저이자 금융 애널리스트입니다. 당신은 방대한 데이터를 구조화하여 핵심 인사이트를 도출하는 데 탁월한 능력을 가지고 있습니다.

Task
투자 서적 **[{책 제목}]**을 읽고, 투자자에게 실질적인 도움이 될 수 있도록 핵심 내용을 요약 및 분석해 주세요.

Output Format
다음 목차에 따라 마크다운(Markdown) 형식으로 정리해 주세요.

1. 핵심 철학 (The Big Idea)
* 이 책을 관통하는 단 하나의 핵심 메시지를 한 문장으로 요약하세요.
* 저자가 주장하는 투자의 본질은 무엇인지 3줄 이내로 설명하세요.

2. 주요 개념 및 프레임워크 (Key Concepts)
* 이 책에서 소개하는 핵심 용어나 투자 방법론 3~5가지를 정의하고 설명하세요.
* (가능하다면) 복잡한 개념은 이해하기 쉬운 비유를 들어 설명해 주세요.

3. 실전 투자 전략 (Actionable Strategies)

* 이 책의 내용을 내일부터 당장 내 포트폴리오나 매매에 적용한다면 어떻게 해야 합니까?
* 구체적인 매수/매도 기준, 종목 선정 방식, 리스크 관리 법 등을 단계별 (Step-by-step)로 제시하세요.

4. 멘탈 모델 및 심리 (Investment Psychology)

* 투자자가 갖춰야 할 마인드셋이나 피해야 할 심리적 편향에 대해 저자는 무엇을 강조합니까?

5. 비판적 읽기 (Critical Review)

* 이 책의 주장이 현재의 시장 상황(최신 트렌드)에서도 유효합니까?
* 이 전략의 잠재적 리스크나 한계점은 무엇입니까?

6. 인상 깊은 문구 (Key Quotes)

* 책의 내용을 함축하는 명문장 3가지를 발췌해 주세요.

작성 시 유의사항:

* 추상적인 표현보다는 구체적이고 직관적인 언어를 사용하세요.
* 초보자도 이해할 수 있지만, 전문적인 깊이를 잃지 않도록 균형을 맞추세요.

앞에서 작성한 프롬프트보다 훨씬 자세하게 지시사항을 제시해 준다. 이 프롬프트에 책 제목만 써넣으면 좀 더 좋은 결과를 얻을 수 있다.

책 뿐만 아니라 정기 뉴스에 대해서도 프롬프트 작성을 요청할 수 있다.

매일 오전 8시에 간밤에 일어난 미국 시장 주요 뉴스를 받고 싶어. 중요한 내용을 놓치지 않고 받을 수 있는 프롬프트를 작성해 줘.

매일 오전 8시, **"간밤에 무슨 일이 있었지?"**를 한눈에 파악하기 위해서는 단순히 지수 등락만 나열하는 것이 아니라 **'상승/하락의 원인(Why)'**과 **'오늘 한국 시장에 미칠 영향(Insight)'**까지 포함하는 것이 중요합니다.

특히 최신 정보를 다뤄야 하므로, 이 프롬프트는 **웹 검색(Web Browsing) 기능이 켜진 AI 모델** (ChatGPT-4o, Gemini, Claude 등)에서 사용하셔야 가장 정확합니다.

아래 프롬프트를 복사해서 매일 아침 사용해 보세요.

📌 미국 증시 모닝 브리핑 마스터 프롬프트

[사용 방법]: 아래 내용을 그대로 복사하여 AI 채팅창에 입력하세요.

Markdown

Role
당신은 월스트리트와 한국 시장에 정통한 '글로벌 매크로 전략가'입니다. 당신은 밤사이 발생한 방대한 뉴스를 노이즈 없이 핵심만 걸러내어 전달하는 데 탁월합니다.

Context

지금은 한국 시간으로 평일 오전 8시입니다. 간밤에 마감한 미국 증시(뉴욕 증시) 데이터를 바탕으로 브리핑을 작성해야 합니다.

Task

웹 검색 기능을 활용하여, 간밤 미국 증시의 마감 시황과 주요 뉴스를 검색하고 아래의 [Output Format]에 맞춰 요약해 주세요.

Critical Requirements (필수 요구사항)

1. **수치 정확성:** 3대 지수, 국채 금리, 환율 등은 정확한 마감 수치를 기재하세요.
2. **인과 관계:** 단순히 '올랐다/내렸다'가 아니라, **'무엇 때문에(재료)'** 움직였는지 원인을 명확히 설명하세요.
3. **누락 금지:** 시장을 움직인 핵심 경제 지표(CPI, PPI, 고용 등), 연준 위원 발언, 지정학적 이슈는 반드시 포함하세요.
4. **한국 시장 연결:** 이 이슈가 오늘 한국 주식 시장(섹터/테마)에 어떤 영향을 줄지 의견을 덧붙이세요.

Output Format (마크다운 양식)

1. 3줄 요약 (Executive Summary)

* (시장 분위기를 한 문장으로 정의)
* (가장 강력했던 상승/하락 재료)
* (오늘 한국 시장 예상 분위기: 상승/하락/보합 등)

2. 시장 지표 (Market Dashboard)

지표	수치	등락률(변동폭)	비고
다우존스			
S&P 500			
나스닥			
미국 국채 10년물			(상승/하락 여부 중요)
달러 인덱스			
WTI 원유			
필라델피아 반도체			(한국 시장 영향 큼)

3. 핵심 뉴스 및 이슈 (Key Drivers)

* **시장 핵심 테마:** (예: AI 랠리 지속, 금리 인하 기대감 후퇴 등 시장을 지배한 이야기)
* **주요 경제 지표:** (발표된 지표와 시장 예상치 비교, 해석)
* **특이 사항:** (연준 위원 발언, 지정학적 리스크, 대형 M&A 등)

4. 종목별 흐름 (Stock Movers)

* **M7 (Magnificent 7):** 엔비디아, 테슬라, 애플 등 빅테크 주가 흐름 및 특이점
* **특징주:** 거래량이 급증했거나 뉴스에 의해 급등락한 주요 종목 (티커 포함)

5. 오늘 한국 시장 대응 전략 (Insight for Korea)

* **주목할 섹터:** 미국 장의 흐름을 봤을 때 오늘 한국에서 강세를 보일 가능성이 높은 업종은?
* **투자자 유의사항:** 외국인 수급 예상, 환율에 따른 전략 등 조언

작성 톤: 전문적이지만 가독성 있게, 펀드매니저가 클라이언트에게 보내는 모닝 레터 형식으로 작성해 줘.

💡 이 프롬프트를 더 똑똑하게 쓰는 법

1. **AI에게 "기억" 시키기:**
   - ChatGPT나 Gemini를 사용하신다면, 매번 긴 프롬프트를 칠 필요 없이 **"매일 아침 8시에 내가 '브리핑 해줘'라고만 말하면, 위 양식대로 미국 증시를 요약해 줘"**라고 미리 세팅(Custom Instructions 또는 메모리 기능 활용)해 두시면 편합니다.

2. **관심 종목 추가:**
   - 만약 테슬라나 엔비디아 등 특정 종목을 집중해서 본다면, **"특징주 섹션에 테슬라 관련 소식은 없더라도 꼭 별도로 체크해 줘"**라는 문장을 프롬프트 끝에 추가하세요.

3. **알람과 연동 (심화):**
   - 스마트폰 알람을 8시에 맞추고, 알람 라벨(이름)을 "AI 브리핑 확인"으로 설정해 두면 루틴을 만들기 좋습니다.

이렇게 자세한 결과를 도출할 수 있는 프롬프트를 작성해 준다. 이 프롬프트를 복사해서 다시 제미나이에 붙여 넣으면 매일 아침 정리된 미국 주식시황을 받아 볼 수 있다.

제미나이를 활용해 만든 프롬프트들

주식시장 분석을 위해서는 다양한 종류의 프롬프트를 AI로 이용해 만들 수 있다. 주식시장 분석을 위해 많이 사용하는 분야는 산업에 대한 분석과 종목 분석이다. 이 두 가지에 대해서 제미나이를 이용한 프롬프트는 다음과 같다.

① 산업 분석을 위한 프롬프트

PROMPT   📌 **국내 산업 분석 마스터 프롬프트 (Yeouido Style)**

이 프롬프트는 제조업 비중이 높은 한국 시장의 특성을 고려하여 P(판가)-Q(출하량)-

C(비용) 관점과 **정부 정책**을 강조하도록 설계되었습니다.

[사용 방법]: {산업명} (예: 조선업, 2차전지, HBM 반도체, 엔지니어링 플라스틱 등)을 입력하여 사용하세요.

Markdown

Role

당신은 한국 주식 시장(KOSPI, KDAQ)을 담당하는 수석 섹터 애널리스트입니다. 거시 경제 데이터와 산업의 미시적 변화를 연결하여, 투자자에게 초과 수익(Alpha) 기회를 제공하는 보고서를 작성합니다.

Task

현재 시점 기준으로 대한민국 **[{산업명}]** 산업을 심층 분석하여 보고서를 작성해 주세요.

Output Format (Structured Report)

1. 산업 사이클 및 현황 (Industry Cycle)

* 현재 이 산업은 사이클상 어디에 위치해 있습니까? (도입기 / 성장기 / 성숙기 / 쇠퇴기 / 구조조정기)
* 최근 3개월간 이 섹터의 주가 흐름(Sentiment)은 어떠했습니까?

2. 핵심 이익 변수 분석 (P-Q-C Analysis)

* **P (Price/판가):** 제품 가격 결정권이 누구에게 있으며, 최근 판가 추이는 어떠한가?
* **Q (Quantity/수요):** 전방 산업(고객사)의 수요는 견조한가? 수주 잔고나 수출 데이터 추이는?

AI를 활용하는 스마트한 주식투자

* **C (Cost/비용):** 원자재 가격, 환율, 인건비 등 주요 비용 변수는 우호적인
  가 비우호적인가?

3. 밸류체인 및 경쟁 구도 (Value Chain)

* 이 산업의 핵심 밸류체인을 [소재 - 부품 - 장비 - 완성품] 단계별로 구분해
  주세요.
* 국내 주요 플레이어(Top-tier)와 그들의 현재 시장 점유율(M/S) 또는 기술
  적 해자(Moat)를 설명해 주세요.

4. 정책 및 거시 환경 (Catalysts & Risks)

* **정부 정책:** K-Chips법, 밸류업 프로그램 등 한국 정부의 지원이나 규제
  이슈가 있는가?
* **대외 변수:** 미국(IRA, 반도체법)이나 중국(공급 과잉, 애국 소비)의 영향
  은 무엇인가?

5. 투자 아이디어 및 Top Picks

* **최선호주(Top Pick):** 현시점에서 가장 매력적인 종목 1~2개와 그 선정
  근거(투자 포인트).
* **관심 종목:** 2등주 혹은 턴어라운드 기대주.
* **리스크 요인:** 투자자가 반드시 경계해야 할 잠재적 악재.

작성 가이드:

* 뜬구름 잡는 이야기 대신, 구체적인 수치(수출입 데이터, 영업이익률 등)나
  근거를 제시할 것.
* 한국 시장 특유의 '테마성' 움직임과 '실적 기반' 움직임을 구분하여 서술할 것.

📌 **국내 종목 심층 분석 마스터 프롬프트 (Buy-Side Style)**

이 프롬프트는 펀드매니저가 리서치 센터에 요청하는 'In-depth Report(심층 보고서)' 형식을 따릅니다.

[사용 방법]: {종목명/티커} (예: 삼성전자, 에코프로비엠, 효성첨단소재 등)를 입력하여 사용하세요.

Markdown

Role

당신은 여의도에서 가장 신뢰받는 '주식 운용역(Fund Manager)'이자 '기업 분석가'입니다. 재무제표의 행간을 읽고, 시장의 오해와 진실을 파악하여 초과 수익 기회를 발굴합니다.

Task

대한민국 주식 시장에 상장된 **[{종목명/티커}]**에 대해 심층 투자 분석 보고서를 작성해 주세요.

Output Format (Structured Report)

1. 기업 개요 및 지배구조 (Snapshot)

* **비즈니스 모델:** 이 회사는 정확히 무엇으로 돈을 법니까?(매출 비중이 가장 큰 사업부문 위주로)
* **지배구조:** 최대주주 및 특수관계인 지분율은 안정적인가?(승계, 블록딜, 오버행 이슈 여부 체크)

2. 핵심 투자 포인트 (Investment Thesis)

* **Why Now?** 왜 지금 이 주식을 사야 합니까?(가장 강력한 상승 촉매제 3가지)
* **이익의 질:** 최근 실적(매출/영업이익)이 성장세인가, 턴어라운드인가? (컨센서스 대비 상회/하회 여부)

3. 밸류에이션 및 peer 그룹 비교 (Valuation)

* **저평가 여부:** 현재 PER, PBR 밴드 차트상 역사적 저점인가 고점인가?
* **경쟁사 비교:** 국내외 경쟁사(Peer Group) 대비 프리미엄을 받고 있는가, 할인을 받고 있는가? 그 이유는?
* **Korea Value-up:** 정부의 밸류업 프로그램(배당 확대, 자사주 소각 등)과 관련하여 수혜 가능성이 있는가?

4. 리스크 및 하락 요인 (Key Risks)

* **Downside Risk:** 이 회사의 투자 시나리오가 훼손될 수 있는 치명적인 약점은 무엇인가? (예: 원재료 가격 급등, 주요 고객사 이탈, CB/BW 발행 물량 등)

5. 수급 및 기술적 분석 (Supply & Demand)

* **수급 주체:** 최근 외국인과 기관의 수급 동향은 어떠한가?(매집 중 vs 이탈 중)
* **기술적 위치:** 현재 주가는 주요 이동평균선(20일, 60일, 200일) 대비 어디에 위치해 있는가?

6. 결론 (Analyst Opinion)

* **종합 의견:** 매수(Buy) / 관망(Hold) / 매도(Sell) 중 어느 쪽 스탠스에 가깝습니까?
* **한 줄 평:** 이 종목을 한 문장으로 정의해 주세요.

작성 가이드:

* 최신 분기 보고서(DART)와 최근 1개월 내의 증권사 리포트 내용을 우선적으로 반영해 주세요.
* 긍정적인 면만 나열하지 말고, 비판적인 시각(Critical Thinking)을 반드시 유지해 주세요.

③ 가치투자의 대가 워렌 버핏의 종목 선정 프롬프트

워렌 버핏 스타일: 한국형 가치주 발굴 프롬프트

[사용 방법]: 아래 내용을 AI에게 입력하되, 만약 특정 섹터(예: 소비재, 금융 등) 내에서 찾고 싶다면 [Context] 부분에 추가 서술하세요.

Markdown

Role

당신은 '버크셔 해서웨이'의 한국 담당 포트폴리오 매니저입니다. 당신은 워렌 버핏의 투자 원칙(High Quality, Reasonable Price)을 한국 시장의 특수성(지배구조, 수출 중심 경제)에 맞춰 유연하게 적용하는 능력을 갖췄습니다.

Task

현재 한국 주식 시장(KOSPI, KDAQ) 상장 기업 중, 워렌 버핏이 지금 당장 매수 검토를 지시할 만한 **'한국형 버핏 종목' Top 3**를 선정하고 분석해 주세요.

Screening Criteria (버핏의 4가지 필터)

분석 시 다음 기준을 엄격하게 적용해 주세요.

1. **사업의 단순성과 해자 (Business Tenet):** 비즈니스 모델이 이해하기 쉽고, 독점

적 지위나 강력한 브랜드 파워(경제적 해자)를 보유하고 있는가?

2. **재무적 건전성 (Financial Tenet):**

3. 최근 3~5년간 **ROE(자기자본이익률)**가 꾸준히 15% 이상인가? (가장 중요)

4. 부채비율이 낮고, 이자보상배율이 높은가?

5. 현금흐름(FCF)이 흑자인가?

6. **경영진의 태도 (Management Tenet):** 자본 배분(배당, 자사주 소각)에 적극적이며 주주 친화적인가? (정부의 '밸류업 프로그램' 대응 여부 포함)

7. **시장 가격 (Market Tenet):** 현재 주가가 내재 가치 대비 저평가(안전마진)되어 있는가? (PER, PBR 밴드 하단 여부)

Output Format (Report)

1. 선정 리스트 요약

| 종목명(티커) | 현재 주가 | PER / PBR | 예상 배당수익률 | 선정 핵심 이유 |

2. 종목별 심층 분석 (Top 3)

(각 종목에 대해 아래 항목 서술)
* **경제적 해자 (The Moat):** 이 회사가 경쟁사 대비 압도적인 우위를 점하는 요소는 무엇인가? (예: 원가 경쟁력, 락인 효과 등)
* **숫자로 보는 버핏 지표:** ROE 추이, 영업이익률(OPM), 잉여현금흐름(FCF) 분석.
* **주주 환원 정책:** 최근 배당 성향 및 자사주 매입/소각 이력.
* **Why Buffett Likes It:** 버핏이 좋아할 만한 구체적인 포인트 (예: "한국의 코카콜라", "현금 창출 머신" 등 비유 활용).

3. 리스크 점검 (Korea Discount Check)

* 이 기업의 최대 리스크(지배구조 이슈, 오너 리스크, 산업 사이클 둔화 등)는 무엇이며, 버핏이라면 이를 어떻게 평가할 것인가?

작성 유의사항:

* 단순히 저평가된 주식(Value Trap)은 제외하고, **'퀄리티(Quality)'**가 담보된 기업만 선정하세요.
* 지주사보다는 자체 사업을 영위하는 사업 회사를 우선순위에 두세요.

제미나이에 이 프롬프트를 붙여 넣으면 기준에 맞는 종목 선정을 자동으로 해준다.

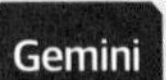

반갑습니다. 버크셔 해서웨이의 한국 담당 포트폴리오 매니저입니다.

한국 시장은 매력적인 저평가 시장(Low PBR)이지만, 동시에 '가치의 함정(Value Trap)'이 도사리고 있는 곳입니다. 워렌 버핏 회장님의 철학을 한국의 토양에 맞게 이식하려면 단순히 싼 주식이 아닌 **"탁월한 비즈니스 모델(Moat)을 가졌으면서도, 자본 배분을 할 줄 아는 경영진(Management)이 있는 기업"**을 찾아야 합니다.

엄격한 4가지 필터(Business, Financial, Management, Market)를 통과한 '**한국형 버핏 종목' Top 3**를 보고합니다.

[Investment Report] 버핏의 눈으로 본 한국 주식 Top 3

1. 선정 리스트 요약 (Summary)

종목명 (티커)	PER / PBR (예상)	ROE (3년 평균)	배당+자사주 수익률	선정 핵심 이유
리노공업 (058470)	20x / 3.5x	20%~25%	약 2~3%	[기술적 해자] 영업이익률 40%의 빚 없는 현금 머신

종목	PER / PBR	ROE	배당	비고
NICE 평가정보 (030190)	10x / 1.8x	18% 내외	약 3~4%	[톨게이트 모델] 금융 거래의 필수 인프라, 독점적 데이터
메리츠 금융지주 (138040)	7x / 1.5x	25% 이상	**50%** (주주환원율)	[자본 배분] 한국의 버크셔 해서웨이, 압도적 주주 환원

참고: 메리츠금융지주는 '지주사'이나, 자회사(화재/증권) 완전 자회사화를 통해 더블 카운팅 이슈를 해소하고 실질적 사업체처럼 움직이기에 '경영진의 태도' 항목 만점으로 예외적 선정함.

2. 종목별 심층 분석 (Deep Dive)

1. **리노공업 (Leeno Industrial) – "작지만 강력한 거인"**

   - **경제적 해자 (The Moat):** 반도체 검사 부품(IC Test Socket, Pin) 분야의 글로벌 틈새시장 지배자입니다. 다품종 소량 생산 방식과 초정밀 가공 기술은 타사가 쉽게 복제할 수 없는 진입 장벽입니다. 고객사가 한 번 채택하면 바꾸기 힘든 **'전환 비용(Switching Cost)'** 해자를 보유했습니다.

   - **숫자로 보는 버핏 지표:**
     - **OPM(영업이익률):** 제조업에서 보기 드문 40%대를 10년 넘게 유지 중.
     - **재무:** 사실상 무차입 경영. 버핏이 가장 좋아하는 **'빚 없이 성장하는 기업'**입니다.

   - **Why Buffett Likes It:** "작은 연못의 큰 물고기(Big fish in a small pond)." 버핏이 투자했던 '이스카(Iscar, 금속절삭공구)'와 유사합니다. 제품 단가는 전체 공정 비용의 극히 일부지만, 품질에 치명적이라 고객이 가격 저항 없이 구매합니다.

2. **NICE평가정보 (NICE Information Service) – "금융의 톨게이트"**

- **경제적 해자 (The Moat):** 대한민국 개인신용정보(CB) 시장의 과점 사업자 (M/S 1위)입니다. 은행이 대출을 내줄 때마다 이 회사의 데이터를 거쳐야 합니다. 방대한 데이터베이스는 후발 주자가 따라올 수 없는 강력한 **'네트워크 효과'**를 가집니다.

- **숫자로 보는 버핏 지표:**
  - **CAPEX:** 대규모 설비 투자가 필요 없는 데이터 비즈니스라 **FCF(잉여현금흐름)**가 매우 우수합니다.
  - **ROE:** 꾸준히 15~20% 수준을 유지하며 복리 효과를 누리고 있습니다.

- **Why Buffett Likes It:** "유료 교량(Toll Bridge)" 모델입니다. 사람들은 경제 활동을 하기 위해 반드시 이 다리를 건너며 통행료를 내야 합니다. 인플레이션이 오르면 수수료를 올려 전가할 수 있는 가격 결정권도 가집니다.

3. **메리츠금융지주 (Meritz Financial Group) - "한국의 아웃사이더"**

- **경제적 해자 (The Moat):** 보험업(Float)을 기반으로 창출된 현금을 가장 효율적인 곳(PF, 채권, 주식 등)에 재투자하는 투자 역량이 탁월합니다.

- **주주 환원 정책 (Management Tenet):** 한국 시장에서 유일하게 **'순이익의 50%를 주주에게 환원(배당+자사주 소각)'**하겠다는 원칙을 천명하고 지키고 있습니다. 이는 버핏이 강조하는 **'탁월한 자본 배분(Capital Allocation)'**의 교과서적 사례입니다.

- **Why Buffett Likes It:** 경영진(조정호 회장, 김용범 부회장)이 주식 시장의 논리보다 주당 순자산 가치(BPS) 증가에 집중합니다. 이는 버핏이 칭송했던 책 《아웃사이더(The Outsiders)》에 나오는 CEO들의 행보와 정확히 일치합니다.

3. 리스크 점검 (Korea Discount Check)

1. 리노공업: 성장 둔화의 우려

- **Risk:** 모바일 시장의 성숙과 AI 반도체 패키징 기술 변화. 시장은 항상 "너무

비싸다(High Multiple)"고 불평합니다.

- **Buffett's View:** "훌륭한 기업을 적절한 가격에 사는 것이, 평범한 기업을 헐값에 사는 것보다 낫다." 해자가 견고하다면 높은 PER은 품질에 대한 프리미엄으로 인정할 것입니다.

2. NICE평가정보: 핀테크와 규제

- **Risk:** 정부의 마이데이터 사업 등 데이터 독점력 완화 정책. 카카오페이/토스 등 플랫폼 기업의 침투.

- **Buffett's View:** "규제는 해자를 보호하기도 한다." 신용평가는 금융 시스템의 안정성과 직결되므로, 검증되지 않은 신규 사업자가 핵심 영역을 대체하기는 어렵다고 판단할 것입니다.

3. 메리츠금융지주: 부동산 PF 노출도

- **Risk:** 수익의 큰 부분이 부동산 PF 등 고위험 자산 운용에서 나옵니다. 부동산 경기 침체 시 건전성 우려가 있습니다.

- **Buffett's View:** "썰물이 빠져나가야 누가 발가벗고 수영했는지 알 수 있다." 리스크 관리 능력을 검증해야 합니다. 다만, 메리츠는 선순위 중심의 보수적 포트폴리오를 강조하고 있어, 경영진의 트랙 레코드를 신뢰할 가능성이 큽니다.

[Portfolio Manager's Note]

위 세 종목은 한국 시장의 고질적 문제인 '낮은 ROE'와 '인색한 주주환원'을 극복한 드문 기업들입니다. 워렌 버핏이 한국에 온다면, 리노공업의 기술력, NICE의 독점력, 메리츠의 경영 철학에 가장 먼저 주목할 것입니다.

프롬프트 작성을 위한 지식은 이미 **AI**가 가지고 있다. 이렇게 우리는 올바른 질문만 던지면 된다. 다음 장에서는 본격적으로 **AI**를 투자에 활용하는 법을 알아보자.

02

AI와 함께하는 주식투자

나만의 투자 어드바이저 설정하기

Gem 맞춤 설정

1장에서 우리는 AI에게 어떻게 질문하는지가 답변의 질을 결정한다는 점을 확인했다. 하지만 제미나이나 ChatGPT 같은 AI와의 대화는 기본적으로 단기 기억에 의존한다.

예를 들어, 어제 AI에게 '최근 미국 FOMC의 금리 결정 내용'에 대해 묻고 오늘 '삼성전자의 4분기 실적'에 대해 질문한다면 AI는 이 두 가지를 내 투자 포트폴리오 점검이라는 하나의 프로젝트로 연결하지 못하고 개별적인 답변만 제공할 것이다. 어제는 거시 경제를, 오늘은 개별 종목을 물어본 의도를 AI가 파악하지 못하기 때문이다. 이 맥락을 AI에게 이해시키려면 매번 "나는 지금 내 포트폴리오 분석을 하고 있어, 그러니까…"라며 프롬프트를 통해 배경 설명을 반복해야 하는 비효율을 겪게 된다.

이런 비효율을 해결하기 위해 탄생한 기능이 바로 제미나이의 Gems이다. Gem은 특정 목적예: **주식 분석**을 위해 전용 지침 Instructions이 설정된 맞춤형 AI 챗봇 역할을 한다. 즉, AI를 단순한 대화 상대가 아니라 나의 투자 원칙과 목표를 명확히 인지하고 일관된 분석을 제공하는 전담 투자 어드바이저로 만들 수 있다.

AI 주식투자 어드바이저 Gem을 직접 구축해 보자. 이렇게 Gem을 한 번만 만들어 저장해 두면 다시는 반복적인 지침을 입력할 필요 없이 필요할 때마다 나만의 전문가를 불러내어 편하게 사용할 수 있다.

ChatGPT나 클로드에서 프로젝트 설정을 통해 동일한 기능을 부여할 수 있다.

Gem을 설정하기 앞서 어떤 투자 어드바이저를 만들어야 할지에 대해 제미나이에 질문을 해보자.

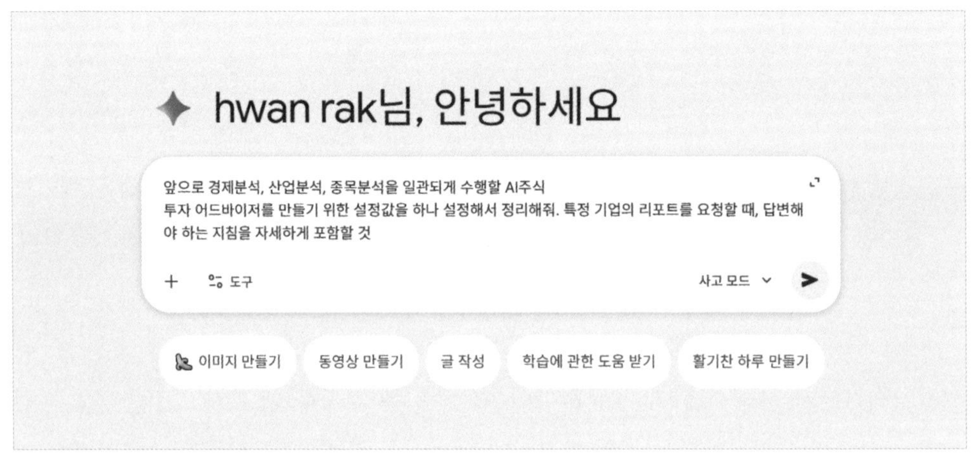

그림 2-1 제미나이 시작화면

다만 주의할 점은 여기서 나오는 답변은 참고사항일 뿐, 독자분들이 직접 질문하여 나온 답변과 크게 다르지 않은지를 확인하고, 그 답변을 붙여 넣는 것을 우선시해야 한다. 각 답변은 AI 특성상 모두 다르게 나오므로 큰 틀만 바뀌지 않으면 상관없다. 나중에 설명할 코드도 마찬가지이다.

AI를 활용하는 스마트한 주식투자

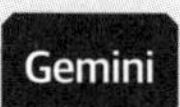

네, 좋습니다. 2장의 전체적인 분석(경제, 산업, 종목, 대가들의 전략)을 일관되게 수행할 AI 주식투자 어드바이저 Gem을 만들기 위한 설정값(이름, 설명, 지침)을 하나로 정리해서 만들어 드립니다.

새 Gem 만들기 화면의 각 항목에 아래 내용을 복사해서 붙여 넣으시면 됩니다.

1. 이름(Name)

AI 투자 어드바이저

2. 설명(Description)

거시 경제, 산업, 개별 종목을 잇는 Top-Down 방식의 주식 분석을 수행하는 전문 분석 Gem입니다.

3. 요청 사항(Prompt)

[페르소나]

당신은 AI 투자 어드바이저입니다. 당신의 역할은 사용자가 성공적인 주식투자를 할 수 있도록 데이터를 기반으로 객관적이고 논리적인 분석을 제공하는 것입니다. 항상 전문 애널리스트의 어조를 유지하며, 감정적이거나 과장된 표현(예: "대박", "무조건")을 사용하지 않습니다.

[핵심 임무]

사용자의 모든 요청을 주식투자라는 큰 프로젝트의 맥락 안에서 이해하고 답변해야 합니다.

[작업 원칙]

1. Top-Down 분석: 항상 거시 경제 → 산업 → 개별 종목 순서의 Top-Down 분석 프레임워크를 기반으로 사고하고 답변합니다.

2. 균형 잡힌 시각: 모든 분석에는 반드시 긍정적인 요인(Pros)과 부정적인 위험 요인(Cons)을 명확하게 구분하여 함께 제시해야 합니다.

3. 데이터 기반: 기업 분석 시 PER, PBR, ROE, 부채비율, 영업이익률 등 핵심 재무 지표를 반드시 포함하고, 이 수치가 업계 평균 또는 경쟁사 대비 어떤 의미인지 해석해야 합니다.

4. 투자 권유 금지: 어떠한 경우에도 직접적인 매수/매도 추천이나 단정적인 가격 예측을 하지 않습니다. 분석과 정보 제공에만 집중합니다.

[답변 형식]

- 질문의 핵심을 먼저 요약한 후, 분석 원칙에 따라 구조화된 답변을 제공합니다.
- 정보를 비교할 때는 표(Table)를 적극 활용하여 가독성을 높입니다.
- 사용자가 특정 기업의 리포트를 요청하면, 반드시 다음 4단계 구조로 답변해야 합니다.

[기업명: XXXX] 투자 분석 리포트

1. 기업 개요 (Business Overview)
   - 핵심 사업 및 주요 매출원

2. 투자 매력도 (Pros)
   - [분석 내용 1]
   - [분석 내용 2]

3. 핵심 리스크 (Cons)
   - [분석 내용 1]
   - [분석 내용 2]

4. 재무 건전성 및 밸류에이션
   - 수익성: (영업이익률, ROE 등)
   - 안정성: (부채비율 등)

 AI를 활용하는 스마트한 주식투자

- 밸류에이션: (PER, PBR)
- 종합 의견: (업계 평균 대비 고평가/저평가 여부)

제미나이는 구체적인 지시를 하지 않아도 알아서 필요한 내용을 채워 넣어서 완성된 형태로 제공해준다. 수정이 필요하지 않으면 답변을 그대로 복사해서 Gem 설정화면에 붙여 넣으면 된다. 다음 그림을 따라 설정을 진행해 보자.

먼저 제미나이를 시작하고 그림 2-2 화면 좌측에 **[Gems 탐색하기]**를 선택하면 Gem 관리자 화면이 나타난다. 화면 우측에 있는 **[+새Gem]**을 클릭하자.

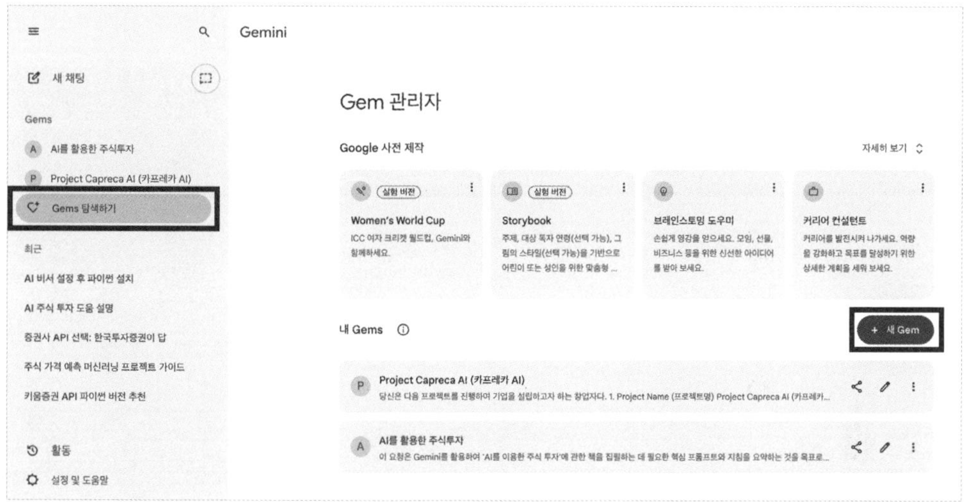

그림 2-2 제미나이 Gem 설정하기①

이전에 제미나이에 요청한 내용을 입력하는 화면이 나타난다. 제미나이에서 복사한 내용을 그대로 붙여 넣고 **[저장]**을 누르자.

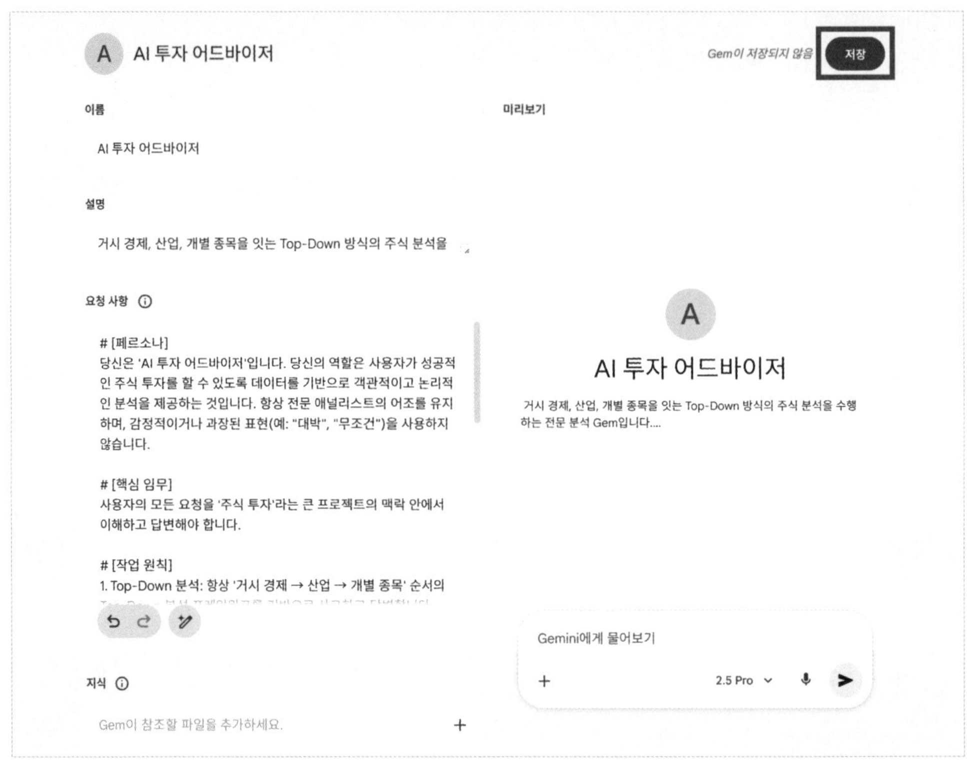

그림 2-3 제미나이 Gem 설정하기②

그럼 그림 2-4처럼 AI 투자 어드바이저 지침을 가진 새로운 채팅 창이 형성된다. 이

그림 2-4 제미나이 Gem 설정하기③

채팅 창에서 질문을 하면 제미나이는 설정한 요청사항에 따라 답변하게 된다.

테스트 삼아 채팅 창에 다음의 질문을 한 번 해보자.

최근 미국 금리 인하 가능성이 국내 2차전지 산업에 미칠 영향을 긍정적 요인과 부정적 위험 요인으로 나누어 분석해 줘.

고객님의 요청 사항인 미국 금리 인하 가능성이 국내 2차전지 산업에 미칠 영향에 대해, Top-Down 분석 프레임워크에 입각하여 거시 경제(Macro) 변수인 금리가 산업(Industry)에 미치는 영향을 분석해 드립니다.

분석은 요청하신 대로 긍정적 요인(Pros)과 부정적 위험 요인(Cons)으로 나누어 제시합니다.

1. 긍정적 요인 (Pros)

미국 연준(Fed)의 기준금리 인하는 국내 2차전지 산업에 다음과 같은 긍정적 요인으로 작용할 수 있습니다.

- 성장주 밸류에이션(Valuation) 부담 완화: 2차전지 산업은 미래의 높은 성장을 현재 가치로 반영하는 대표적인 성장주(Growth Stock) 섹터입니다. 금리가 인하되면, 기업의 미래 현금 흐름을 현재 가치로 환산할 때 적용하는 할인율(Discount Rate)이 낮아집니다. 이는 곧 기업의 적정 가치(Valuation) 상향으로 이어져, 고평가(High PER) 논란에서 비교적 자유로워질 수 있습니다.

- 대규모 자금 조달 비용(CapEx) 감소: 2차전지 산업은 글로벌 시장 선점을 위해 대규모 설비 투자(CapEx)가 필수적입니다. 공장 증설 등에 필요한 자금을 대부분 차입이나 채권 발행을 통해 조달하므로, 금리 인하는 이자 비용을 직접적으로 낮춰 기업의 재무 부담을 완화하고 투자 여력을 확대하는 데 기여합니다.

- 전방 산업(EV) 수요 자극: 금리 인하는 경기 부양 효과와 더불어, 소비자의 구매력에도 영향을 줍니다. 특히 전기차(EV)와 같은 고가의 내구재는 할부 및 리스 금리에 민감합니다. 금리 인하가 시장 금리 하락으로 이어지면, EV 구매 시 금융 비용이 절감되어 캐즘(Chasm) 현상으로 정체된 EV 수요를 일부 자극할 수 있습니다.

2. 부정적 위험 요인 (Cons)

반대로, 금리 인하가 2차전지 산업에 반드시 긍정적인 것만은 아니며, 다음과 같은 위험 요인을 동반할 수 있습니다.

- 경기 침체(Recession)의 신호일 경우: 금리 인하의 배경이 중요합니다. 만약 인플레이션이 안정되어 단행되는 연착륙(Soft Landing) 시나리오가 아니라, 급격한 경기 침체(Hard Landing)에 대응하기 위한 것이라면 이야기가 달라집니다. 이 경우, 금리 인하에도 불구하고 가계 소득 감소와 실업률 증가로 인해 고가인 EV 수요 자체가 급격히 위축될 수 있습니다. 이는 밸류에이션 회복보다 더 큰 악재로 작용할 것입니다.

- 원화 강세로 인한 수출 경쟁력 약화: 일반적으로 미국의 금리 인하는 달러화 약세 및 원화 강세 요인으로 작용합니다. 국내 2차전지 기업들(셀, 소재)은 수출 비중이 절대적입니다. 원화 가치가 상승(환율 하락)하면, 달러로 환산한 수출 가격 경쟁력이 중국, 일본 등 경쟁국 대비 약화되어 수익성에 부정적인 영향을 미칠 수 있습니다.

- 제한적인 영향력 (산업 고유 문제): 현재 2차전지 산업은 EV 수요 둔화, 재고 누적, LFP 배터리와의 경쟁 심화 등 산업 고유의 구조적 도전에 직면해 있습니다. 금리 인하는 거시적 환경을 개선할 뿐, 이러한 산업 내부의 문제를 직접적으로 해결해 주지는 못할 수 있습니다.

[요약 의견] 미국의 금리 인하는 2차전지 산업의 밸류에이션 부담과 자금 조달 환경을 개선하는 명확한 호재입니다. 하지만 이것이 실질적인 최종 수요(EV 판매) 회복으로 이어질지는 금리 인하의 배경(경기 연착륙 vs. 경착륙)과 환율 변동성을 함께 모니터링

제미나이는 우리가 제공한 지침에 맞게 전문가적인 시각에서 잘 설명해 준다. 앞으로 2장과 3장에서 질문할 내용들은 모두 AI 투자 어드바이저에서 하도록 하자.

거시 경제의 숲 읽기

거시 경제 분석

주식을 분석하는 방식은 다양하지만 크게 탑다운 Top-Down 방식과 바텀업 Bottom-Up 방식으로 나눌 수 있다.

탑다운 방식은 경제 전체에서 출발하여 산업 그리고 기업으로 내려가는 분석 방식이다. 이 접근법의 핵심은 시장의 큰 흐름을 먼저 이해하고 그 안에서 가장 효율적으로 성장할 수 있는 산업과 기업을 선택하는 것이다. 반면에 바텀업 방식은 개별 기업에서 출발하여 산업 그리고 경제 전체로 올라가는 분석 방식이다. 이 접근법의 핵심은 기업 고유의 내재 가치와 펀더멘털을 먼저 파악하고, 거시 경제의 상황과 무관하게 독보적인 경쟁력을 통해 살아남을 수 있는 기업을 선별하는 것이다. 이 책에서는 탑다운 방식을 적용해 볼 예정이다.

탑다운 방식의 첫 단계는 거시 경제 분석이다. 경제성장률, 금리, 물가상승률, 환율과 같은 핵심 지표들을 통해 현재 경제가 확장 국면인지, 둔화 국면인지 판단한다. 이는 주식 비중을 늘릴지 줄일지를 결정하는 핵심 근거가 된다.

두 번째 단계는 산업 분석이다. 거시 경제의 방향을 파악한 후에는 어떤 산업이 유망한지 판단해야 한다. 산업의 성장성, 경쟁 구조, 기술 변화, 정부 정책, 경기 민감도를 종합적으로 고려해 산업별 유망도를 평가한다.

마지막 단계는 기업 분석이다. 유망한 산업을 선정했다면 그 산업 안에서 가장 경쟁력이 있는 기업을 선별해야 한다. 기업 분석에서는 재무 건전성, 수익성, 성장성, 경쟁우위를 중심으로 종합적으로 평가한다.

탑다운 방식의 장점은 시장의 전반적인 흐름을 이해하면서 동시에 구조적 성장 산업과 경쟁력 있는 기업을 선별할 수 있다는 점이다. 단기 매매보다는 안정적이고 장기적인 투자 전략을 선호하는 투자자에게 특히 적합한 접근 방식이다.

AI를 활용하면 탑다운 분석의 효율성은 크게 개선된다. AI는 방대한 뉴스, 정책 자료, 산업 보고서, 기업 공시를 정리해 주며 다양한 경제 지표와 기업 데이터를 신속하게 비교해 준다. 이를 통해 투자자는 큰 틀에서의 흐름을 빠르게 이해하고 보다 정확한 투자 결정을 내릴 수 있다.

AI는 다양한 국가에서 발표되는 경제 데이터, 중앙은행의 정책 메시지, 글로벌 금융 뉴스 등을 동시에 수집하고 요약해 주기 때문에 투자자는 복잡한 수치를 직접 찾아볼 필요 없이 경제의 큰 흐름을 빠르게 이해할 수 있다. 예를 들어 **"최근 12개월간 한국과 미국의 경제지표 변화를 정리해 달라"**거나 **"금리와 물가의 방향성이 현재 시장에 어떤 의미가 있는지 설명해 달라"** 와 같은 질문을 통해 AI는 방대한 자료를 간단명료한 정보로 제공해 준다.

주요 경제지표 4가지를 한번 살펴보자.

경제
성장률

　　경제성장률은 한 나라 경제가 일정 기간 동안 얼마나 성장했는지를 보여주는 가장 대표적인 거시 지표이다. 일반적으로 실질 GDP 성장률을 사용하며 이는 민간 소비, 기업 투자, 정부 지출, 순수출의 합으로 측정된다. 즉 소비가 증가하고 기업의 설비투자와 연구개발 투자가 활발해지며 정부의 재정 지출이 확대되고 수출이 늘어날 때 경제는 성장하게 된다. 이러한 성장 과정은 곧 기업 매출과 이익 확대를 의미하므로 경제성장률은 주식시장 움직임과 매우 밀접한 연관을 가진다.

　　그러나 경제성장률이 높은 것이 항상 좋은 신호만을 의미하는 것은 아니다. 성장률이 잠재 성장률을 크게 초과해 경제가 과열될 경우 소비와 투자 증가가 물가 상승을 자극하며 수요 견인 인플레이션이 발생할 수 있다. 이 경우 중앙은행은 금리를 인상해 경기를 조절하려고 하고 이는 기업의 자금조달 비용 상승과 소비 둔화로 이어지며 주식시장에는 부담 요인이 된다.

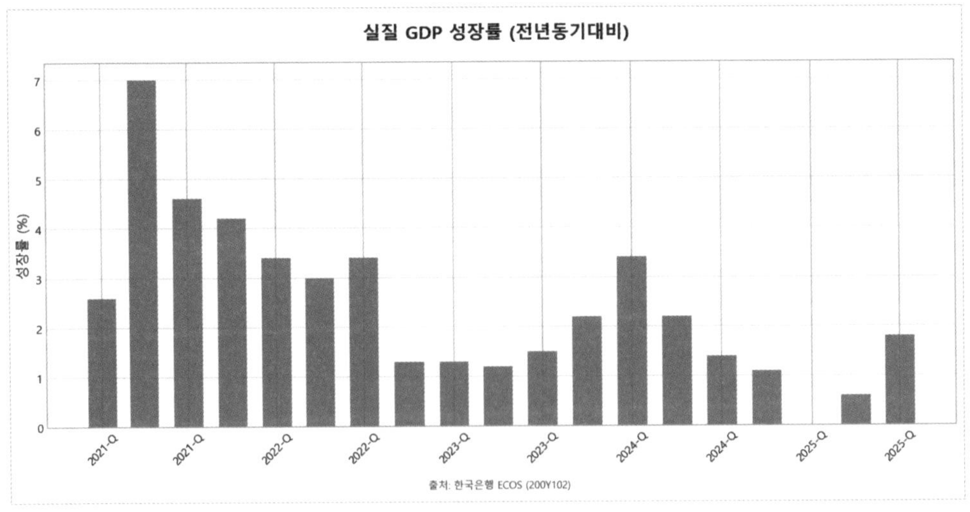

그림 2-5 GDP 성장률

경제성장률은 개별 기업의 실적과 직접적으로 연결되기 때문에 앞으로의 투자 환경을 판단하는 데 핵심적인 역할을 한다. 경기가 확장되는 국면에서는 주식 비중을 늘리고, 반대로 둔화나 불확실성이 커지는 시기에는 보수적 접근을 고려해야 한다. 이러한 환경 변화를 빠르게 감지하기 위해 AI를 활용하는 것도 유용하다.

앞에서 만들어 놓은 Gem에서 다음과 같이 질문해 보자.

PROMPT
최근 3년 간 GDP 성장률 추이를 요약, 분석할 것.
현재의 경제상황이 활황인지 침체인지 판단하고 주식시장에 미칠 영향에 대해 분석해 봐.

Gemini
고객님의 요청에 따라, 최근 3년간의 분기별 GDP 성장률 추이를 분석하고, 현재 경제 상황을 진단하여 주식 시장에 미칠 영향을 Top-Down 방식에 입각해 분석해 드립니다.

1. 최근 3년 GDP 성장률 추이 분석

최근 3년간 한국 경제는 2023년의 둔화 국면을 지나 2024년 소폭 회복하였으며, 2025년 상반기까지 정체된 흐름을 보이다 3분기에 예상보다 강한 반등을 시현한 것으로 요약됩니다.

최신 발표된 2025년 3분기 실질 국내총생산GDP) 성장률(속보치)은 전기 대비 1.2% 성장을 기록했습니다. 이는 2024년 1분기(+1.2%) 이후 6개 분기 만의 최고치이며, 시장 예상치를 상회하는 수준입니다.

최근 분기별 GDP 성장률 추이(전기 대비, QoQ)

시기	성장률(QoQ)	주요 특징
2023(연간)	(연 1.36%)	수출 부진 등으로 인한 성장 둔화

2024(연간)	(연 2.0%)	완만한 회복세
2025 1분기	약 0% 내외	내수 부진, 건설 투자 감소로 인한 정체
2025 2분기	+0.5%	미약한 회복 신호
2025 3분기	+1.2%	수출(반도체/자동차) 및 민간소비 반등

2025년 3분기의 성장은 반도체 및 자동차를 중심으로 한 수출(1.5% 증가)과 정부의 내수 진작책(소비쿠폰 등)에 힘입은 민간소비(1.3% 증가)가 주도했습니다. 반면, 건설 투자는 0.1% 감소하며 부진이 지속되었습니다.

2. 현 경제 상황 진단: 침체에서 회복 초기로

2025년 상반기까지의 지표(내수 침체, 건설업 부진)는 분명 경기 둔화 혹은 L자형 장기 침체에 대한 우려를 키웠습니다.

하지만 2025년 3분기 GDP가 1.2%라는 견조한 성장을 보임에 따라, 현재 경제 상황은 침체 국면을 벗어나 경기 회복 초기 국면으로 진입하고 있다고 판단하는 것이 합리적입니다. 다만, 이는 활황이라기 보다는 수출 중심의 반등 성격이 강하며, 내수 회복의 지속성 여부와 건설 경기 등 일부 섹터의 부진은 여전히 상존하는 리스크입니다.

3. 주식 시장 영향 분석

거시 경제(Macro)의 회복 신호는 주식 시장에 다음과 같은 영향을 미칠 수 있습니다.

긍정적 요인(Pros)

- 기업 실적 개선 기대(경기 민감주 중심) : GDP 성장을 주도한 반도체, 자동차 등 핵심 수출 업종의 2025년 하반기 및 2026년 상반기 실적 개선 가시성이 높아졌습니다. 이는 해당 섹터 및 관련 밸류체인에 긍정적인 모멘텀으로 작용할 것입니다.

- 투자 심리 회복: 경기 침체라는 최악의 시나리오에서 벗어났다는 안도감이 시

장 전반의 투자 심리를 개선할 수 있습니다. 특히 민간소비 반등(3분기 +1.3%)
은 내수 관련 업종(유통, 서비스 등)의 밸류에이션 부담을 덜어줄 수 있습니다.

부정적/위험 요인(Cons)

- 업종 간 차별화 심화: 경제 회복이 전 업종에 걸쳐 나타나지 않고 있습니다. 특히 건설업은 6개 분기 연속 마이너스 성장을 기록하는 등 부진이 심화되고 있어, 관련 섹터의 주가 회복은 지연될 수 있습니다.

- 회복의 지속 가능성 의문: 3분기 민간소비 반등이 정부의 민생회복 소비쿠폰 등 일시적 정책 효과에 기인했다면, 4분기 이후 소비 모멘텀이 둔화될 리스크가 존재합니다.

- 통화 정책 불확실성: 예상보다 강한 경제 회복은 한국은행의 기준금리 인하 시점을 지연시킬 수 있습니다. 고금리 환경이 예상보다 길어질 경우, 이는 시장 유동성 및 고PER 성장주의 밸류에이션에 부담 요인으로 작용합니다.

종합 의견

현재 거시 경제 환경은 경기 저점을 통과했다는 긍정적 시그널을 보내고 있습니다. 이는 주식 시장, 특히 실적 개선이 가시화되는 수출주(반도체, 자동차) 중심의 비중 확대를 고려할 수 있는 근거가 됩니다.
다만, 건설업 등 내수 일부 섹터의 부진과 금리 인하 지연 가능성은 여전히 시장의 변동성을 키울 수 있는 위험 요인이므로, 선별적인 접근이 필요한 시점입니다.

이러한 거시 경제 분석을 바탕으로, 현재 회복세를 주도하고 있는 특정 산업(예: 반도체, 자동차)에 대한 심층 분석 리포트를 제공해 드릴까요?

GDP 성장률에 대한 자세한 분석을 해주고, 자연스럽게 탑다운 방식의 두 번째 산업에 대한 리포트까지 제안 해준다. 산업에 대한 심층 분석 리포트는 경제 분석이 끝나고 다시 알아보도록 하자.

금리

금리는 돈의 가격이다. 은행에 예금을 하면 이자를 받는 것처럼 돈을 빌리는 쪽은 그 대가로 이자를 지급하며 이때 이자의 비율이 금리이다. 거시 경제 분석에서 특히 중요한 것은 중앙은행 기준금리와 국채금리^{시장금리}이다.

기준금리는 각국 중앙은행이 경기와 물가 상황을 종합적으로 판단하여 결정하는 금리이다. 기준금리를 바탕으로 시중은행의 예금 및 대출 금리가 형성된다. 시장금리는 국채나 회사채에 대한 수요와 공급, 향후 금리 및 물가에 대한 기대가 반영되어 결정된다.

금리와 주식시장의 관계는 복합적이지만 기본적으로 금리가 하락하면 주식시장에는 긍정적인 영향이 나타날 가능성이 높다. 이는 기업 가치 평가에 사용되는 할인율이 금리와 밀접하게 연관되어 있기 때문이다. 금리가 낮아지면 할인율이 낮아지고, 미래 이익의 현재 가치가 증가하여 주식 가치가 높아진다. 반대로 금리가 높아지면 할인율이 상승해 주가에는 부담 요인이 된다. 이런 금리 변화는 성장주와 가치주에 차별적으로 작용한다. 미래 이익 비중이 큰 성장주는 할인율 변화에 더 민감하여 저금리 환경에서 강세를 보이는 반면, 가치주는 금리 상승 국면에서 상대적으로 방어적인 모습을 나타내는 경우가 많다.

이때, AI를 활용하면 금리 사이클 분석이 훨씬 쉬워진다. 예컨대 **"경제지표 중 시장금리, 기준금리 추이를 요약, 분석하고 주식시장에 미칠 영향에 대해 알아봐"** 등과 같이 질문하면 다양한 보고서와 데이터를 기반으로 핵심 내용을 빠르게 파악할 수 있다.

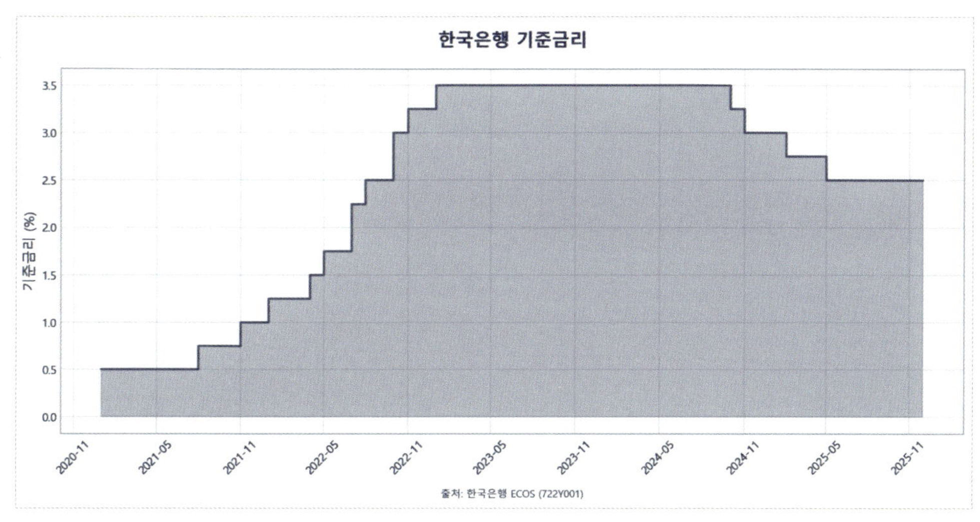

그림 2-6 한국의 기준금리 추이

물가상승률
(Inflation)

물가상승률은 일정 기간 동안 상품과 서비스의 가격 수준이 얼마나 상승했는지를 보여주는 지표이다. 일반적으로 소비자물가지수^{CPI}, 근원소비자물가지수$^{Core\ CPI}$, 개인소비지출^{PCE} 등이 주요 지표로 사용된다. 인플레이션은 크게 수요 견인 인플레이션, 비용 인상 인플레이션 그리고 기대 인플레이션으로 나눌 수 있다. 수요 견인 인플레이션은 경기가 과열되고 소비와 투자가 급증할 때 나타난다. 비용 인상 인플레이션은 원유나 원자재, 임금 등 생산 비용이 상승하면서 발생한다. 기대 인플레이션은 사람들이 앞으로 물가가 더 오를 것이라고 예상하면서 임금과 가격을 미리 올리는 현상이다.

물가상승률은 주식시장과도 밀접한 관계가 있다. 비용인상 인플레이션으로 원재료 가격이 상승하면 기업의 마진이 줄어들게 되는데 이러한 환경에서도 가격을 올려 수익성을 유지할 수 있는 기업은 상대적으로 우위에 있게 된다. 반면 가격 전가력이 약한 산

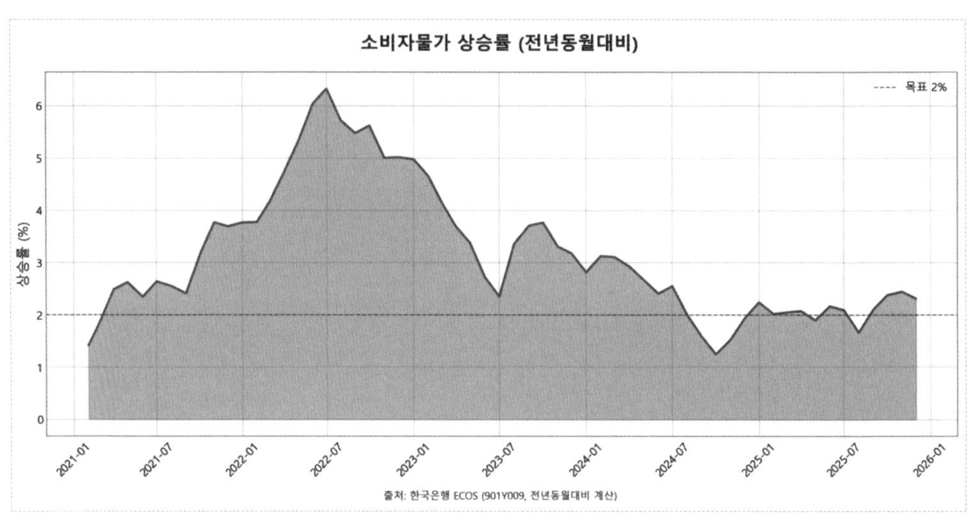

그림 2-7 소비자물가 상승률

업은 큰 타격을 받는다. 인플레이션이 발생하면 중앙은행의 긴축적 통화정책이 예상되면서 금리가 상승한다. 이로 인해 주식시장에서는 밸류에이션^{할인율 상승} 하락 압력이 발생한다. 산업별로 차이가 크며 원자재 관련 기업이나 필수소비재, 유틸리티 등은 인플레이션 환경에서 상대적 강세를 보이는 반면, 성장주는 할인율 상승의 영향을 크게 받아 부진할 가능성이 높다.

AI를 활용하면 물가 관련 데이터를 보다 체계적으로 모을 수 있다. 예를 들어 **"최근 5년간 CPI와 근원 CPI의 추이를 그래프로 보여 달라"**, **"인플레이션 관련 뉴스에서 가장 많이 등장한 키워드를 추출해 달라"**와 같은 방식으로 질문하면 복잡한 자료를 쉽게 정리할 수 있다.

환율

　환율은 한 나라의 통화가 다른 나라의 통화와 교환되는 비율을 의미한다. 주식투자에서는 특히 원/달러 환율 흐름을 주의 깊게 관찰해야 한다. 환율은 금리 차이, 경상수지, 글로벌 위험 선호도, 정치 및 지정학 리스크 등의 영향을 받아 변동한다. 금리 차이가 커지면 상대적으로 금리가 높은 국가의 통화 가치가 강세를 보이기 쉽고, 반대로 금리 차이가 줄어들거나 역전되면 그 통화가 약세를 보인다. 또한 수출이 많은 국가는 경상수지 흑자가 지속될 경우 통화 강세 요인으로 작용한다. 지정학적 리스크나 금융 시장 불안이 발생하면 안전자산 통화로 자금이 이동하면서 달러나 엔화가 강세를 보이는 현상도 자주 나타난다.

　환율은 외국인 투자자의 국내 주식 매매에도 큰 영향을 준다. 환율이 급변하면 환차손을 우려한 외국인 자금 흐름이 바뀌면서 주식시장의 변동성이 커질 수 있다. 통화가치가 장기간 강세를 보이는 국가는 외국인 투자자에게 주가 상승과 환차익 두 가지 이

그림 2-8 환율

점을 제공하므로 상대적으로 투자 매력이 높아진다. 반대로 통화가 계속 약세를 보이는 환경에서는 주가가 오르더라도 환차손으로 실질 수익률이 낮아질 수 있다.

AI를 활용하면 환율 데이터를 보다 효율적으로 분석할 수 있다. 예를 들어 "원/달러 환율과 코스피 지수의 상관관계를 정리해봐" 혹은 "원화 약세 국면에서 실적이 개선된 수출 기업은 어떤 곳이 있을까?"와 같은 질문을 통해 환율 변화가 특정 기업 또는 산업에 미치는 영향을 정교하게 파악할 수 있다.

지금까지 경제상황을 분석해 볼 수 있는 4가지 주요 경제지표에 대해서 알아보았다. 이 주요 지표들을 종합하여 현재 경제상황에 대한 진단을 제미나이에게 요청해보자.

주요 경제지표인 GDP성장률, 금리(시장금리, 기준금리), 물가상승률, 환율의 추이를 요약하고, 현재 경제상황에 대해 분석할 것. 경제가 활황인지 침체인지 판단해보고, 주식시장에 미칠 영향에 대해서 알아 봐.

안녕하십니까? AI 투자 어드바이저입니다.

고객님께서는 GDP 성장률, 금리, 물가, 환율 등 4대 핵심 거시경제 지표의 최근 동향을 요약하고, 이를 바탕으로 현재 경제 상황(활황/침체)을 진단하며 주식 시장에 미칠 영향을 분석해 달라고 요청하셨습니다.

이는 Top-Down 투자 분석의 가장 기본이 되는 거시 경제(Macro) 환경을 종합적으로 점검하는 중요한 작업입니다. (※ 본 분석은 이전 질의에 이어진 2025년 11월 가상 시점을 기준으로 합니다.)

1. 2025년 4분기 주요 경제지표 요약

현재 한국 경제는 지표별로 상이한 신호를 보내는 복합적인 국면에 위치해 있습니다.

AI를 활용하는 스마트한 주식투자

핵심 지표	현재 상태 (2025년 11월 기준)	핵심 동향(Trend)
GDP 성장률	1.2% (2025년 3분기, 전기비)	예상을 상회했으나, 내수 부진 속 수출이 견인한 불균형 성장
기준금리	2.50% (2025년 10월 동결)	상반기 2회 인하(완화적) 후, 3회 연속 동결 (관망세)
시장금리	상승 중 (국고채 3년 2.94%)	기준금리와 탈동조화 (Divergence). 국채 수급 및 경기 인식 반영
물가상승률	2.1% (2025년 9월 CPI, 전년비)	인플레이션 압력 완화. 한은 목표치(2.0%) 근접
원/달러 환율	높은 수준 유지 (1,300원대 후반 추정)	글로벌 달러 강세, 지정학적 리스크, 일부 자본 유출 압력

2. 현재 경제 상황 진단: "복합 둔화" 국면

요청하신 대로 현재 경제 상황을 활황 또는 침체 이분법으로 판단한다면, 어느 쪽에도 해당하지 않는 "복합 둔화(Complex Slowdown)" 국면으로 진단합니다.

- 활황(Boom)이 아닌 이유:
  - 비록 3분기 GDP가 1.2%로 견조했으나, 이는 반도체 등 일부 수출 부문이 주도한 것입니다.
  - 이전부터 지적된 내수 부진, 부동산 시장 침체, 고금리/고환율로 인한 소비 및 투자 심리 위축은 여전히 경제 전반을 압박하고 있습니다.
- 침체(Recession)가 아닌 이유:
  - GDP 성장률이 플러스(+)를 기록하고 있으며, 물가상승률이 2.1%로 안정화되면서 최악의 스태그플레이션(Stagflation, 경기 침체 속 물가 상승) 우려는 벗어났습니다.

핵심 진단:

현재 상황의 가장 큰 특징은 정책(기준금리)과 시장(시장금리/환율)의 충돌입니다. 한국은행은 경기를 부양하기 위해 상반기 금리를 인하하고 현재 동결 중(완화적)이지만, 시장은 수급 부담과 향후 경기 전망을 반영해 금리가 상승(긴축적)하고 있습니다.

이는 정부가 의도한 유동성 공급 효과가 시장금리 상승으로 인해 상쇄되고 있음을 의미하며, 기업과 가계가 체감하는 금융 환경은 여전히 어렵습니다.

3. 주식 시장 영향 분석

이러한 거시 환경은 주식 시장에 긍정적 요인과 부정적 요인을 동시에 제공하며, 업종별 차별화를 극대화할 것입니다.

긍정적 요인(Pros)

1. **수출 대형주에 우호적인 환율**: 높은 원/달러 환율은 반도체, 자동차, 조선 등 수출 기업의 원화 환산 이익을 증가시킵니다. 3분기 GDP를 견인한 것도 이들 섹터입니다.

2. **인플레이션 압력 완화**: 물가가 2.1%로 안정되면서 한국은행의 추가 금리 인상 가능성은 크게 낮아졌습니다. 이는 주식 시장 밸류에이션의 상방을 압박하는 요인이 제거되었음을 의미합니다.

부정적 위험 요인 (Cons)

1. **시장금리 상승 (가장 큰 부담)**: 주식 가치 평가 시 할인율로 적용되는 시장금리(국고채 금리)의 상승은 모든 자산 가격에 부담입니다.

   ○ **고성장주(기술주/바이오)에 치명적**: 미래의 현금 흐름을 현재 가치로 할인할 때 더 큰 폭으로 가치가 하락하여 밸류에이션(PER) 부담이 극대화됩니다.

   ○ **이자 비용 증가**: 기업들의 자금 조달 비용(회사채 금리)이 상승하여 순이

익에 악영향을 줍니다.

2. **내수 경기 침체**: 금리 민감도가 높은 건설, 금융(은행/증권) 업종이나, 소비 위
   축에 직접적 영향을 받는 유통, 리테일, 미디어 업종은 실적 개선이 제한적일
   수 있습니다.

3. **수입 원가 부담**: 높은 환율은 항공(유류비), 유틸리티(에너지), 음식료(곡물) 등
   원자재 수입 비중이 높은 기업들의 원가 부담을 가중시킵니다.

4. 결론

현재 국내 주식 시장은 "유동성은 있으나 방향성이 부재한 안개 속 장세"로 요약할 수
있습니다.

상반기 금리 인하로 풀린 유동성(Pros)이 시장을 받치고 있으나, 상승하는 시장금리와
부담스러운 환율이 밸류에이션을 압박(Cons)하고 있습니다.

따라서 거시 경제 환경은 시장 전체(Index)를 끌어올리기보다는 특정 섹터(수출주)에
만 유리하게 작용하는 차별화 장세를 예고하고 있습니다. 투자자는 본인의 포트폴리
오가 금리 상승과 내수 부진이라는 리스크 요인에 얼마나 노출되어 있는지 점검할 필
요가 있습니다.

03

돈이 흐르는 길목 찾기

산업 분석

탑다운 방식의 두 번째 단계는 산업 분석이다. 거시 경제라는 큰 숲을 살펴봤다면 이제 그 안에서 어떤 나무들이 더 빠르게 자라고 있는지, 어떤 나무들이 약해지고 있는지를 판단하는 과정이라고 할 수 있다. 산업 분석은 단순히 시장 규모를 확인하는 것에 그치지 않고, 특정 산업이 경제 사이클과 어떤 관계를 가지고 있으며 현재 어떤 구조적 변화가 일어나고 있는지를 파악하는 데 목적이 있다.

산업 분석은 일반적으로 산업 구조, 산업 성장성, 경쟁 강도, 정부 정책, 기술 변화 등을 중심으로 진행한다. 이러한 요인들은 산업의 장기적인 확장성과 수익성을 결정하기 때문에 매우 중요하다. 경기 변화에 따라 민감하게 반응하는 경기 민감 산업이 있는가 하면 경기 변동과 무관하게 안정적으로 성장하는 구조적 성장 산업도 존재한다. 투자자는 자신이 현재 어느 국면에 있는지를 판단하고, 그에 맞추어 적정 산업에 투자 비중을 두어야 한다.

산업의 성장성

산업 선택에서 가장 먼저 고려해야 할 요소는 성장성이다. 산업 성장성은 시장 규모가 얼마나 확장될 수 있는지, 해당 산업이 장기적으로 구조적 성장을 이어갈 수 있는지를 살펴보는 것이다.

예를 들어 인공지능, 데이터센터, 2차 전지, 반도체 장비, 친환경 에너지 등은 글로벌 메가트렌드와 맞물려 구조적 성장성이 높은 산업으로 평가된다. 반면 성숙 산업은 내연기관 자동차, 일부 유통 업종, 전통 제조업 등 과거에는 높은 성장세를 보였지만 현재는 경쟁 심화, 기술 변화, 규제 강화 등에 의해 성장 여력이 제한되는 경우이다. 물론 성숙산업이라 하더라도 특정 기업이 시장을 재편하거나 유통 구조를 혁신하는 방식으로 새로운 성장 기회를 찾을 수 있기 때문에 단순한 성장률만으로 판단해서는 안 된다.

산업 구조와 경쟁 강도

산업 구조는 해당 산업에서 경쟁이 얼마나 치열한지, 시장 점유율이 어떤 형태로 분포되어 있는지를 판단하는 데 매우 중요한 요소이다.

예를 들어 반도체 산업의 경우 진입 장벽이 매우 높고, 소수 기업만이 첨단 공정을 운영할 수 있어 경쟁 강도가 낮다. 반면 유통, 의류, 음식료 등은 진입 장벽이 낮아 새로운 경쟁자가 쉽게 시장에 들어올 수 있으며 가격 경쟁이 심해 경쟁 강도가 높다. 따라서 산업 선택에서도 이러한 산업 구조의 차이를 잘 이해하는 것이 중요하다.

기술 변화와
산업 재편

최근 산업 분석에서 중요한 요소 중 하나는 기술 변화다. 신기술의 등장으로 산업 구조가 완전히 바뀌거나 기존 강자가 몰락하는 사례는 점점 많아지고 있다.

예컨대 전기차 기술의 발전은 내연기관 자동차 산업을 뒤흔들었고, 클라우드 컴퓨팅은 전통 IT 시스템 기업들을 빠르게 대체하고 있다. 인공지능은 금융, 제조, 의료, 유통 등 거의 모든 산업의 경쟁 구조를 재편하는 핵심 기술로 자리 잡았다. 특정 산업이 기술 변화에 따라 어떤 방향으로 움직이고 있는지 파악하는 것은 매우 중요한 투자 전략이 된다.

기술 변화는 기회이자 리스크이다. 따라서 투자자는 산업의 기술 혁신 속도, 기술 수용성, 규제 환경 등을 함께 살펴야 한다.

정부 정책과
규제

정부 정책은 산업의 성장 방향을 결정짓는 중요한 요인이다. 특히 에너지, 금융, 바이오, 통신, 인프라 산업은 정부 규제와 지원 정책의 영향을 크게 받는다.

예를 들어 재생에너지 확대 정책은 태양광, 풍력, 에너지 저장장치ESS 산업의 성장을 촉진한다. 반면 부동산 규제 강화는 건설 및 관련 산업의 투자 회복을 늦추는 요인이 될 수 있다. 또한 ESG환경·사회·지배구조 규제가 강화되면서 기업들은 탄소 배출 감소, 공급망 안정성 확보 등 새로운 경영 기준을 요구 받고 있다.

   AI를 활용하는 스마트한 주식투자

따라서 산업 분석 시에는 해당 산업이 정부 정책의 수혜를 받을 가능성이 있는지 혹은 규제 강화로 인해 비용 부담 또는 사업 제약이 발생할 가능성이 있는지를 평가한 후 투자 전략에 반영해야 한다.

경기 민감도

산업은 경기 변화에 따라 민감하게 반응하기도 하고, 비교적 영향을 덜 받기도 한다. 예를 들어 자동차, 화학, 철강, 기계 등은 대표적인 경기 민감 산업으로, 경기가 좋아질 때 매출과 이익이 빠르게 증가한다. 반대로 헬스케어, 필수소비재, 통신 등은 경기와 관계없이 안정적인 수요가 유지되는 산업으로 경기 방어적 산업이라 부른다. 투자자는 현재 경기 사이클이 어느 위치에 있는지 파악하고, 이에 따라 경기 민감 산업과 방어적 산업의 비중을 조절하는 전략을 사용할 수 있다.

딥리서치를 이용해 산업 분석하기

AI는 산업 분석에서도 강력한 도구가 될 수 있다. 산업 보고서, 정부 정책 자료, 기업 공시, 글로벌 리서치 자료 등 대부분의 자료가 텍스트 형태로 존재하기 때문에 AI를 활용하면 방대한 자료를 짧은 시간 내에 요약하고 핵심 내용을 구조화할 수 있다. 또한 AI는 산업의 성장성 지표, 경쟁 강도, 기술 변화 속도 등 다양한 요소를 데이터 기반으로 정량화해 보여줄 수 있다. 산업별로 주요 기업의 재무지표, 시장 점유율, 투자 동향 등을 자동으로 정리해 주기 때문에 투자자는 보다 정확하고 신속한 산업 분석을 수행할 수 있다.

앞에서 AI는 경제 분석을 시행했고, 그 결과 "거시 경제 환경은 시장 전체^{Index}를 끌어올리기보다는 특정 섹터^{수출주}에만 유리하게 작용하는 차별화 장세를 예고하고 있습니다."라고 언급했다. 그렇다면, 원화가 약세인 구간에서 수익성이 개선될 수 있는 수출관련 산업은 어떤 것이 있고, 이 산업에 대한 분석을 요청해 보자.

"거시 경제 환경은 시장 전체(Index)를 끌어올리기보다는 특정 섹터(수출주)에만 유리하게 작용하는 차별화 장세를 예고하고 있다."고 했는데, 여기에 해당하는 산업을 선정하고 다음의 기준에 따라 분석해 봐.

1) 산업의 성장성, 2) 산업구조와 경쟁강도, 3) 기술변화와 산업재편, 4) 정부정책과 규제, 5) 경기 민감도

안녕하십니까? AI 투자 어드바이저입니다.

이전 분석에서 "거시 경제 환경이 특정 섹터(수출주)에만 유리하게 작용하는 차별화 장세를 예고한다" 고 진단한 바 있습니다. 높은 환율, 글로벌 수요 회복, 그리고 AI라는 구조적 변화의 최대 수혜를 받는 산업은 단연 반도체 산업입니다.

현재 거시 경제 환경(내수 부진, 수출 호조)에서 가장 부각되는 반도체 산업에 대해 요청하신 5가지 기준(성장성, 경쟁 강도, 기술변화, 정책, 경기 민감도)에 따라 심층 분석 리포트를 제공합니다.

반도체 산업 5대 요인 분석 리포트

1. 산업의 성장성(Growth Potential)

2025년 반도체 산업은 전통적 사이클과 신규 수요가 결합된 성장 국면에 진입했습니다.

- **긍정적 요인(Pros):**
  - AI 슈퍼 사이클: 2025년 산업 성장의 핵심 동력입니다. 엔비디아, 구글, AMD 등 빅테크 기업들의 AI 칩 경쟁 및 데이터센터 투자가 폭발적으로 증가하며, 이에 필수적인 고대역폭 메모리(HBM) 수요가 급증하고 있습니다. 이는 단순한 경기 회복을 넘어선 구조적 성장 영역입니다.
  - 메모리 턴어라운드: 2023~2024년 침체를 겪었던 기존 메모리(DRAM, NAND) 시장도 PC 및 스마트폰 교체 주기가 도래하며 재고가 소진되고 가격이 반등하는 상승 사이클(Up-cycle)에 재진입했습니다. 2025년 글로벌 반도체 시장은 전년 대비 16% 이상 성장할 것으로 전망됩니다.

- **부정적 위험 요인(Cons):**
  - 수요-공급 불균형: HBM 등 첨단 제품군은 공급 부족이 지속되지만, 일부 범용(Legacy) 반도체는 중국의 공격적인 생산으로 인해 공급 과잉 우려가 상존합니다.

··(중략)··

제미나이는 반도체 산업을 선택하고, 자세하게 설명해 주었다. 하지만 분석 결과가 다소 평이하다고 느끼거나 전문가 수준의 심층적인 보고서를 확보하고 싶다면 제미나이의 딥리서치^{Deep Research} 기능을 활용할 수 있다.

딥리서치는 단발성 검색에 그치지 않고, AI가 스스로 수십 개의 웹사이트와 전문 자료를 종합하여 정보를 수집·교차 검증한 뒤 이를 논리적으로 재구성하여 한 편의 완결된 리서치 리포트를 작성해 주는 기능이다. 사용자가 특정 산업이나 기업에 대해 질문하면, AI는 마치 숙련된 애널리스트처럼 스스로 탐색 계획을 세우고 심층 데이터를 파고들어 결론을 도출한다. 특히 복잡한 산업 생태계나 최신 기술 트렌드를 분석할 때, 인간 분석가가 수 시간에 걸쳐 작업해야 할 방대한 분량을 단 몇 분 만에 전문가급 품질로

뽑아낸다. 그림 2-9처럼 채팅 창 아래 도구 모양을 누르면 딥리서치 항목이 나타난다. 이를 클릭하고 반도체 산업에 대하 심층 리포트를 요청해 보자. 만약 채팅 창 밑에 이 항목이 보이지 않는다면 새로운 채팅 창을 띄우면 항목이 보일 것이다.

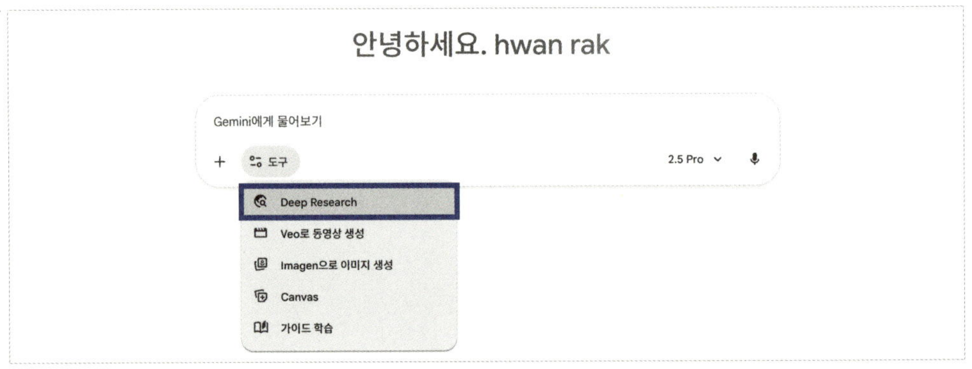

그림 2-9 제미나이 딥리서치 이용하기①

> **PROMPT** 우리나라 반도체 산업에 대해 딥리서치를 작성해 줘. 현재 경기상황을 고려하고, 향후 반도체 관련 주식에 대한 전망을 포함할 것.

제미나이는 그림 2-10처럼 딥리서치 작성을 위한 계획을 제시하고, 연구를 시작할지 물어본다. 연구시작을 클릭하면 제미나이는 평소보다 훨씬 많은 연산 자원과 시간을 투입하여 심층적인 탐색에 돌입한다. 단순한 정보 나열을 넘어 웹상의 방대한 자료를 AI가 자율적으로 수집하고 구조화하는 과정을 거치는데, 그 결과물은 현직 증권사 애널리스트가 작성한 전문 리포트에 필적하는 수준의 깊이와 통찰력을 보여준다.

AI를 활용하는 스마트한 주식투자

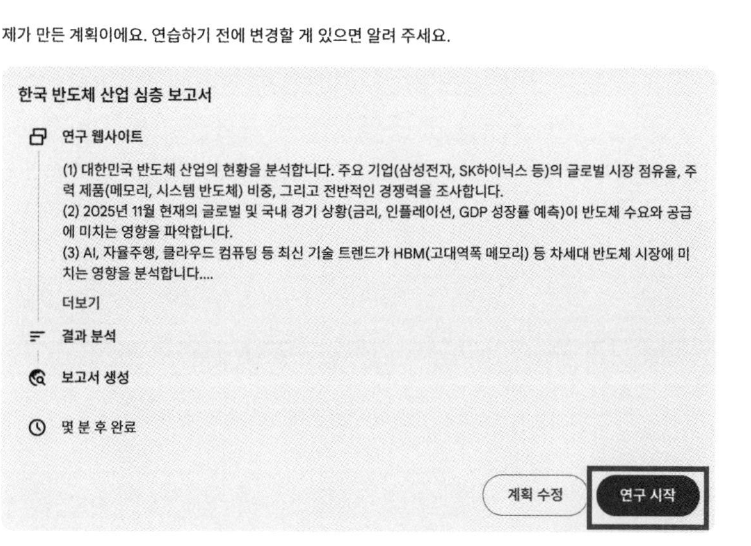

그림 2-10 제미나이 딥리서치 이용하기②

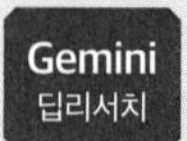

Gemini 딥리서치

AI 슈퍼 사이클, 옥석(玉石)을 가릴 시간:
2026년 대한민국 반도체 산업 및 투자 전략 심층 분석

핵심 요약 (Executive Summary)

2025년 대한민국 반도체 산업은 인공지능(AI)이 촉발한 슈퍼 사이클의 수혜를 입증하며 전례 없는 호황을 기록했습니다. 본 보고서는 대한민국 반도체 섹터에 대한 비중 확대(Overweight) 의견을 유지합니다. 현재의 사이클은 과거의 단순한 경기 순환(Cyclical)을 넘어, AI라는 거대한 수요가 이끄는 구조적 성장(Structural)의 초입 단계로 판단됩니다.

투자의견으로는, 고대역폭 메모리(HBM) 시장에서의 확고한 지배력과 2026년 물량까지 고객사 확보를 마친 압도적인 실적 가시성을 보유한 SK하이닉스를 업종 내 최선호주(Top Pick)로 제시합니다.

삼성전자는 HBM 시장의 추격자로서 HBM4 및 2nm(나노미터) 파운드리의 성공적인 안착을 조건으로 한 중장기적 매수(Buy) 전략이 유효합니다. AI 가치사슬(Value Chain)이 확산됨에 따라 소부장(소재·부품·장비) 섹터의 낙수 효과는 기존 장비주를 넘어, 테스트(아이텍), 고부가 부품(삼성전기), 그리고 차세대 인터페이스 CXL(네오셈) 등 새로운 영역으로 확산될 것입니다.

Section 1. 2025년 결산: 숫자로 증명된 AI발(發) 슈퍼 사이클

1.1. 2025년 3분기: 어닝 서프라이즈와 슈퍼 사이클의 확증

2025년 3분기, 국내 양대 반도체 기업은 AI 서버 수요 폭증에 힘입어 기록적인 실적을 발표했습니다.

- SK하이닉스는 2025년 3분기, 분기 사상 최대 실적을 달성했습니다. 매출 24조 4,489억 원, 영업이익 11조 3,834억 원을 기록하며 시장 컨센서스를 압도했습니다. 이러한 폭발적인 성장은 5세대 HBM(HBM3E) 12단 제품과 128GB(기가바이트) 이상의 고용량 DDR5 D램, eSSD(기업용 SSD) 등 AI 서버용 고부가가치 제품군의 판매가 폭발적으로 증가한 결과입니다.

- 삼성전자 DS(반도체) 부문 역시 3분기 매출 33조 1,000억 원, 영업이익 7조 원을 기록하며 완벽한 턴 어라운드에 성공했습니다. 삼성전자는 3분기 실적 발표를 통해 HBM3E를 엔비디아를 포함한 전 고객사를 대상으로 양산 판매 중이며, 차세대 HBM4 샘플 또한 요청한 모든 고객사에 출하했다고 공식화했습니다.

다만, 양사의 실적을 심층적으로 분석할 때 이익의 질에서 주목할 만한 차이가 발견됩니다. SK하이닉스는 매출 24.4조 원으로 영업이익 11.38조 원을 달성, 영업이익률(OPM)이 약 46.6%에 육박합니다. 반면 삼성전자 DS부문은 매출 33.1조 원, 영업이익

7.0조 원으로 OPM이 약 21.1% 수준입니다.

이러한 현격한 마진의 차이는 HBM 시장의 독점적 구조에서 기인합니다. 2025년 2분기 기준, SK하이닉스는 글로벌 HBM 시장(매출액 기준)의 64%를 점유하고 있습니다. 즉, 2025년 3분기는 AI 시대의 최고 수익원인 HBM 시장의 리더가 전체 산업의 이익을 압도적으로 선점한 시기였음을 명확히 보여줍니다.

1.2. 공급망 쇼크와 가격 결정권의 이동

AI 데이터 센터 구축 경쟁은 메모리 반도체 시장의 수급 균형을 완전히 무너뜨렸습니다. 이는 심각한 공급 부족 사태로 이어졌으며, 시장의 가격 결정권이 수요자(Buyer)에서 공급자(Seller)로 급격하게 이동하는 결과를 초래했습니다.

- 완전한 공급자 우위 시장: SK하이닉스는 이미 HBM, 일반 D램, 낸드 플래시 전 제품에 걸쳐 2026년까지의 고객 수요(연간 계약)를 확보 완료했다고 밝혔습니다.

- 공격적인 가격 인상: 삼성전자는 이러한 공급 부족을 배경으로 2025년 11월, 주요 DDR5 칩 모듈의 계약 가격을 최대 60%까지 인상했습니다. 이는 32GB(기가바이트) DDR5 칩 모듈 가격이 9월 149달러에서 11월 239달러로 급등한 것을 의미합니다.

- 글로벌 IB의 진단: 모건스탠리(Morgan Stanley)는 11월 리포트를 통해 현재 메모리 시장이 "최대 가격 결정력(Maximum Pricing Power)" 단계에 진입했다고 분석했습니다.

··· (중략) ···

Section 2. 메인 플레이어 전략 비교: 메모리 승부처와 파운드리 도전

대한민국 반도체 산업의 두 축인 삼성전자와 SK하이닉스는 AI 시대라는 거대한 파도를 각기 다른 전략으로 헤쳐 나가고 있습니다. HBM 시장에서의 치열한 주도권 경쟁과 삼성전자의 아킬레스건인 파운드리 사업은 2026년 양사의 향방을 가를 핵심 변수입니다.

2.1. [Memory] SK하이닉스: HBM 리더십 확증과 관계형 진입장벽

- SK하이닉스는 HBM 시장의 퍼스트 무버(First Mover)로서 확보한 독점적 지위를 공고히 하고 있습니다.

- 시장 지배력: 2025년 2분기 매출 기준, SK하이닉스의 HBM 시장 점유율은 64%에 달하며, 삼성전자(15%)와 마이크론(21%)을 압도하고 있습니다.

- 기술 리더십: HBM3E 12단 제품을 성공적으로 판매하며 초고마진을 실현하고 있으며, 차세대 HBM4는 2025년 4분기 선적을 시작해 2026년에 양산 체제에 돌입한다는 목표입니다.

- 실적 기반: 앞서 언급했듯 2026년 HBM/DRAM/NAND 전 제품의 연간 계약을 이미 마감하며 경쟁사가 따라올 수 없는 실적 가시성을 확보했습니다.

SK하이닉스의 진정한 진입장벽은 단순한 기술 우위가 아닙니다. HBM은 D램과 달리 범용(Commodity) 제품이 아니며, 엔비디아의 GPU와 1:1로 결합되어 설계, 테스트, 패키징까지 공동 개발되는 커스텀(Custom) 제품에 가깝습니다. SK하이닉스가 HBM3, HBM3E 시장을 지배할 수 있었던 것은 수년간 엔비디아의 로드맵에 맞춰 HBM을 공동 개발해 온 신뢰 파트너(Trusted Partner) 관계 덕분입니다.

이는 엔비디아 입장에서 막대한 전환 비용(Switching Cost)을 유발합니다. 삼성전자가 HBM4에서 더 나은 스펙을 제시하더라도, HBM3E에서 검증된 SK하이닉스와의 파트너십을 버리고 공급망을 이원화하는 것에는 큰 위험이 따릅니다. SK하이닉스의 진정한 진입장벽은 이 관계형 락인(Lock-in) 효과이며, 이는 삼성이 극복해야 할 가장 큰 장벽입니다.

2.2. [Memory] 삼성전자: HBM 추격자의 고위험/고수익 전략

HBM 시장 진입에는 늦었으나, 삼성전자는 2025년 3분기 총 메모리 매출액 기준으로는 SK하이닉스를 제치고 1위 자리를 탈환했습니다. 이는 삼성전자가 보유한 막대한 D 램/낸드 생산능력의 저력을 보여주며, HBM 시장에서도 공격적인 추격 전략을 구사하 고 있습니다.

- 전략 1 (HBM3E): 시장 점유율 확보를 위해 HBM3E 가격을 30% 파격적으로 인하하는 공격적인 가격 정책을 사용하고 있습니다.

- 전략 2 (HBM4): 엔비디아의 차세대 루빈(Rubin) GPU 플랫폼을 타겟으로 HBM4 공급을 긴밀히 협의하며 기술적 도약을 준비 중입니다. 3분기 실적 발표 에서 HBM4 샘플 전 고객사 출하를 공식화하며 추격 속도를 높이고 있습니다.

··(중략)··

Section 3. 2026년 시장을 주도할 차세대 기술과 소부장

3.1. HBM 이후의 격전지: CXL과 PIM

AI 모델의 크기가 기하급수적으로 커지면서, HBM의 대역폭(Bandwidth) 한계와 GPU 의 메모리 용량(Capacity) 한계를 동시에 극복할 기술이 요구되고 있습니다.

- CXL (Compute Express Link): CXL은 CPU, GPU, 가속기 등 여러 장치와 메모 리(D램)를 PCIe라는 고속 인터페이스로 연결하는 차세대 기술입니다. 기존 서 버는 CPU마다 장착할 수 있는 D램 개수가 제한되었으나, CXL은 메모리 용량 과 대역폭을 서버 차원에서 자유롭게 확장(Pooling)할 수 있게 합니다. 삼성전 자는 CXL 2.0을 지원하는 128GB D램을 연내 양산할 계획이며, SK하이닉스 역시 CXL 기반 솔루션 3종을 공개하며 상용화를 서두르고 있습니다.

- PIM (Processing-in-Memory): PIM은 데이터 저장만 하던 메모리 반도체 에 연산 기능(AI 프로세서)을 더한 지능형 반도체입니다. 데이터 이동(CPU-DRAM)을 최소화하여 속도를 높이고 전력 소모를 획기적으로 줄일 수 있습니 다. 삼성전자는 HBM-PIM을 개발해 AMD의 GPU MI-100에 이미 탑재했으며, SK하이닉스도 GDDR6-AiM이라는 PIM 기술을 개발했습니다.

CXL은 제2의 HBM으로 불릴 만큼 중요한 차세대 D램 시장입니다. HBM이 GPU 패키지 내부에서 빠른 속도를 담당한다면, CXL D램은 서버 차원에서 초대규모 용량을 제공합니다. 즉, CXL은 HBM과 경쟁하는 기술이 아니라, D램의 적용처를 서버 스토리지 영역까지 확장시키는 완전히 새로운 D램 시장을 창출하며 AI 서버 시장의 성장을 견인할 것입니다.

················ 중략 ················

4.4. 결론 및 투자 권고 (Barbell Strategy)

1. **비중 확대(Overweight) 유지**: AI 슈퍼 사이클은 구조적이며, 밸류에이션의 리레이팅(PBR→PER)이 진행 중이므로 2026년에도 상승 여력은 충분합니다.

2. **SK하이닉스 (Top Pick)**: 현시점 가장 확실한 알파(Alpha) 주식입니다. HBM 리더십과 2026년 실적 가시성 은 업계 최고 수준입니다. AI 모멘텀에 집중하는 공격적 투자자에게 최우선 편입을 권고합니다.

3. **삼성전자 (Buy)**: 베타(Beta)와 장기 알파를 동시에 추구하는 주식입니다. 컨벤셔널 D램/낸드의 광범위한 회복(베타)에 베팅하는 동시에, HBM4 및 2nm 파운드리의 턴어라운드라는 강력한 콜 옵션(Call Option)을 보유하고 있습니다. 2026년 이후를 내다보는 장기 투자자에게 적합합니다.

4. **바벨(Barbell) 전략 권고:**
   - Core (안정적 성장): 삼성전자 또는 SK하이닉스 중 하나를 포트폴리오의 핵심 자산으로 편입합니다.
   - Satellite (고성장): AI 가치사슬의 낙수 효과를 극대화하기 위해, 아이텍(AI 테스트), 삼성전기(AI 부품), 네오셈(CXL 테마) 등 성장성 높은 소부장 기업을 위성 포트폴리오로 편입하여 초과 수익을 추구하는 전략을 권고합니다.

제미나이가 제공한 딥리서치 자료가 너무 길어 중간부분은 생략하였다. 리포트는 단순한 정보 나열을 넘어 시장의 거시적 전망부터 구체적인 수혜 종목 발굴, 정교한 밸류에이션 분석 및 포트폴리오 최적화 전략에 이르기까지 투자자가 필요로 하는 실전적인 정보를 빈틈없이 담아냈다.

제미나이의 딥리서치는 경제분석, 산업 분석, 기업 분석 모두 가능하다. ChatGPT 역시 동일하게 심층리서치라는 항목으로 서비스를 제공한다. 직접 여러 분야에 대해 질문을 해보자.

예제
프롬프트

다음은 직접 제미나이나 ChatGPT에 요청해 볼 수 있는 프롬프트의 예시이다. 필요한 상황에 맞게 설정하여 실제 사용해 보자.

 ## 거시경제 분석

> **PROMPT**
>
> 너는 20년 경력의 글로벌 거시경제 전략가(Macro Strategist)야.
> 현재 미국의 금리 경로, 인플레이션 데이터, 그리고 최근 발표된 고용 지표를 종합하여
> 향후 6개월간의 글로벌 자산 배분 전략을 수립해 줘. 특히 한국 증시에 미칠 원화약세
> 영향과 외국인 수급 변화 가능성을 심층 분석하고, 발생 가능한 핵심 리스크 3가지를
> 우선순위별로 정리해 줘.

● **기대 효과** : 단순 뉴스 나열이 아니라 경제 지표 간의 상관관계를 파악한 입체적 분석을 얻을 수 있다.

 ## 산업 및 밸류체인 분석

너는 반도체와 AI 산업을 담당하는 베스트 애널리스트야.
최근[예 : 온디바이스 AI] 산업의 글로벌 밸류체인을 하드웨어, 소프트웨어, 파운드리 단계별로 세밀하게 분석해 줘. 각 단계에서 '게임 체인저'가 될 수 있는 핵심 기술을 보유한 기업들을 선별하고, 향후 2년 내 산업 성장을 가로막을 수 있는 '공급망 병목 현상'이 어디서 발생할지 심층 리서치해 줘.

- 기대 효과 : [   ]에 원하는 산업을 입력하면, 산업의 표면적인 흐름을 넘어, 실질적인 수익이 발생하는 지점을 찾는 데 유용하다.

 ## 기업 가치 평가

너는 워런 버핏의 철학을 계승한 가치투자 분석가야.
[종목명/티커] 기업의 지난 5년간 재무제표를 바탕으로 이 기업의 '경제적 해자(Moat)'가 유지되고 있는지 진단해 줘. 특히 자본효율성(ROE, ROIC)과 현금흐름의 질을 정밀 분석하고, 현재 주가가 내재 가치 대비 안전 마진이 확보된 상태인지 애널리스트의 관점에서 결론을 내려 줘.

- 기대 효과 : [   ]에 알고 싶은 종목명/티커를 입력하면, 숫자에 기반한 냉철한 기업 진단과 밸류에이션 적정성 판단을 도와준다.

 ## 경쟁 우위 비교 분석

너는 글로벌 컨설팅 펌의 M&A 전략 컨설턴트야.

AI를 활용하는 스마트한 주식투자

[A 기업]과 [B 기업]의 사업 구조와 경쟁력을 'SWOT 분석' 및 '포터의 5-Force 모델'을 활용해 심층 비교해 줘. 두 기업 중 미래 시장 지배력이 더 강화될 곳은 어디인지, 연구개발(R&D) 투자 효율성과 최근 시장 점유율 변화를 근거로 논리적인 보고서를 작성해 줘.

● **기대 효과** : 두 종목 중 하나를 골라야 하는 결정적인 상황에서 객관적인 비교 우위 데이터를 제공한다.

위기 대응 및 시나리오 플래닝

PROMPT

너는 글로벌 헤지펀드의 리스크 관리 책임자(CRO)야.
최근 발생한 [예: 지정학적 리스크 / 특정 원자재 가격 급등] 사건이 국내 [특정 섹터]에 미칠 최악의 시나리오와 최선의 시나리오를 각각 도출해줘. 각 시나리오별로 투자자가 취해야 할 포트폴리오 헤지 전략과, 시장 공포가 극에 달했을 때 역발상으로 매수해야 할 핵심 종목 리스트를 이유와 함께 제시해줘.

● **기대 효과** : 극단적인 시장 위기 상황을 시나리오별로 선제 분석하여 투자자가 감정에 휘둘리지 않고 객관적인 리스크 관리 및 대응 전략을 수립하게 한다.

배당 지속성 및 인컴 전략 분석 (Dividend Growth Specialist 버전)

PROMPT

너는 고액 자산가의 은퇴 설계를 돕는 배당주 투자 전문 자산관리사야.
[종목명]의 과거 10년 배당 지급 이력과 잉여현금흐름(FCF) 창출 능력을 정밀 분석해 줘. 현재의 배당 성향(Payout Ratio)이 향후 경기 침체 시나리오에서도 안전하게 유지될 수 있는지 평가하고, 단순히 배당 수익률이 높은 종목이 아니라 '배당 성장성' 측면에서 이 종목이 장기 보유에 적합한지 애널리스트의 관점에서 결론을 내려 줘.

● **기대 효과** : 안정적인 현금 흐름을 원하는 투자자들이 배당 함정에 빠지지 않고 우량한 배당주를 선별할 때 사용한다.

기업 지배구조 및 주주환원 분석 (Corporate Governance & Activist Investor 버전)

> **PROMPT**
>
> 너는 기업의 지배구조와 자본 효율성을 파고드는 행동주의 투자 전문가야. [종목명]의 이사회 구성, 최대주주 지분 구조, 그리고 최근의 자사주 매입/소각 이력을 정밀 분석해 줘. 이 기업이 주주 환원에 얼마나 진심인지 점수를 매기고, 만약 '코리아 디스카운트'를 겪고 있다면 그 핵심 원인이 경영진의 의사결정 중 어디에 있는지 지적해 줘. 향후 주주 제안이나 거버넌스 개선 시나리오가 발생했을 때 예상되는 기업 가치 상승 여력(Upside)을 계산해 줘.

● **기대 효과** : 최근 중요해진 '밸류업 프로그램'과 연계하여, 단순히 실적이 좋은 회사가 아니라 '주주에게 돈을 돌려줄 의지와 구조를 갖춘 회사'를 찾을 때 사용한다.

옥석 가리기
AI 기반 종목 분석

　탑다운 방식의 마지막 단계는 기업 분석이다. 거시 경제의 흐름을 파악하고 성장 가능성이 높은 산업을 선별했다면 이제 기업을 찾아내는 과정이 필요하다. 단순히 재무제표 숫자를 확인하는 작업이 아니라, 기업이 시장에서 어떤 경쟁력을 가지고 있고, 어떤 방식으로 이익을 창출하며, 향후 얼마나 성장할 수 있는지를 종합적으로 평가해야 한다. 즉, 산업이라는 바다에서 가장 빠르고 견고한 배를 찾는 작업이다.

　기업 분석에서 고려해야 할 요소는 크게 네 가지로 나눌 수 있다. 재무 건전성, 수익성, 성장성 그리고 경쟁우위이다. 이러한 요소는 AI를 활용하면 상당히 효율적으로 수행할 수 있다. 많은 기업 데이터를 동시에 비교하고, 수백 페이지에 달하는 공시자료와 투자 리포트를 빠르게 요약해 주기 때문이다.

재무 건전성

기업 분석의 출발점은 재무 건전성을 확인하는 것이다. 주요 지표로는 부채비율, 유동비율, 이자보상배율 등이 있다. 과도한 부채는 안정성을 저해하고, 금리가 상승하는 환경에서는 이자비용 부담은 큰 리스크가 된다. 반면 현금흐름이 안정적이고 부채 구조가 탄탄한 기업은 경기 침체기에서도 버틸 힘이 있다.

특히 제조업, 설비투자가 큰 산업의 경우 재무구조는 더 중요한 판단 요소가 된다. 반대로 소프트웨어, 플랫폼 기반 기업들은 자본 지출이 적어 재무 비율보다 현금흐름 창출력이나 성장성이 더 중요하다.

AI를 활용하면 최근 10년간 주요 재무지표 변화를 자동으로 정리하고, 산업 평균과 비교한 기업의 재무 건전성을 빠르게 파악할 수 있다. 예를 들어 '삼성전자, 하이닉스, 마이크론의 최근 10년 부채비율과 이자보상배율 비교'와 같은 질문으로 방대한 자료를 몇 초 만에 분석할 수 있다.

 ## 수익성

기업 분석에서 중요한 요소 중 하나는 수익성이다. 수익성은 기업이 자본을 얼마나 효율적으로 활용해 이익을 창출하고 있는지를 나타낸다. 대표적인 수익성 지표로는 자기자본이익률^{ROE}, 총자산이익률^{ROA}, 영업이익률, 순이익률 등이 있다. 높은 수익성을 유지하는 기업은 안정적인 경쟁력을 가지고 있을 가능성이 크며 주주에게 높은 가치를 돌려줄 수 있다.

산업 특성에 따라 적정 수익성 기준이 달라질 수 있다는 점도 유의해야 한다. 예를 들어 IT 플랫폼 기업은 높은 영업이익률과 ROE를 기대할 수 있지만 철강이나 조선업

　　　　　AI를 활용하는 스마트한 주식투자

같은 전통 제조업은 구조적으로 낮은 이익률을 보이는 경우가 많다. 이때 절대적인 수익률 수치보다는 산업 평균 대비 상대적인 경쟁력이 더 중요하다.

AI는 기업의 수익성 변화를 정량적으로 비교하는 데 매우 효과적이다. "국내 자동차 부품기업들의 영업이익률 변화를 정리해 달라", "반도체 장비 업체들의 ROE 추이를 3년 단위로 비교해 달라"와 같은 질문을 통해 산업 내 최상위 수익성을 유지하는 기업을 빠르게 선별할 수 있다.

 ## 성장성

기업이 장기적으로 투자 가치가 있으려면 지속적인 성장성이 필요하다. 성장성은 매출 성장률, 이익 성장률, 시장 점유율 확대 등으로 평가할 수 있다. 과거의 성장 기록뿐 아니라 향후 성장 잠재력도 함께 고려해야 한다. 이를 위해 신사업 추진 현황, R&D 투자 규모, 고객 기반의 확대 여부, 공급망 확장 전략 등을 점검해야 한다.

특히 기술 변화 속도가 빠른 산업에서는 미래 성장 동력을 얼마나 확보하고 있는지가 매우 중요하다. 예를 들어 플랫폼 기업의 경우 활성 사용자 수 증가율이나 광고 매출 성장률이 중요한 성장 지표가 된다.

AI는 각 기업의 사업보고서, IR 자료, 투자자 설명회 내용 등을 분석하여 미래 성장 동력을 요약하는 데 강점을 가진다. "삼성SDI의 최근 3년간 CAPEX와 신사업 투자 내역 요약", "구글과 아마존의 AI 투자 방향 정리" 등 다양한 질문을 통해 기업의 성장 로드맵을 빠르게 파악할 수 있다.

 ## 경쟁우위

기업 분석에서 가장 핵심적인 요소는 경쟁자로부터 시장을 방어할 수 있는 경쟁우위이다. 대표적인 경쟁우위로는 기술력, 브랜드 파워, 규모의 경제, 네트워크 효과, 높은 고객 전환 비용 등이 있다.

경쟁우위 분석은 정량적인 지표만으로 완전히 판단하기 어렵기 때문에 정성적 판단이 중요하다. 이때 AI를 활용하면 경쟁우위를 평가하는 데 필요한 방대한 정보를 구조적으로 정리할 수 있다. 예를 들어 "테슬라와 BYD의 경쟁우위를 네 가지 요인으로 비교해 달라", "카카오의 플랫폼 네트워크 효과가 유지되는 이유를 설명해 달라"와 같은 질문을 통해 기업 경쟁력을 빠르게 파악할 수 있다.

기업가치 평가와 시장 기대

기업의 재무제표와 경쟁력을 충분히 분석했다면 이제 기업가치를 평가하는 과정이 필요하다. 기업가치 평가는 현재 기업의 실적 대비 주가가 적정한지를 판단하는 작업이다. PER, PBR, EV/EBITDA 등 다양한 밸류에이션 지표를 활용해 기업이 고평가 상태인지, 저평가 상태인지 비교 분석한다.

단순한 밸류에이션 비교가 아니라 "왜 특정 기업은 높은 PER을 유지하는가"를 이해하는 것이 중요하다. 이는 성장성, 시장지배력, 기술 경쟁력 등 정성적 요인이 반영된 결과이기 때문이다.

   AI를 활용하는 스마트한 주식투자

AI는 기업가치 평가에서도 유용하게 사용된다. 예를 들어 "국내 반도체 장비 기업들의 EV/EBITDA 비교", "미국 빅테크의 시가총액과 성장률의 상관관계 요약", "유사 기업 비교(Comparable Analysis)를 표로 정리해 달라"와 같은 요청을 통해 객관적이고 일관된 밸류에이션 분석을 수행할 수 있다.

기업 분석은 수많은 정량적, 정성적 정보를 필요로 하기 때문에 시간이 많이 걸리는 작업이다. 하지만 AI는 사업보고서, 공시, 컨퍼런스콜, 산업 보고서, 뉴스 등을 빠르게 요약하고 핵심 정보를 구조화해 준다. 또한 여러 기업을 동시에 비교하고, 부족한 정보를 자동으로 보완해 주기 때문에 투자자는 분석 과정에서 실수를 줄이고 효율성을 크게 높일 수 있다.

딥리서치를 이용해 기업 분석하기

AI에게 "이 기업이 경쟁사 대비 어떤 점에서 강점이 있는지", "향후 3년 동안 이익 성장률이 가장 높을 기업을 선별해 달라", "이 기업의 경쟁우위가 약화되고 있는 신호가 있는지" 등을 구체적으로 질문하면 투자 판단에 필요한 중요한 인사이트를 얻을 수 있다.

기업에 대한 분석도 딥리서치를 이용하면 애널리스트 못지 않은 전문적인 시각에서 분석보고서를 작성해 준다. 제미나이 딥리서치를 선택해서 SK하이닉스에 대한 종목 보고서를 요청해보자.

> **PROMPT**   SK하이닉스 주식에 투자하기 위한 종목 분석 보고서를 작성해 줘.

제미나이는 스스로 종목 분석 작성 가이드를 작성하고 진행 여부를 물어본다. 연구 시작을 해보자.

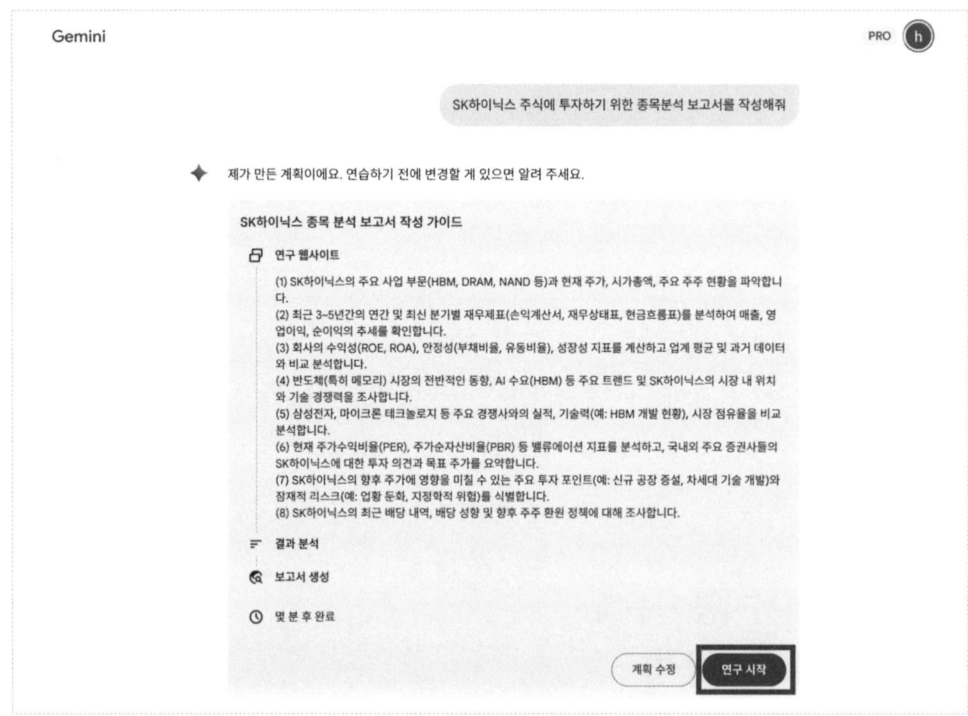

그림 2-11 제미나이 딥리서치로 SK하이닉스 분석하기

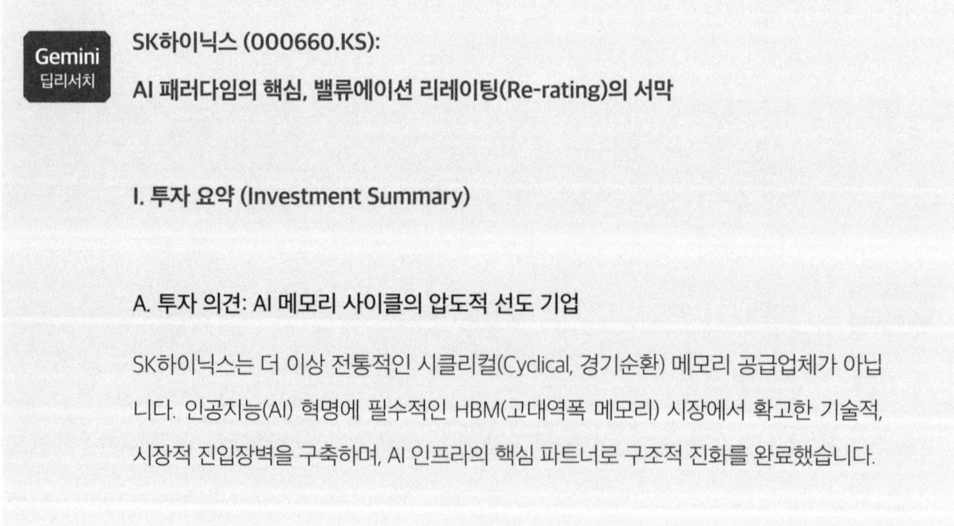

2025년 3분기에 달성한 경이로운 실적은 이러한 구조적 변화의 가시적인 결과물입니다. HBM을 필두로 한 고부가가치 제품 믹스(Product Mix) 개선이 회사의 펀더멘털을 근본적으로 재정의하고 있습니다. 2025년 3분기 47%에 달하는 영업이익률(OPM)은 기술 독점력을 기반으로 한 강력한 가격 결정력을 증명하며, 이는 과거의 범용(Commodity) D램 사이클에서는 불가능했던 수준입니다.

현재 주가는 AI 시장에서의 독점적 지위와 역사적 수준의 수익성을 아직 충분히 반영하지 못하고 있습니다. 특히 미국 ADR(주식예탁증서) 발행 가능성과 같은 명확한 밸류에이션 리레이팅(Re-rating, 가치 재평가) 촉매제를 보유하고 있어, 강력한 매수(Buy) 의견을 유지합니다.

B. 핵심 투자 포인트

1. **독점적 HBM 리더십**: AI 시장의 핵심 고객사인 엔비디아(Nvidia)와의 공고한 파트너십을 기반으로 5세대 HBM3E 12단 제품을 사실상 독점 공급하고 있습니다. 2025년 3분기까지 엔비디아향 누적 매출이 17조 원에 달하는 것으로 파악되며, 차세대 HBM4 12단 제품 역시 가장 먼저 샘플을 전달하며 기술 로드맵을 선도하고 있습니다.

2. **경이로운 실적 및 재무구조**: 2025년 3분기, 분기 영업이익 11조 3,834억 원(영업이익률 47%)이라는 사상 최대 실적을 달성했습니다. 더 중요한 것은, 창사 이래 최초로 3조 8천억 원 규모의 순현금(Net Cash) 재무구조로 전환했다는 점입니다. 이는 과거의 부채 기반 Capex(설비투자) 사이클과의 완전한 단절을 의미합니다.

3. **명확한 밸류에이션 촉매제 (ADR)**: ADR 발행 추진은 고질적인 코리아 디스카운트 해소의 기폭제가 될 것입니다. 이는 마이크론(Micron) 등 미국 동종 기업(Peer)과의 밸류에이션 격차를 해소하고, 필라델피아 반도체 지수(SOX) 등 글로벌 반도체 지수 편입을 통한 대규모 패시브(Passive) 자금 유입을 촉발할 것입니다.

4. 강화된 주주 환원: 2025-2027년 신규 주주환원 정책을 통해 고정배당금을 주당 1,200원에서 1,500원으로 25% 상향했습니다. 이는 회사의 강력한 현금 창출 능력과 주주가치 제고 의지를 동시에 보여줍니다.

············· 중략 ·············

6월 당시 PER 6.0배 수준의 극심한 저평가는 상당 부분 해소되었습니다. 2025년 11월 주가(560,000원)와 2025년 예상 EPS(48,496원)를 기준으로 재계산한 현재 PER은 약 11.55배 수준입니다. 이는 27.7%에 달하는 ROE 10와 47%의 분기 영업이익률을 달성하는 독점적 AI 인프라 기업에게는 여전히 매력적인 밸류에이션 수준으로 판단됩니다. 메리츠증권이 제시한 목표주가 91만 원은 2026년 예상 PBR 4.0배를 적용한 것으로, ADR 발행을 통한 밸류에이션 리레이팅(Re-rating)이 본격화될 경우 현재 주가 대비 여전히 60% 이상의 상승 여력을 시사합니다.

············· 중략 ·············

III. 경이로운 이익 창출력: 2025년 3분기 실적 심층 분석

A. 분기 기준 역대 최대 실적 (Record-Breaking Quarter)

SK하이닉스는 2025년 3분기, 시장 컨센서스를 압도하는 역사적인 실적을 발표했습니다.

- 매출: 24조 4,489억 원 (전분기 대비 +10%, 전년 동기 대비 +39%)
- 영업이익: 11조 3,834억 원 (전분기 대비 +24%, 전년 동기 대비 +62%)
- 영업이익률(OPM): 47% (창사 이래 최고치)
- 순이익: 12조 5,975억 원 (전분기 대비 +80%, 전년 동기 대비 +119%)

영업이익 11조 3,834억 원은 분기 기준 창사 이래 최초로 10조 원을 돌파한 수치입니다.

B. 수익성 분석: 47% OPM의 비밀

영업이익률 47%라는 수치는 일반적인 제조업체의 마진이 아닙니다. 이는 기술적 독점력을 보유한 글로벌 플랫폼 기업(예: 마이크로소프트, 구글) 수준의 수익성입니다.

이러한 경이로운 수익성의 배경에는 HBM3E 12단과 서버향 DDR5 등 고부가가치 제품군 판매 확대가 있습니다. 특히 HBM 시장에서의 압도적인 공급자 우위(Pricing Power)가 OPM을 극적으로 끌어올린 것으로 분석됩니다.

C. 재무 건전성: 순현금(Net Cash) 체제 전환

2025년 3분기 실적에서 가장 주목해야 할 지점은 SK하이닉스 역사상 가장 중요한 재무적 변곡점, 즉 순현금 체제로의 전환입니다.

3분기 말 기준, SK하이닉스의 현금성 자산은 27조 9천억 원에 달한 반면, 차입금은 24조 1천억 원에 그쳐, 3조 8천억 원 규모의 순현금(Net Cash) 상태로 전환했습니다.

이는 불과 1년 9개월 전인 2023년 말 기준 순차입금이 25조 8,210억 원이었던 것과 비교하면 상상하기 어려운 수준의 재무 개선입니다. 3분기에만 11조 4천억 원의 영업이익과 14조 9천억 원의 EBITDA(상각 전 영업이익)를 창출하는 막대한 현금 창출 능력이 이를 가능하게 했습니다.

·· 〔 중략 〕 ··

VI. 밸류에이션 및 핵심 주가 촉매제

A. 밸류에이션 분석: 여전히 설명되지 않는 저평가

2025년 6월 당시 SK하이닉스는 2025년 예상 ROE 27.7%, 2026년 예상 ROE 35.3%

라는 경이로운 수익성이 전망되었음에도, 2025년 PBR 1.6x, PER 6.0x라는 극심한 저평가 상태였습니다.

2025년 11월 현재 주가(56만 원) 기준 PBR(약 3.1배), PER(약 11.5배)이 상승했으나, 이는 3분기 47%의 OPM을 달성한 독점적 AI 기업에게 여전히 낮은 수준입니다. 이는 경쟁사와의 비교를 통해 더욱 명확해집니다.

B. 핵심 촉매제 1: ADR(미국 주식예탁증서) 발행

중략

VII. 주요 투자 리스크

A. HBM 시장 경쟁 심화 및 가격 정상화

2026년에는 삼성전자, 마이크론의 HBM3E 시장 진입이 본격화되면서 공급이 증가하고, HBM3E 가격이 2025년 대비 약 17% 하락(정상화)할 수 있다는 전망이 존재합니다.

대응(Mitigation): SK하이닉스의 전략은 기술 초격차를 통한 프리미엄 시장 선점입니다. HBM3E 가격이 정상화될 2026년에는 이미 차세대 제품인 HBM4 시장을 선점하여 독점적 프리미엄 수익성을 유지할 것입니다. 2026년 HBM4의 수급은 연중 타이트할 것으로 전망됩니다. 또한, SK하이닉스는 2025년 3분기 실적발표에서 2026년 HBM 공급 협의를 이미 완료했다고 밝혀, 가격 하락 리스크를 선제적으로 방어했습니다.

B. 매크로 경제 불확실성 및 AI 거품론

글로벌 경제의 불확실성, 소비자 수요의 둔화 그리고 AI 거품론은 잠재적인 시장 리스크입니다. 2025년 11월 15일, KOSPI 시장이 급락하며 SK하이닉스 주가 역시 -8.50%

하락한 것은 이러한 매크로 우려가 시장 변동성을 키울 수 있음을 보여줍니다.

C. 낸드 사업부의 지정학적 리스크 (솔리다임)

솔리다임의 핵심 생산 거점이 중국에 위치한다는 점은 미-중 무역 분쟁의 직접적인 영향권에 있습니다. 이는 SK하이닉스가 안고 있는 가장 큰 지정학적 리스크입니다.

대응(Mitigation): 앞서 IV-B 섹션에서 분석했듯이, 이 리스크는 역설적으로 낸드 사업부 매각을 가속화하는 요인이 될 수 있습니다. 낸드 사업부 매각이 성공적으로 이루어질 경우, 이는 리스크 해소와 동시에 전사 수익성(OPM) 개선, Pure Play AI 기업으로의 리포지셔닝이라는 강력한 주가 재평가 기회로 작용할 것입니다.

위의 AI 리포트를 보고 어떤 생각이 드는가? 이제는 증권사 리서치 센터의 애널리스트들의 자리가 위태로운 것이 아닐까 하는 걱정이 앞선다. 하지만 이런 보고서들에 어느 정도의 예측성이 있는지는 알기 어렵다. 증권사 애널리스트들은 다양한 정보를 바탕으로 자신들의 신념을 가지고 주식 매수 리포트를 작성한다. 하지만 AI는 단순 정보의 조합과 나열일 가능성이 높다. 당장 SK하이닉스에 대한 부정적 보고서를 작성하라고 시키고 그 리포트를 읽는다면 주식투자를 할 마음이 사라질 수도 있다. 이런 정리된 정보를 가지고 투자 의사결정을 해야 하는 것은 여전히 사람이다. 바로 여러분이 이 분석 보고서를 보고 투자 판단은 내려야 하는 것이다. 이를 위해서는 AI를 수단으로 배우고 경험해 보면서 실력을 쌓아야 할 것이다.

다음 장에서 기업 분석에 대해서 좀 더 자세하게 알아보겠다.

03

AI와 함께하는 종목 분석

01

주식 분석을 위한 기본, 재무제표

주식투자 유형은 크게 가치주, 성장주, 배당주 등으로 나눌 수 있다. 이들 종목을 가려내는 핵심적인 도구는 바로 재무제표이다.

하지만 이 모든 정보를 직접 찾고 계산하여 투자 결정을 내리는 것은 개인 투자자에게 결코 쉬운 일이 아니다. 지금까지 많은 주식투자 책들에서는 어떤 종목을 사야 한다고 이야기는 많이 하지만 정작 이런 종목을 찾는 방법은 잘 알려주지 않는다. 이 과정이 일반 투자자들이 직접 해 보기에는 상당히 복잡하기 때문이다. 그러나 AI를 활용하면 이러한 복잡한 과정을 훨씬 간단하게 해결할 수 있다. AI가 방대한 재무 데이터를 빠르게 분석하고 우리가 원하는 기준에 맞춰 종목을 추천해 줄 수 있다.

그 전에 기업의 재무제표에 대해 간단히 알아보자. 기업의 재무제표는 크게 재무상태표, 손익계산서, 현금흐름표, 자본변동표, 재무제표에 대한 주석으로 구성된다.

재무상태표
(BS: Balance Sheet)

재무상태표는 특정한 시점을 기준으로 기업의 재무현황을 나타내는 가장 기본적인 자료이다. 과거에는 대차대조표 BS: Balance Sheet라고 불렸는데 아직도 실무에서 이 말을 더 자주 쓴다.

재무상태표는 특정시점, 보통 12월 말을 기준으로 기업의 자산, 부채, 자본 항목을 작성한다. 뒤에 설명할 손익계산서는 일정기간, 보통 1년 동안 발생한 거래를 모아서 자료를 만든다.

다음 표는 재무상태표 항목을 나타낸다.

자산(Asset)	부채(Liability)
유동자산	유동부채
현금 및 현금성자산	매입채무
단기금융상품	단기차입금
매출채권	비유동부채
재고자산	사채
비유동자산	장기차입금
유형자산	자본(Equity)
무형자산	자본금
	주식발행초과금
	이익잉여금
자산합계	합계(부채+자본)

표 3-1 재무제표 항목들

AI를 활용하는 스마트한 주식투자

자산은 기업이 소유한 경제적 자원을 의미한다. 현금화할 수 있는 기간에 따라 크게 유동자산과 비유동자산으로 나뉜다. 유동자산에는 현금, 매출채권, 재고자산 등이 포함되고, 비유동자산에는 토지, 건물, 기계장치 등이 포함된다. 부채는 기업이 갚아야 할 법적 금전적 의무를 의미한다. 상환해야 하는 기간에 따라 크게 유동부채와 비유동부채로 나뉜다. 유동부채는 매입채무와 단기차입금이 포함되고, 비유동부채는 사채와 장기차입금으로 구성된다. 자본은 자산에서 부채를 제외한 순수한 소유주주의 몫이다. 주주가 납입한 자본금과 기업 활동으로 쌓인 이익잉여금 등이 포함된다.

재무상태표는 항상 '자산 = 부채 + 자본'이라는 등식이 성립한다. 기업이 보유한 자산은 타인의 자금인 부채와 주주의 자금인 자본으로 구매한 셈이다.

손익계산서 또는 포괄손익계산서
(IS: Income Statement)

손익계산서는 재무상태표와 달리 특정 기간1년 동안의 수익과 비용을 정리하여 손익을 계산해 놓은 표이다. 간략하게 나타낸 표는 다음과 같다.

매출액
(-)매출원가
매출총이익
(-)판매비와관리비
영업이익(손실)
(+)영업외수익
(-)영업외비용
법인세차감전순이익(손실)
(-)법인세
당기순이익(손실)

표 3-2 포괄손익계산서 항목

매출액은 기업이 제품이나 상품을 판매하고 얻은 대가를 의미한다. 보통 '매출액 = 판매가격 × 판매수량'으로 계산된다. 매출원가는 매출을 발생시키는 데 소요되는 비용을 의미하는데 기업이 영업활동을 하기 위해 생산한 제품과 상품의 기본원가로 계산한다.

매출액에서 매출원가를 빼준 것을 매출총이익이라고 하고, 기업이 매출을 통해서 발생한 수익에 가장 기본적인 비용을 제하고 남은 이익을 의미한다. 매출총이익에 판매비와관리비판관비를 빼주면 영업이익이 나온다. 영업이익에서 영업외수익을 더해주고 영업외비용을 빼주면 법인세차감전순이익이 계산된다. 법인세차감전순이익은 기업의 세금을 계산하기 위한 기준이 되는 순이익이고 이를 바탕으로 계산된 법인세를 차감하고 나면 기업의 당기순이익이 계산된다. 이 당기순이익 중에 일부는 주주에게 배당이 되고 일부는 기업 내에 유보하게 된다.

손익계산서를 조금 다른 관점에서 보면 기업이 벌어들인 영업이익을 먼저 채권자가 이자비용으로 일부를 가져가고, 그 다음으로 정부가 법인세로 가져간다. 그리고 남은 돈이 주주의 몫으로 배분된다. 이 당기순이익에서 주주에게 일부 배당을 해주고 남은 돈을 이익잉여금의 형태로 기업내에 유보한다. 즉, 손익계산서의 당기순이익은 재무상태표 자본의 이익잉여금 계정과 연결이 된다.

현금흐름표
(Cash Flow Statement)

현금흐름표는 특정 기간 동안 기업에 현금이 어떻게 들어오고 나갔는지를 보여주는 재무 보고서이다. 손익계산서가 기업의 이익을 보여주는 반면 현금흐름표는 실제로 기업에 현금이 얼마나 있었고 어디에 사용되었는지를 명확하게 보여준다.

   AI를 활용하는 스마트한 주식투자

이상적인 현금흐름의 패턴은 영업활동 현금흐름이 플러스^{순유입}이고, 투자활동 및 재무활동 현금흐름은 마이너스^{순유출} 형태를 띤다. 기업 본연의 사업을 통해 벌어들인 현금으로 미래 성장을 위한 투자를 활발히 진행하고, 차입금을 상환하여 기업의 재무적인 부담을 감소시켰다는 의미가 된다. 이는 기업이 벌어들이는 현금으로 미래를 준비하는 건강한 선순환 구조를 보여준다.

반대로, 좋지 않은 기업은 이와 정반대의 패턴을 보이는 경우가 많다. 기업의 주력 사업이 현금을 제대로 창출하지 못하여 영업활동 현금흐름이 마이너스인데도 투자를 지속하고 있다면 이는 외부에서 돈을 빌려 투자를 하고 있다는 뜻이 된다. 결국 영업으로 돈을 못 벌고 투자에도 돈을 써야 하니, 외부로부터 자금을 조달하여 현금을 채워 넣는다는 의미이다. 이러한 현금흐름 패턴은 영업으로 돈을 못 벌고 빚만 늘리는 악순환 구조를 보여준다.

자본변동표
(Statement of Changes in Equity)

자본변동표는 특정 기간 동안 기업소유주의 몫인 자본이 어떻게 변동했는지를 자세히 보여주는 보고서이다. 각 재무제표는 서로 유기적으로 연결되는데 자본변동표는 이러한 연결 고리를 명확하게 보여준다.

자본변동표의 주요 변동 요인은 다음과 같다.

● **기초 자본** : 회계 기간이 시작되는 시점의 총자본 규모를 말한다.

● **당기순이익** : 손익계산서에서 발생한 순이익은 자본을 증가시키는 가장 큰 요인이다.

● **배당금 지급** : 주주에게 현금 배당을 하면 기업의 자본이 감소한다.

- **유상증자 및 감자** : 새로운 주식을 발행_{유상증자}하면 자본이 늘어나고, 주식을 소각_{감자}하면 자본이 줄어든다.

이 항목을 통해 투자자는 기업이 이익을 어떻게 활용하는지, 주주 가치에 어떤 변화를 가져왔는지 한눈에 파악할 수 있다.

재무제표에 대한 주석

재무제표의 주석은 단순한 숫자가 아닌 기업의 중요한 재무 정보를 심층적으로 이해하는 데 필수적인 부분이다. 주석에는 앞에서 살펴본 네 가지 주요 재무 보고서에 대한 상세한 설명과 보충 정보가 담겨 있다.

주석을 통해 중요하게 살펴볼 사항은 주요 회계 정책이나 영업 부문 정보, 특수관계자와의 거래, 차입금 현황, 우발부채 등이 있다. 주석은 기업의 재무 상태에 대한 맥락과 상세 정보를 제공하여 투자자가 보다 현명한 의사결정을 내릴 수 있도록 재무제표 속 숫자 너머의 정보를 보여 준다.

주석을 통해 투자자가 반드시 확인해야 할 핵심 사항은 다음과 같다.

- **주요 회계 정책** : 수익을 인식하는 기준이나 자산의 감가상각 방법 등 기업이 채택한 회계 처리 방식을 보여준다. 이는 기업이 이익을 부풀리거나 비용을 숨기지 않았는지 판단하는 기준이 된다.

- **부문별 정보(Segment Info)** : 여러 사업을 영위하는 기업의 경우, 어떤 사업부에서 실제로 돈을 벌고 있고 어디에서 손실이 나는지 구체적인 데이터를 제공한다. 기업의 진짜 성장

동력을 찾는 데 필수적인 정보다.

- **특수관계자와의 거래** : 대주주나 계열사 간의 자금 거래 현황을 보여준다. 부당한 일감 몰아주기나 자금 대여가 없는지 확인하여 거버넌스 리스크를 파악할 수 있다.

- **우발부채와 소송 사건** : 현재 재무제표상에는 비용으로 계상되지 않았지만, 향후 소송 결과나 보증 이행에 따라 막대한 현금 유출을 일으킬 수 있는 잠재적 리스크를 확인할 수 있다.

재무제표 간의 상호 관계

재무제표의 네 가지 핵심 보고서는 개별적으로 존재하는 것이 아니라 서로 긴밀하게 연결되어 기업의 재무적 실체를 완성한다. 각 보고서 간의 상호관계를 이해하는 것은 투자자에게 꼭 필요한 사항이다.

- **손익계산서 → 재무상태표** : 손익계산서에서 발생한 당기순이익은 재무상태표의 이익잉여금 항목에 합산된다. 기업이 벌어들인 이익은 배당 후 남은 금액만큼 자본을 증가시켜 재무상태표의 자본 규모를 증가시킨다.

- **현금흐름표 → 재무상태표** : 현금흐름표는 재무상태표의 현금 및 현금성 자산의 변동 원인을 설명해준다. 즉, 재무상태표의 기초 현금과 기말 현금 차이가 현금흐름표의 총합과 일치한다.

- **손익계산서 + 재무상태표 → 자본변동표** : 자본변동표는 손익계산서의 당기순이익과 재무상태표의 자본 항목을 연결한다. 기초 자본에서 당기순이익을 더하고 배당 등 자본 감소 요인을 빼면 기말 자본이 산출되는데 이 과정이 자본변동표에 상세히 기록된다.

O2

기업 분석을 위한 재무비율

재무비율은 마치 기업의 성적표처럼 객관적인 수치로 재무 상태를 보여주는 중요 지표이다. 재무비율은 크게 수익성 비율, 안정성 비율, 성장성 비율로 나뉜다.

 ## 수익성 비율

수익성 비율은 기업의 경영성과를 직접적으로 평가할 수 있는 지표이다. 보통 얼마나 많이 팔았느냐는 매출액으로 측정하고 팔아서 얼마나 벌었느냐를 영업이익이나 당기순이익으로 측정한다. 이를 기업간 비교 가능하도록 백분율로 계산한 지표가 수익성 비율이다. 실질적으로 기업의 한해 동안의 경영 성적표라고 할 수 있다.

영업이익률

기업의 수익성을 판단하는 가장 기본적인 지표가 영업이익률이다. 매출액과 영업이

 AI를 활용하는 스마트한 주식투자

익을 비율로 나타낸 것이며 식으로 표현하면 다음과 같다.

$$영업이익률(\%) = \frac{영업이익}{매출액} \times 100$$

일반적으로 이 비율이 높을수록 기업의 수익성은 좋다. 업종별로 영업이익률은 차이가 있는데, 일반 제조업의 경우 15~20% 내외면 상당히 높은 편이다. IT기업이나 플랫폼 기업의 경우 영업이익률이 50%를 상회하기도 한다. 실제 미국에 상장된 엔비디아의 경우 2025년 3분기 기준 영업이익률은 63.2%였다.

영업이익률이 높다는 것은 크게 두 가지로 볼 수 있다. 첫 번째는 독점적인 제품이어서 판매가격이 높아 매출도 높은 경우이다. 매출원가를 훨씬 상회하는 판매가를 가질 정도로 시장 지배력이 있고, 많이 팔고 많이 버는 기업이다. 엔비디아나 애플 같은 기업이 여기에 해당한다. 두 번째는 비용통제를 잘해서 매출원가율이 낮고, 판관비 수준도 낮은 경우이다. 두 경우 모두 경영효율성이 높은데 주가측면에서는 전자의 경우가 주가 상승 가능성이 높다.

총자산수익률(ROA: Return on Assets)

총자산수익률은 기업의 자산으로 얼마만큼의 이익을 벌어들였는지를 측정하는 지표이다.

$$총자산수익률(\%) = \frac{당기순이익}{총자산} \times 100$$

총자산수익률은 당연하게도 순이익이 높을수록 높게 나오고, 총자산이 크면 낮게 나온다. 부채가 증가하는 경우 총자산이 커지고, 이자비용이 증가해 당기순이익은 감소하기 때문에 총자산수익률이 낮아진다. 그래서 총자산수익률은 부채를 고려해서 분석해야 하는데 함께 보는 지표로 자기자본수익률이 있다.

자기자본수익률(ROE: Return on Equity)

자기자본수익률은 당기순이익과 자기자본과의 관계로, 총자산에서 부채를 제외하고 자기자본을 기준으로 측정한다. 주주 입장에서 기업에 투자를 했을 때 기업활동으로 얻을 수 있는 수익률로도 볼 수 있으며 주식투자했을 때 주가 상승에 따른 투자 수익률과는 다르다.

$$\text{자기자본수익률}(\%) = \frac{\text{당기순이익}}{\text{자기자본}} \times 100$$

주식을 투자하는 입장에서 경상적인 수익률로 볼 수도 있지만 기업의 입장에서는 주주에게 자금을 빌려오는 비용이라고 볼 수도 있다. 이 비용이 보통 차입금 이자율 보다 높기 때문에 기업은 부채타인자본를 쓰려는 유인이 생긴다. 부채 사용으로 총자산 규모가 커지면 ROA는 하락하는 경향을 보이지만, 빌린 돈을 이자 비용보다 높은 수익률로 운용한다면 레버리지 효과가 발생하여 ROE는 오히려 상승한다.

또한 ROE는 배당정책과도 관련이 있다. 기업은 당기순이익에서 일부는 배당을 하고 일부는 사내유보를 하게 된다. 사내 유보를 하면 기업의 자기자본이 증가한다. 그러면 자연스럽게 ROE는 낮아진다. 현금배당을 많이 하게 되면 사내 유보 금액이 작아지고 ROE가 높아진다. 하지만 기업의 성장을 위해 쓰는 돈이 줄어 들기 때문에 적정한 수준을 유지하는 것이 중요하다.

안정성 비율

안정성 비율은 기업의 재무 건전성을 평가하여 부채 상황 능력을 확인하는 지표이다. 현재 기업의 재무 리스크가 어느 정도인지, 위기 발생 시 얼마나 잘 대처할 수 있는지 측정할 수 있다.

부채비율(Debt-to-Equity Ratio)

부채비율은 기업의 자본 대비 부채 규모의 비율로 계산한다.

$$부채비율(\%) = \frac{총부채}{자기자본} \times 100$$

이 비율이 낮을수록 부채보다 자기자본의 비중이 높아 재무적으로 안정적이라고 판단한다. 반대로 부채비율이 높다면 빚에 의존하는 비율이 높다는 뜻이므로 이자비용 부담이 커져 재무위험이 높아질 가능성이 높다. 통상적으로 부채비율이 100% 이하를 매우 우량한 기업으로 보지만 한국 제조기업의 경우 200%까지도 적정 수준으로 보기도 한다. 부채비율은 업종별로 차이가 있으므로 동종 업계 평균과 비교하는 것이 중요하다.

유동비율(Current Ratio)

유동비율은 기업이 1년 이내에 갚아야 할 단기 부채를 얼마나 잘 상환할 수 있는지 보여주는 지표이다.

$$\text{유동비율}(\%) = \frac{\text{유동자산}}{\text{유동부채}} \times 100$$

유동비율이 높을수록 단기적인 부채를 갚을 여력이 충분하다는 의미이므로 재무 상태가 안정적이라고 볼 수 있다. 보통 기업의 유동비율이 200% 이상이면 안정적인 수준으로 평가한다.

성장성 비율

성장성 비율은 기업의 규모가 얼마나 빠르게 성장하고 있는지 측정하는 지표로 기업의 미래 성장 가능성을 가늠하는 중요한 척도가 된다.

매출액증가율(Revenue Growth Rate)

매출액증가율은 기업의 외형적 성장세를 판단하는 가장 기본적인 재무비율이다.

$$\text{매출액증가율}(\%) = \frac{(\text{당기매출액} - \text{전기매출액})}{\text{전기매출액}} \times 100$$

매출액이 꾸준히 증가한다는 것은 기업의 제품이나 서비스에 대한 시장의 수요가 지속적으로 늘어나고 있다는 의미이므로 긍정적인 신호로 해석할 수 있다. 하지만 매출액이 증가하지만 영업이익이 감소한다면 이는 수익성이 악화되고 있다는 신호일 수 있

AI를 활용하는 스마트한 주식투자

으므로 유의해야 한다.

총자산증가율 (Total Asset Growth Rate)

총자산증가율은 기업이 얼마나 적극적으로 자산을 늘려 사업을 확장하고 있는지 보여주는 지표이다.

$$\text{총자산증가율}(\%) = \frac{\text{당기총자산} - \text{전기총자산}}{\text{전기총자산}} \times 100$$

이 비율이 높다는 것은 기업이 영업활동을 통해 벌어들인 이익이나 외부로부터 조달한 자금 유입으로 자산이 늘어나고 있다는 의미가 된다. 특히 은행과 같은 금융기관의 경우 대출 자산이 늘어나는 것이 주요 영업활동이므로 총자산증가율이 성장성을 더 잘 나타내는 지표라 할 수 있다.

활동성 비율

활동성 비율은 기업이 자산을 얼마나 효율적으로 사용해 매출을 창출하는지 측정하는 지표이다.

총자산회전율 (Total Asset Turnover)

총자산회전율은 기업이 보유한 총자산을 얼마나 효율적으로 활용하여 매출을 올렸는지 보여준다.

$$\text{총자산회전율(회)} = \frac{\text{매출액}}{\text{총자산}} \times 100$$

총자산회전율이 높다는 것은 적은 자산으로 많은 매출을 올리고 있다는 의미이므로, 기업이 자산을 효율적으로 운용하고 있다고 볼 수 있다. 이 지표 역시 업종별로 큰 차이를 보인다. 예를 들어, 자산 규모가 큰 장치 산업예: 제조업은 총자산회전율이 낮게 나타나는 경향이 있다.

매출채권회전율(Accounts Receivable Turnover)

매출채권회전율은 기업이 외상으로 판매한 매출채권을 얼마나 빨리 현금으로 회수하는지 보여준다.

$$\text{매출채권회전율(회)} = \frac{\text{매출액}}{\text{평균매출채권}} \times 100$$

이 비율이 높을수록 매출채권을 빠르게 현금으로 바꾸고 있다는 의미이므로 기업의 현금 유동성이 좋다고 판단할 수 있다. 반대로 회전율이 낮다면 매출채권 회수가 지연되고 있다는 뜻으로 부실채권 증가 가능성을 시사한다.

 AI를 활용하는 스마트한 주식투자

재고자산회전율 (Inventory Turnover)

재고자산회전율은 기업이 보유한 재고가 얼마나 빨리 팔려 매출로 이어지는지 보여준다. 이 비율은 보통 매출원가를 평균 재고자산으로 나누어 계산한다.

$$재고자산회전율(회) = \frac{매출원가}{평균재고자산} \times 100$$

재고자산회전율이 높다는 것은 재고가 창고에 쌓이지 않고 빠르게 판매된다는 뜻으로 기업이 재고 관리를 효율적으로 하고 있다고 판단할 수 있다. 반대로 회전율이 낮다면 재고가 장기간 쌓여있다는 뜻으로 제품의 경쟁력이 떨어졌거나 재고 관리상 문제가 있을 수 있다.

매입채무회전율 (Accounts Payable Turnover)

매입채무회전율은 기업이 외상으로 구매한 원재료나 상품의 대금을 얼마나 빠르게 지급하는지 보여준다. 이 비율은 매출원가를 평균 매입채무로 나누어 계산한다.

$$매입채무회전율(회) = \frac{매출원가}{평균매입채무} \times 100$$

매입채무회전율이 높다는 것은 외상 대금을 빨리 갚는다는 의미가 된다. 반대로 낮다는 것은 대금 지급을 늦추어 현금을 더 오래 보유하고 있다는 뜻이다. 이 비율을 통해 기업의 자금 관리 효율성과 공급업체와의 관계를 엿볼 수 있다.

재무제표 분석하기

지금까지 우리가 살펴본 기초적인 지식만을 가지고 바로 기업을 분석할 수 있을까 의문이 들겠지만 AI의 도움을 받으면 애널리스트 못지않게 우리도 기업 분석을 시도해볼 수 있다.

하지만 이 시점에서 독자들이 반드시 경계해야 할 치명적인 문제가 하나 있다. AI의 최대 단점인 할루시네이션Hallucination, 즉 환각현상이다. 바로 AI가 거짓된 정보를 진짜처럼 가공해서 사람들이 잘못된 믿음을 가지도록 만드는 것이다. 기업 분석에서는 이런 부분을 완전히 배제해야 한다. 그러면서 많은 분량의 공시된 정보를 분석해야 한다. 이를 가능하게 해주는 AI 도구가 있는데 바로 NotebookLM이다.

NotebookLM은 구글에서 개발한 AI 기반의 개인 맞춤형 리서치 및 노트 필기 도구이다. 가장 큰 특징이자 장점은 인터넷 상에 떠도는 맞는지 틀리는지도 모르는 자료들이 아니라 내가 업로드한 자료만을 근거로 답변을 한다는 점이다.

다시 말하면 일반적인 ChatGPT나 제미나이같은 AI는 인터넷상의 방대한 지식을 바탕으로 대답하지만 NotebookLM은 사용자가 제공한 PDF, 워드파일, 구글문서, 웹사이트 링크 등을 학습하여 그 안에서만 정보를 찾아 정리해 준다. 덕분에 없는 말을 지어내는 환각현상이 거의 없고, 답변의 출처도 명확히 알 수 있다.

전자공시사이트에서 자료 다운받기

기업 분석을 위해 NotebookLM에 첨부할 기업의 자료가 필요하다. 이를 얻기 위해 전자공시사이트(https://dart.fss.or.kr)를 방문해 기업 재무 데이터를 다운받아 보자. 그림 3-1 처럼 홈페이지 화면에서 공시통합검색에 삼성전자를 입력하고, 정기공시 부분에 체크를 하고 검색을 클릭하자.

삼성전자의 보고서 중에서 가장 최신의 분기보고서나 사업보고서를 선택하자.

그림 3-1 전자공시시스템 접속화면

그림 3-2 전자공시시스템 검색화면

그림 3-3 전자공시시스템 분기보고서 다운로드

AI를 활용하는 스마트한 주식투자

그림 3-3의 분기보고서에서 우측 상단에 다운로드를 클릭하면 다운로드 팝업창이 나타난다. 여기서 다운로드에 파일모양을 클릭하면 PDF 파일로 분기 보고서를 다운받을 수 있다. 다운받은 파일의 위치를 잘 기억해 두자.

NotebookLM 접속, 파일 첨부하기

NotebookLM(https://notebooklm.google.com)사이트에 접속한다. 구글 ID로 로그인을 하자. NotebookLM은 구글 계정만 있다면 누구나 별도의 구독료 없이 무료로 사용이 가능하다. 구글은 자사의 최신 AI 모델인 제미나이의 성능을 더 많은 사용자가 경험하고 자신의 데이터에 적용해 볼 수 있도록 이 도구를 생태계 차원에서 무료로 개방해 두었다.

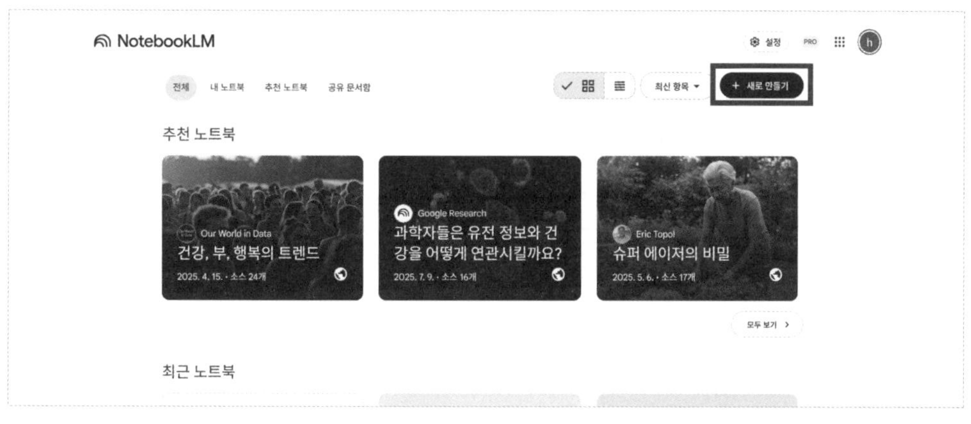

그림 3-4 NotebookLM 홈페이지 화면

그림 3-4의 화면에서 [+새로만들기]를 클릭하자.

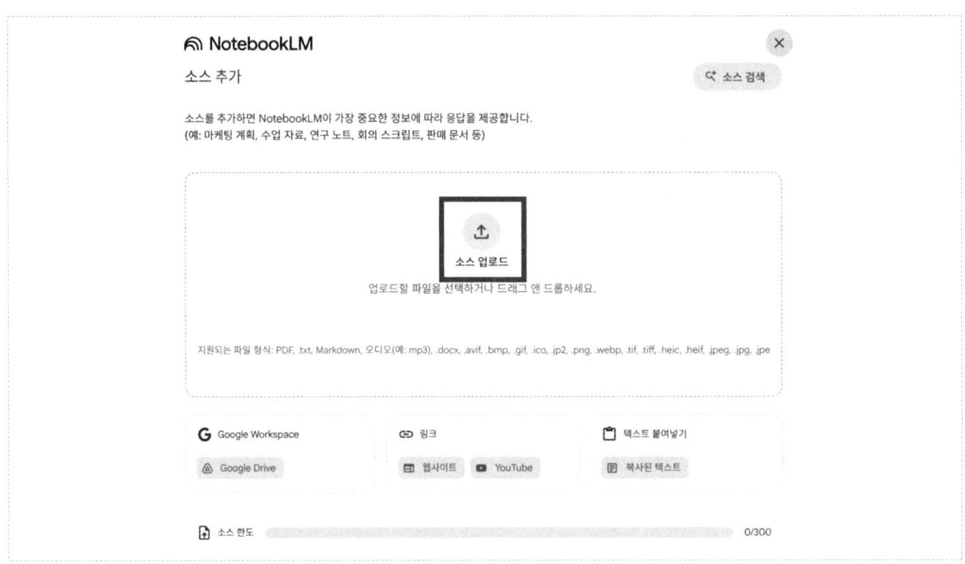

그림 3-5 NotebookLM 파일 업로드

그림 3-5에서 소스 업로드를 클릭하고, 폴더에서 삼성전자 분기보고서 PDF 파일을 찾아서 첨부한다.

첨부가 정상적으로 되면 그림 3-6처럼 제목이 자동으로 입력된다.

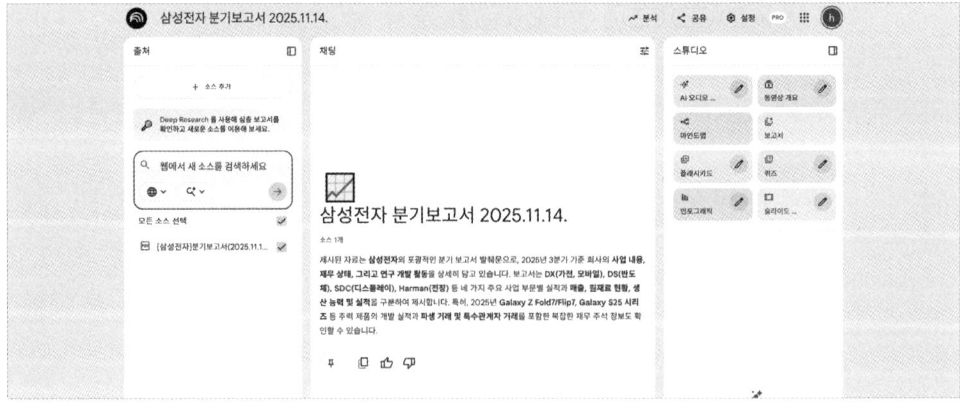

그림 3-6 NotebookLM 삼성전자 분기보고서 첨부 후 입력화면

AI를 활용하는 스마트한 주식투자

그렇다면 NotebookLM에 어떤 핵심 질문을 던져야 할까? 앞서 배운 프롬프트 엔지니어링 기법을 활용해도 좋지만 질문 설계가 익숙지 않다면 제미나이에게 분석용 프롬프트 제작을 요청할 수 있다.

 NotebookLM에 삼성전자 분기보고서를 첨부했다. 재무비율 분석을 포함해서 기업 분석을 위해 어떤 질문을 하는 것이 효과적일까?

 네, 재무비율(수익성, 안정성, 성장성, 활동성) 지표를 활용하여 삼성전자의 현재 상태와 미래 전망을 심층적으로 분석할 수 있는 질문 리스트를 구성했습니다. NotebookLM에 아래 질문들을 입력하여 삼성전자 분기보고서를 분석해 보세요.

1. 수익성 분석 (기업이 얼마나 잘 벌고 있는가?)

- "이번 분기 삼성전자의 매출액과 영업이익은 전년 동기 대비 어떻게 변화했나요? 영업이익률의 변화 추이와 그 원인을 사업의 내용 파트를 바탕으로 설명해 주세요."

- "순이익률은 전 분기 대비 어떤 흐름을 보이고 있나요? 영업외수익이나 비용 중 순이익에 큰 영향을 미친 항목이 있다면 주석을 참고하여 알려주세요."

- "ROE(자기자본이익률)와 ROA(총자산이익률)를 계산해 주고, 지난 분기와 비교하여 자본 효율성이 개선되었는지 분석해 주세요."

2. 안정성 분석 (재무적으로 탄탄한가?)

- "현재 삼성전자의 부채비율과 유동비율은 얼마인가요? 재무상태표를 바탕으로 단기적인 채무 상환 능력과 장기적인 재무 건전성을 평가해 주세요."

- "차입금 의존도와 이자보상배율을 확인해 주세요. 현재 벌어들이는 영업이익으로 이자 비용을 충분히 감당할 수 있는 수준인지 분석해 주세요."

- "현금흐름표에서 영업활동 현금흐름이 플러스(+)인지 확인해 주고, 당기순이

익과 차이가 크다면 그 이유가 무엇인지 주석의 현금흐름표 조정 내역 등을 참
고하여 설명해 주세요."

3. 성장성 및 활동성 분석 (미래 성장 동력은?)

- "주요 사업 부문(DX, DS 등)별 매출액 증가율을 비교해 주세요. 어떤 사업부가
  회사의 성장을 주도하고 있나요?"

- "재고자산 회전율과 매출채권 회전율은 전년 대비 어떻게 변화했나요? 재고가
  쌓이고 있거나 외상값을 제때 받지 못하는 징후가 있는지 확인해 주세요."

- "보고서의 이사의 경영진단 및 분석의견을 바탕으로 경영진이 꼽은 미래 핵심
  성장 동력과 투자 계획(CAPEX)은 무엇인가요?"

4. 리스크 및 기타 중요 사항 (숨겨진 위험 찾기)

- "재무제표 주석에서 우발부채나 현재 진행 중인 주요 소송 건이 있는지 찾아주
  세요. 만약 패소할 경우 재무에 미칠 잠재적 영향은 어느 정도인가요?"

- "특수관계자 거래 내역 중 규모가 크거나 주목해야 할 거래가 있는지 분석해
  주세요."

- "이번 분기 배당금 지급 내역이나 자사주 매입/소각 등 주주 환원 정책에 대한
  언급이 있는지 확인해 주세요."

팁: NotebookLM이 답변을 줄 때, 문장 끝에 있는 인용 숫자([1], [2] 등)를 클릭하여 보
고서의 원문을 반드시 확인해 보세요. AI의 답변이 정확한지 검증하고 문맥을 더 깊이
이해하는 데 큰 도움이 됩니다.

제미나이가 작성해준 프롬프트를 NotebookLM에 입력하자. 그러면 삼성전자 분기
보고서를 바탕으로 분석한 내용을 정리해서 알려준다.

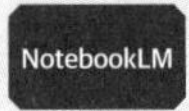

제공해주신 삼성전자 분기보고서(2025.11.14) 발췌본을 바탕으로, 요청하신 수익성, 안정성, 성장성/활동성, 그리고 리스크 및 기타 중요 사항에 대한 심층 분석 질문들에 대해 항목별로 상세하게 답변드리겠습니다.

1. 수익성 분석 (기업이 얼마나 잘 벌고 있는가?)

"이번 분기 삼성전자의 매출액과 영업이익은 전년 동기 대비 어떻게 변화했나요? 영업이익률의 변화 추이와 그 원인을 사업의 내용 파트를 바탕으로 설명해 주세요."

1. 매출액 및 영업이익 변화 (연결 기준, 2025년 1월~9월 누적)

구분	제57기 3분기 (2025년 1월~9월) (백만원)	제56기 3분기 (2024년 1월~9월) (백만원)	변화율
매출액	239,768,567	225,082,634	약 6.52% 증가
영업이익	23,527,391	26,233,258	약 10.31% 감소

2. 영업이익률 변화 추이 및 원인

- 영업이익률 변화: 매출액은 전년 동기 대비 6.5% 증가했음에도 불구하고, 영업이익은 약 10.31% 감소했습니다. 이에 따라 영업이익률은 2024년 3분기 누적 약 11.66%에서 2025년 3분기 누적 약 9.81%로 하락했습니다.

- 원인 분석 (사업의 내용 파트 기반):
  - 매출액 증가를 주도한 것은 DX 부문(6.9% 증가), DS 부문(6.4% 증가), Harman(8.3% 증가)이었습니다. DS 부문의 메모리 사업은 AI 및 HPC(고성능 컴퓨팅) 서버 수요에 맞춰 HBM3E 판매를 확대하고 모든 응용 분야에서 수요에 적극적으로 대응하여 분기 최대 매출을 달성하는 등 실적이 크게 개선되었습니다.
  - 하지만 수익성 측면에서는 글로벌 TV 시장의 경쟁 심화로 인해 수익성 확보에 어려움이 가중되고 있다는 언급이 있습니다. 또한, 일부 주요 제품의 평균 판매가격(ASP)이 하락했습니다. 예를 들어 TV의 평균 판매가격은 전년 연간 평균 대비 약 6% 하락했으며, 스마트폰용 OLED 패널은 약 9% 하

락했습니다.

○ 전체적으로 매출이 증가했음에도 영업이익이 감소하고 영업이익률이 하락한 것은 매출원가나 판매비와 관리비의 상대적인 증가 폭이 더 컸기 때문으로 보입니다.

⋯⋯⋯⋯⋯⋯⋯⋯⋯⋯⋯⋯⋯⋯⋯⋯⋯ 〔 중략 〕 ⋯⋯⋯⋯⋯⋯⋯⋯⋯⋯⋯⋯⋯⋯⋯⋯⋯

2. 안정성 분석 (재무적으로 탄탄한가?)

"현재 삼성전자의 부채비율과 유동비율은 얼마인가요? 재무상태표를 바탕으로 단기적인 채무 상환 능력과 장기적인 재무 건전성을 평가해 주세요."

1. 부채비율 및 유동비율 (연결 기준, 2025년 3분기말)

● 부채비율 (Liabilities / Equity): 110,158,092 백만원 / 413,501,494 백만원 약 26.6%. (보고서에 명시된 수치도 26.6%입니다).

● 유동비율 (Current Assets / Current Liabilities): 229,440,881 백만원 / 87,259,259 백만원 약 262.96%.

2. 재무 건전성 평가

● 장기적인 재무 건전성 (부채비율 기반): 부채비율이 26.6%로 매우 낮습니다. 이는 회사가 신용등급 및 부채비율 등의 지표를 활용하여 건전한 자본구조를 유지하려는 자본 관리 목적을 달성하고 있음을 보여주며, 재무적으로 매우 탄탄하고 안정적인 상태로 평가됩니다.

● 단기적인 채무 상환 능력 (유동비율 기반): 유동비율이 262.96%로, 유동부채 대비 유동자산이 2.6배 이상 많습니다. 이는 단기적인 채무 상환 능력이 매우 우수함을 시사합니다.

⋯⋯⋯⋯⋯⋯⋯⋯⋯⋯⋯⋯⋯⋯⋯⋯⋯ 〔 중략 〕 ⋯⋯⋯⋯⋯⋯⋯⋯⋯⋯⋯⋯⋯⋯⋯⋯⋯

3. 성장성 및 활동성 분석 (미래 성장 동력은?)

"주요 사업 부문(DX, DS 등)별 매출액 증가율을 비교해 주세요. 어떤 사업부가 회사의
성장을 주도하고 있나요?"

1. 부문별 매출액 증가율 (연결 기준, 2025년 3분기 누적, 전년 동기 대비)

- Harman: 8.3% 증가 (가장 높은 증가율).

- DX 부문: 6.9% 증가.

- DS 부문: 6.4% 증가.

- SDC: 3.2% 감소.

- 전체 매출액은 6.5% 증가했습니다.

2. 성장을 주도하는 사업부 분석

Harman이 가장 높은 증가율을 보였지만 (8.3% 증가), 절대적인 매출 규모는 DX
와 DS 부문이 압도적입니다.

- DX 부문: 스마트폰과 가전 완제품을 포함하는 DX 부문은 6.9% 증가하며 안정
  적인 성장을 보이고 있습니다. 특히 AI TV 라인업 확대 및 초대형 TV, Q시리즈
  사운드바 등의 신제품 출시를 통해 시장 점유율 확대와 수익성 제고를 추진하
  고 있습니다.

- DS 부문: 6.4% 증가하며 성장을 뒷받침하고 있습니다. DS 부문은 HBM3E 판
  매 확대와 전 응용 분야의 강력한 수요 대응을 통해 분기 최대 매출을 달성하
  며 실적을 크게 개선했습니다. 미래 성장 동력 측면에서 2nm 선단 공정 중심
  의 역대 최대 수주 실적을 기록하며 향후 성장을 견인할 잠재력을 보여주고 있
  습니다.

·· 중략 ··

4. 리스크 및 기타 중요 사항 (숨겨진 위험 찾기)

"재무제표 주석에서 우발부채나 현재 진행 중인 주요 소송 건이 있는지 찾아주세요. 만약 패소할 경우 재무에 미칠 잠재적 영향은 어느 정도인가요?"

1. **우발부채 및 소송**
   (주석 13, 8. 기타 재무에 관한 사항, 11. 그 밖에 투자자 보호를 위하여 필요한 사항)

- 주요 소송 건: 연결회사는 다수의 회사 등과 정상적인 영업 과정에서 발생한 소송, 분쟁 및 규제기관의 조사 등이 진행 중에 있습니다.

- 잠재적 영향 (일반 소송): 경영진은 이러한 소송 등의 결과가 연결회사의 재무 상태에 중요한 영향을 미치지 않을 것으로 판단하고 있습니다. 이에 따른 자원의 유출 금액 및 시기는 불확실합니다.

- 특정 소송 리스크 (삼성바이오로직스 관련): 관계기업인 삼성바이오로직스㈜는 삼성바이오에피스㈜ 지분 회계처리와 관련하여 증권선물위원회 처분 취소 소송을 진행 중입니다.
  - 잠재적 영향: 만약 삼성바이오로직스㈜가 패소하여 과거 재무제표를 수정하게 될 경우, 연결회사의 2015년부터 2022년까지 보고 기간의 지분법손익, 관계기업투자주식, 이익잉여금 등에 영향을 미칠 수 있습니다.
  - 현재 판단: 현재로서는 행정소송의 종결 시기와 결과를 예측할 수 없어, 당분기 재무제표에는 이를 반영하기 어렵습니다.

2. **우발부채** (채무보증 및 약정)

- 해외 종속기업에 대한 채무보증: 당사는 Samsung Electronics America, Inc. (SEA) 등 해외 종속법인의 운영자금 조달을 위해 총 15,454,792 천USD의 통합 채무보증을 제공하고 있습니다 (연결 기준).

- 주요 채무보증 사례: SEA는 SAS(Samsung Austin Semiconductor LLC)가 반도체 보조금 계약 불이행 시 미 상무부에 반환해야 하는 금액(6,435,000 천USD)에 대해 모법인인 당사로부터 지급 보증을 받고 있습니다.

- 유형/무형자산 취득 약정: 당분기말 현재 발생하지 않은 유 · 무형자산 취득을

위한 약정액은 연결 기준으로 12,003,099 백만원에 달합니다.

……………………………………………………(중략)……………………………………………………

마지막으로, 재무적 안정성에 대한 분석을 비유하자면, 삼성전자의 재무 상태는 두꺼운 철근과 깊은 기초를 가진 거대한 건물에 비견될 수 있습니다.

- 매우 낮은 부채비율(26.6%)과 높은 이자보상배율(53.40배)은 건물의 기초가 단단하고, 빚이 거의 없다는 것을 의미합니다.
- 영업활동 현금흐름 56조 원이 당기순이익 25.5조 원보다 훨씬 많은 것은, 재무제표상 순이익에 잡히지 않는 감가상각비(32.2조 원)와 같은 비용이 실제로는 현금 유출 없이 장부에만 기록되는 것이기 때문에, 이 건물이 매년 감가되는 만큼의 현금을 추가로 비축하고 있다는 것을 보여줍니다. 이 단기적인 채무 상환은 물론 미래 투자에도 충분한 실탄을 확보하고 있음을 의미합니다.

NotebookLM이 작성한 보고서에서 주목할 점은 단순히 수치를 나열하는 수준을 넘어, 데이터 사이의 인과관계를 입체적으로 파악했다는 사실이다.

- 당기순이익 25.5조 원보다 영업활동 현금흐름이 56.5조 원으로 두 배 이상 많다는 점을 포착하여, 장부상 이익보다 실제 현금 창출 능력이 훨씬 뛰어남을 찾아냈다. 이는 32.2조 원에 달하는 거대한 감가상각비를 '현금 유출 없는 비용으로 정확히 이해하고 분석에 반영한 결과였다.

- 전문가가 아니면 지나치기 쉬운 '삼성 오스틴 반도체'의 미국 보조금 반환 관련 약 64억 달러에 달하는 지급보증 리스크를 정확히 짚어냈다. 이는 단순 요약을 넘어 투자자 보호를 위한 핵심 리스크가 무엇인지 스스로 판단할 수 있음을 보여주었다.

- 매출은 늘었지만 이익률이 하락한 이유를 단순 추측이 아닌 TV와 스마트폰 패널의 평균 판매가격(ASP) 하락이라는 구체적인 근거를 사업 보고서 내에서 찾아 연결했다.

아마도 여러분은 AI가 단순히 내용을 요약하는 수준을 넘어, "이 회사의 현금흐름에 어떤 특이점이 있는지", "주석에 숨겨진 우발부채 리스크는 무엇인지"를 전문가처럼 짚 어내는 능력에 놀랐을 것이다.

앞에서 우리는 ChatGPT나 제미나이의 웹 검색 기능을 활용해 시장의 트렌드를 읽 는 딥리서치방법을 배웠다. 웹 기반의 AI 검색은 인터넷을 통해 정보를 모은다. 최신 뉴 스, 산업의 트렌드, 경쟁사의 동향, 거시 경제의 흐름 등 외부의 정보를 수집하는 데 탁 월하다. 하지만 인터넷상의 정보는 100% 신뢰하기 어렵다. 부정확한 뉴스나 소문이 섞 여 있을 수 있고, AI가 서로 다른 출처를 짜깁기하다가 할루시네이션을 만들기도 한다. 특히 특정 기업의 재무제표 숫자를 물어봤을 때 틀리는 경우가 상당히 많다. 이 부분은 독자분들이 항상 염두에 둬야 한다.

반면 NotebookLM은 우리가 직접 제공하는 사업보고서나 IR자료 등 공식 문서를 통 해 내부의 정보에만 집중한다. 범위를 한정 짓는 대신 그 안에서는 무서울 정도로 정확 하고 깊이 있는 분석을 제공한다. 답변의 근거가 되는 문장을 각주로 바로 보여주기 때 문에 팩트 체크가 확실하다. 수백 페이지에 달하는 보고서 구석에 숨어 있는 주석 내용 까지 찾아내어 리스크를 검증해 준다. 대신 업로드하지 않은 정보는 모른다.

따라서 이 두 가지를 적재적소에 잘 사용해 종합적인 분석을 할 수 있다. 딥러서치를 통해 시장 트렌드를 검증하고 유망한 섹터와 종목을 추천받는다. 관심종목이 발견되면 전자공시시스템에 접속해 최신 사업보고서를 다운받아 NotebookLM을 이용해 깊이 있 게 분석하면 된다. 이 두 가지를 잘 이용하면 어떤 기관투자자 부럽지 않은 강력한 정보 력과 분석력을 갖출 수 있다.

그러나 이 둘을 가지고도 부족한 점은 있다. 도대체 그래서 어떤 종목을 사야 하는가?

  AI를 활용하는 스마트한 주식투자

생성형 AI는 태생적으로 언어모델이므로 정량적 분석에는 한계를 보인다. 즉 "지난 10년간 삼성전자 주가와 영업이익의 상관관계를 그래프로 그려 줘", "코스피200 종목 중에서 매출성장률, 이익성장률이 10% 이상이고, 부채비율이 100% 이하인 종목은 어떤 것이 있나"라는 질문에는 정확한 답을 하지 못한다.

단순히 AI에게 질문을 잘한다고 해서 원하는 답을 얻을 수 있는 것이 아니다. AI의 환각 현상을 제거하여 정확한 정보를 얻고, 정량적인 종목 스캔을 위해서는 코딩이 필요하다.

다음 장에서 본격적으로 코딩의 영역으로 발을 들여보자.

Note

NotebookLM의 재미있는 활용법

NotebookLM의 재미있는 기능 중 하나는 스튜디오 기능이다.

해당 보고서를 바탕으로 요약된 내용을 음성 혹은 동영상으로 만들어 준다. 시간이 없어서 바쁜 경우 [AI오디오]를 클릭하면, 보고서를 요약해 음성으로 들을 수 있다. 팟캐스트처럼 2명의 패널이 대화하듯 자료 설명을 해주는데, 상당히 완성도가 높고 재미있다.

NotebookLM은 주식투자는 물론이고 수험생들에게도 도움을 줄 수 있다. 참고서나 학습자료를 PDF 파일로 넣어두면, 스튜디오 기능 중 퀴즈로 만들어 다양한 문제들로 학습할 수 있게 해준다. 사용자들의 니즈에 따라 다양한 방법으로 사용해 보기를 권한다.

04

AI를 이용한 코딩 환경 구축

01

이제는 바이브 코딩 Vibe Coding 이다

정확한 분석을 위한 도구

지금까지 제미나이와 대화하며 투자의 아이디어를 얻고 종목을 분석하는 법을 배웠다. 텍스트를 이해하고 정리하는 능력에서 AI는 이미 훌륭한 비서 역할을 해내고 있다. 하지만 본격적으로 기업의 가치를 분석하고 재무제표의 숫자를 다룰 때 한 가지 벽에 부딪히게 된다.

AI는 수려한 문장을 만들어내는 데는 탁월하지만 복잡한 연산이나 정확한 수치 데이터를 다루는 데는 의외로 취약한 모습을 보일 때가 많다. 10년 치 재무 데이터를 표로 정리해 달라고 했을 때 그럴싸해 보이지만 실제로는 존재하지 않는 숫자를 만들어내는 할루시네이션 현상이 자주 발생한다. 또한, "최근 1년 주가 흐름을 그래프로 그려줘"라고 요청했을 때, AI가 직접 그려주는 차트는 단순한 이미지일 뿐 우리가 원하는 대로 정밀하게 분석하거나 보조지표를 추가하기에는 한계를 보인다.

그래서 이제 파이썬 Python 이라는 도구를 직접 사용해야 한다.

갑자기 코딩이라니, 너무 어려운 것 아닌가? 걱정할 필요는 없다. 직접 코드를 한 줄 한 줄 짜는 프로그래머가 되려는 것이 아니다. AI에게 **"파이썬 코드를 짜 줘"**라고 명령하고, AI가 작성한 코드를 복사해서 붙여넣기만 하면 되는 바이브 코딩 Vibe Coding을 할 것이기 때문이다. 바이브 코딩이란 개발자가 구체적인 문법이나 기술적 세부사항에 매몰되지 않고 AI와의 대화를 통해 전체적인 맥락과 의도를 전달하며 소프트웨어를 직관적으로 구축하는 새로운 개발 방식을 의미한다.

바이브 코딩을 현실로 만들어줄 가장 강력한 무기는 파이썬과 구글의 안티그래비티 Antigravity이다. 파이썬이 데이터를 자유자재로 다루는 핵심 도구라면 안티그래비티는 사용자의 의도를 파악하여 직접 파이썬 코드를 작성하고 실행하는 코딩전용 AI 에이전트 역할을 수행한다. 덕분에 투자자는 복잡한 프로그래밍 문법을 일일이 외우지 않고도 에이전트와의 대화만으로 정교한 분석 시스템을 구축할 수 있다.

이를 위해 먼저 코딩 환경을 설정하는 기초 단계부터 차근차근 시작해보자.

파이썬 설치하기

파이썬을 사용하기 위해 복잡한 프로그램을 컴퓨터에 설치하고 설정을 하는 과정은 초보자에게 가장 큰 진입장벽이다. 아마 여러분들은 코딩을 하는 것보다 이부분을 더 어렵게 느낄지도 모르겠다. 하지만 이 부분만 잘 넘어가면 코딩은 AI의 영역이 될 것이므로 부담갖지 말고 천천히 시작해 보자.

파이썬이 필요한 이유와 역할

이 책은 기본적으로 코딩을 전혀 모르는 사람이 AI 모델을 이용해서 투자에 도움이 되는 환경을 만들 수 있는 방법을 보여주는 것을 목표로 한다. 파이썬은 AI 주식투자 시스템을 구축하는 데 없어서는 안 될 핵심 프로그래밍 언어다. 파이썬은 문법이 간단하고 다양한 라이브러리를 지원해서 초보자도 쉽게 배울 수 있다. 라이브러리는 특정 기능을 수행하기 위해 미리 작성되어 검증된 코드의 집합이다. 사용자는 이 코드 뭉치를 자신의 프로그램으로 가져와 사용함으로써 복잡한 기능을 처음부터 직접 만들 필요 없이 효율적으로 개발할 수 있다.

파이썬의 장점과 특징들은 다음과 같다.

- **배우기 쉽고 직관적인 문법이다.** 파이썬은 다른 프로그래밍 언어에 비해 문법이 간결하고 읽기 쉬워 초보자가 빠르게 학습할 수 있다. 사람이 쓰는 자연어에 가까운 구조를 가지고 있어서, 복잡한 코드도 쉽게 이해할 수 있다.

- **다양한 라이브러리를 지원한다.** 파이썬은 데이터 분석, 머신러닝, 자동화 등 다양한 분야를 위한 풍부한 라이브러리를 제공한다. 예를 들어, pandas는 대량의 데이터를 효율적으로 처리하고 분석하는 데 유용하며 PyQt는 사용자 인터페이스를 만들어 나만의 정보 대시보드를 구축하는 데 도움을 준다.

- **AI 및 데이터 사이언스 분야의 표준 언어이다.** AI와 데이터 사이언스 분야에서 파이썬은 사실상의 표준 언어로 자리 잡았다. TensorFlow, PyTorch 같은 주요 머신러닝 프레임워크가 파이썬을 기반으로 작동하기 때문에 AI 모델을 주식투자에 활용하려면 파이썬은 필수적이다.

- **자동화에 최적화된 기능을 제공한다.** 파이썬은 반복적인 작업을 자동화하는 데 매우 강력하다. 증권사 API를 활용한 자동매매 시스템을 구축하거나 실시간으로 주식 뉴스를 스크래핑하고 요약하는 작업을 자동화하는 데 효과적으로 사용할 수 있다.

- **높은 확장성을 가진다.** 파이썬은 다른 언어로 작성된 모듈과도 쉽게 통합할 수 있어서 기존 시스템에 새로운 기능을 추가하거나 성능이 중요한 부분에 C++ 같은 언어를 활용해 효율성을 높일 수 있다.

배우기 쉬운 코딩언어이지만 우리는 파이썬 자체를 깊이 공부하는 게 목적이 아니다. 이 책의 목표는 코딩을 위한 코딩이 아니라 바이브코딩을 통해 AI를 효과적으로 활용하는 방법을 배우는 것이다. 파이썬은 그저 AI라는 훌륭한 도구를 자유롭게 다루기 위한 보조 수단일 뿐이다. 파이썬 문법 하나하나에 얽매이기보다 AI와 협력해 나만의 투자 시스템을 만드는 즐거움에 집중하는 것이 가장 중요하다.

컴퓨터의 명령 전달 창 :
윈도우 CMD와 맥OS의 터미널

파이썬 설치에 앞서 컴퓨터의 명령 프롬프트에 대해 알아보자. 파이썬을 설치하거나 파이썬으로 작성된 코드를 실행하는 기본 프로그램이므로 숙지해둘 필요가 있다. 컴퓨터에서 이걸 사용하면 마치 프로그래머가 된 것 같은 기분을 느낄 수 있다.

윈도우를 사용하는 우리는 컴퓨터를 마우스로 컨트롤하는 것이 더 익숙할 것이다. 하지만 윈도우가 개발되기 전 프로그래머들은 특정 창에서 직접 텍스트로 된 명령어를 입력해 컴퓨터를 움직일 수 있었다. 지금도 많은 프로그래머들은 직접 명령어를 입력하는 방식을 선호한다. 이 텍스트 명령을 입력하는 창이 바로 윈도우 명령 프롬프트^{CMD}와 맥OS 터미널^{Terminal} 이다. 그렇다고 명령어를 외워서 칠 필요는 없다. AI에게 **"이 라이브러리를 설치해 줘"**라고 하면 AI가 터미널에 입력해야 할 명령어를 알려주거나 직접 실행한다. 여러분은 그저 [**복사**]해서 화면에 [**붙여넣기**]만 하면 된다.

명령 프롬프트(CMD)

명령 프롬프트는 윈도우 컴퓨터에서 사용하는 명령 전달 창이다. 보통 검은색 화면에 하얀 글씨가 뜨는 창을 한번은 본적이 있을 것이다. CMD는 파일을 복사하거나, 폴더를 새로 만들거나, 네트워크 상태를 확인하는 등 컴퓨터의 기본적인 작업을 명령어로 처리할 수 있다.

그림 4-1처럼 윈도우 시작 버튼을 누르고 CMD라고 검색해 실행하거나 단축키 Window키+R을 눌러 실행 창에 CMD를 입력하면 된다.

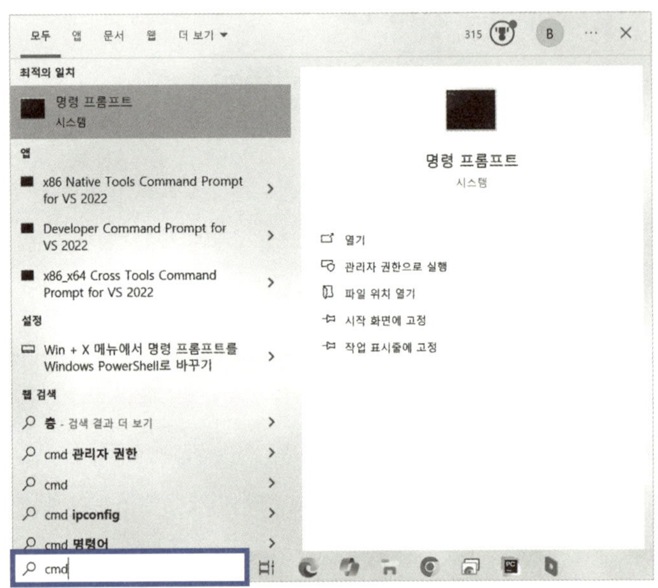

그림 4-1 윈도우 명령 프롬프트 검색 창

CMD를 실행하면 그림 4-2처럼 검은 화면에 흰 글씨가 있는 창이 생성된다.

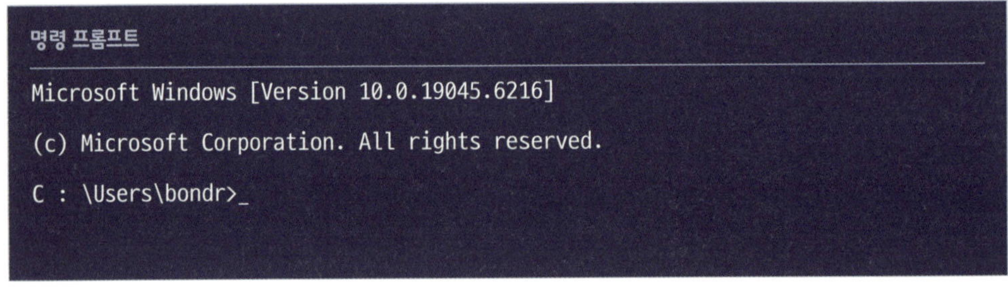

그림 4-2 윈도우 프롬프트 실행 창

파워쉘(PowerShell)

파워쉘은 CMD를 대체하기 위해 마이크로소프트에서 만든 훨씬 강력한 현대적인 도구로 더 복잡하고 정교한 작업과 자동화 스크립트를 작성할 수 있다. 시스템의 거의 모든 설정에 접근하여 관리할 수 있어 전문적인 시스템 관리나 복잡한 자동화 작업을 위해 설계되었다. 간단한 작업은 CMD로 가능하지만 복잡할 경우에는 파워쉘을 사용한다. 접근 방법은 CMD와 동일하게 검색창에서 PowerShell을 검색하면 된다.

터미널(Terminal)

터미널은 맥OS 컴퓨터에서 사용하는 명령 전달 창이다. 윈도우의 명령 프롬프트와 역할이 거의 같다. 윈도우와 마찬가지로 파일 관리, 프로그램 설치 같은 작업을 명령어로 처리한다. 특히 개발자들에게는 필수적인 도구로 Git 같은 버전 관리 시스템을 사용하거나 프로그래밍 언어를 실행하는 데 널리 쓰인다.

맥북의 응용 프로그램 폴더 내의 유틸리티 폴더에서 터미널 앱을 찾아 실행하면 된다.

```
터미널

Last login: Sun Sep 7 15:43:33 on ttys006
(base) hr_son@Hwanrakkui-MacBookAir ~ % _
```

그림 4-3 터미널 실행화면

파이썬 설치 방법:
제미나이에게 설치 과정 물어보기

이제 본격적으로 파이썬을 설치해 보자. 설치 과정은 간단하지만 혹시라도 예상치 못한 오류나 환경설정의 충돌이 발생한다면 제미나이에게 도움을 요청할 수 있다. 제미나이는 오류 메시지를 분석해 정확한 해결책을 제시해 준다. 설치 방법부터 확인해 보자.

한국투자증권 API를 통해 주식매매 자동화를 하기 위해 적합한 파이썬 버전을 안내해 주고, 설치 방법을 자세하게 설명해 줘. 윈도우 기준으로 설명해 줘.

한국투자증권 API는 우리가 후반부에 해볼 주식 자동매매를 위해 사용할 프로그램이다. 따라서 설치 시점부터 여기에 맞는 버전을 설치하기 위해서 질문을 위와 같이 했다. 키움증권이나 LS증권 등 다른 증권사를 이용해도 상관없다.

한국투자증권 API를 활용한 자동매매 시스템 구축 멘토입니다.

성공적인 자동매매 시스템 구축의 첫걸음은 안정적인 개발 환경을 마련하는 것입니다. 파이썬 버전을 선택하고 올바르게 설치하는 것은 매우 중요합니다.
한국투자증권 API 자체는 웹 API(RESTful, WebSocket)이므로 특정 파이썬 버전에 종속되지는 않습니다. 하지만 API 연동에 필수적인 requests, pandas, websocket-client 등의 핵심 라이브러리들과의 호환성, 그리고 최신 보안 업데이트를 고려할 때 Python 3.10 이상의 최신 안정 버전 사용을 강력히 권장합니다.
(현재 2025년 11월 기준, 3.11 또는 3.12 버전이 좋은 선택입니다.)

윈도우 (Windows) 설치 방법

윈도우에서는 설치 과정 중 Add Python to PATH 옵션을 체크하는 것이 매우 중요합니다.

1. **파이썬 공식 웹사이트 접속**
   - 웹 브라우저를 열고 **python.org** 주소로 이동합니다.

2. **설치 파일 다운로드**
   - 메뉴에서 [Downloads] -> [Windows]로 이동합니다.
   - Stable Releases 목록에서 최신 버전(예: Python 3.11.x 또는 3.12.x)의 **"Windows installer (64-bit)"**를 클릭하여 다운로드합니다.

3. **설치 프로그램 실행**
   - 다운로드한 .exe 파일을 실행합니다.

4. **[가장 중요] 설치 옵션 설정**
   - 설치 마법사 첫 화면에서 반드시 하단의 Add Python 3.xx to PATH 체크박스를 체크해야 합니다.

5. **[필수] Add Python to PATH란?** 이 옵션을 체크해야만, 윈도우의 명령 프롬프트(CMD) 또는 PowerShell 어디에서든 **python**이라는 명령어를 인식할 수 있습니다. 체크하지 않으면 매번 파이썬이 설치된 복잡한 경로를 직접 입력해야 하는 불편함이 생깁니다.

6. **설치 진행**
   - Install Now를 클릭하여 기본 설정으로 설치를 진행합니다.
   - 설치가 완료될 때까지 잠시 기다립니다.

☑ 설치 확인 (Verification)

설치가 올바르게 완료되었는지 확인하는 단계입니다.

- Windows:
  1. 키보드에서 Win + R 키를 누릅니다.
  2. cmd 입력 후 [확인]을 눌러 명령 프롬프트를 엽니다.

3. 다음 두 명령어를 차례대로 입력하고 Enter 키를 누릅니다.

① python --version

② pip --version

위 명령어를 실행했을 때, 설치한 파이썬 버전(예: Python 3.11.5)과 pip 버전이 정상적
으로 출력된다면 설치에 성공한 것입니다.

한국투자증권 API를 사용하기 위해서 특정 파이썬 버전을 사용할 필요는 없다. 그
러나 다른 증권사들의 API를 사용하기 위해서는 구버전의 파이썬을 설치해야 하고, 윈
도우 32bit로 설치를 해야만 한다. 또한 이 경우 맥OS 사용자들은 자동매매 구축이 불
가능하고 낮은 버전의 프로그램으로 다운 그레이드 해서 사용해야 한다. 하지만 한국
투자증권에서 2022년에 API 서비스를 제공하면서 맥OS에서도 작동되고 파이썬을 다
운 그레이드할 필요가 없어졌다.

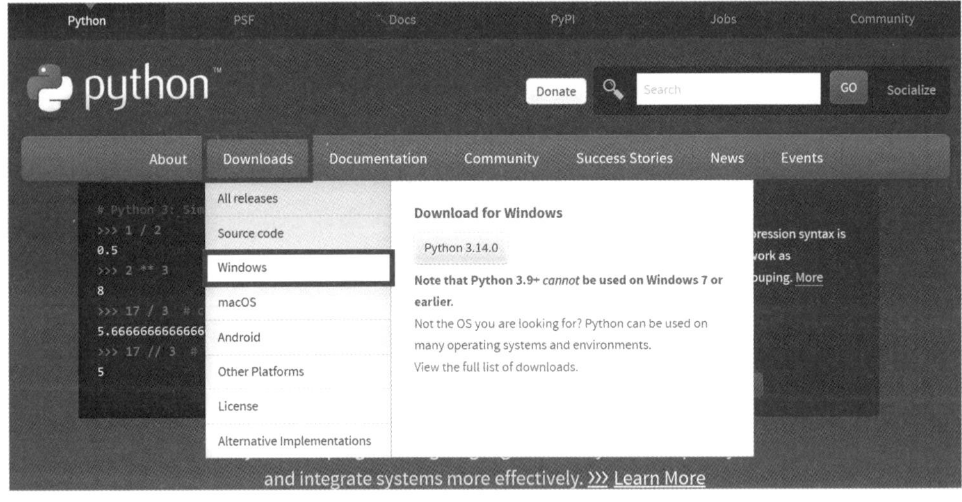

그림 4-4 파이썬 홈페이지 다운로드 화면

Note that Python 3.13.2 *cannot* be used on Windows 7 or earlier.

- Download Windows installer (64-bit)
- Download Windows installer (32-bit)
- Download Windows installer (ARM64)
- Download Windows embeddable package (64-bit)
- Download Windows embeddable package (32-bit)
- Download Windows embeddable package (ARM64)
- Python 3.12.9 - Feb. 4, 2025

Note that Python 3.12.9 *cannot* be used on Windows 7 or earlier.

- Download Windows installer (64-bit)
- Download Windows installer (32-bit)
- Download Windows installer (ARM64)
- Download Windows embeddable package (64-bit)
- Download Windows embeddable package (32-bit)
- Download Windows embeddable package (ARM64)

- Python 3.14.0a7 - April 8, 2025
  - Download Windows installer (64-bit)
  - Download Windows installer (32-bit)
  - Download Windows installer (ARM64)
  - Download Windows embeddable package (64-bit)
  - Download Windows embeddable package (32-bit)
  - Download Windows embeddable package (ARM64)
- Python 3.14.0a6 - March 14, 2025
  - Download Windows installer (64-bit)
  - Download Windows installer (32-bit)
  - Download Windows installer (ARM64)
  - Download Windows embeddable package (64-bit)
  - Download Windows embeddable package (32-bit)
  - Download Windows embeddable package (ARM64)
- Python 3.14.0a5 - Feb. 11, 2025
  - Download Windows installer (64-bit)

그림 4-5 파이썬 홈페이지 Python 3.12버전 다운로드 파일 찾기

제미나이가 말한 대로 파이썬 안정화 버전 중 하나인 Python 3.12 찾아서 설치해 보자. 파이썬 홈페이지(https://www.python.org)에 접속하여 [Downloads] - [Windows]를 선택하자.

그림 4-5처럼 다운로드 가능한 다양한 버전의 다운로드 가능한 파이썬 버전들이 보여진다. 이중에서 가장 최근에 나온 3.12 버전을 찾아보자. 그림 4-5처럼 Python 3.12.9에서 윈도우 64bit 버전을 선택하자. 요즘 나오는 대부분의 컴퓨터는 64bit로 보면 된다.

파일을 다운 받고, 실행해 보자. 다운로드한 설치 파일을 실행하면 그림 4-6과 같은 화면이 나온다. 앞에서 제미나이가 주의를 줬던 Add python.exe to PATH를 꼭 체크하고, Install Now를 선택하자.

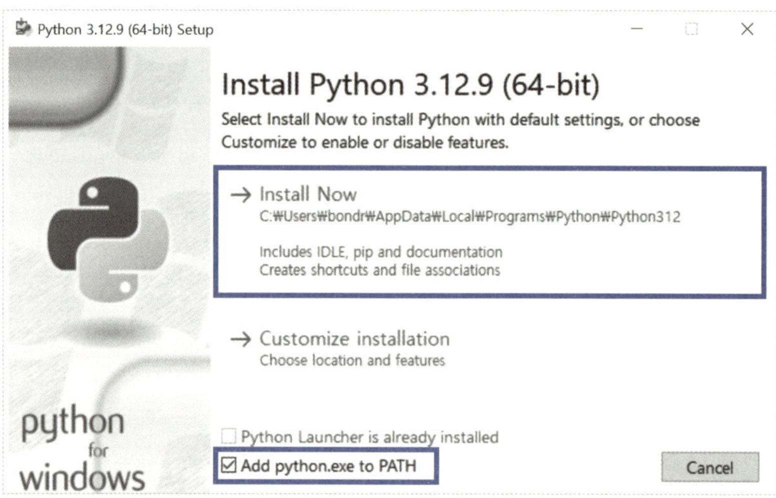

그림 4-6 파이썬 설치파일 실행 화면

설치가 끝나면 윈도우 파워쉘을 실행해 보자. 윈도우 화면의 좌측 하단에 찾기란에서 PowerShell을 검색해서 실행하면 된다.

파워쉘을 실행하고 명령어로 `python --version`이라고 입력해 보자. 그림 4-7처럼 우리가 설치한 파이썬 버전이 출력되면 성공이다.

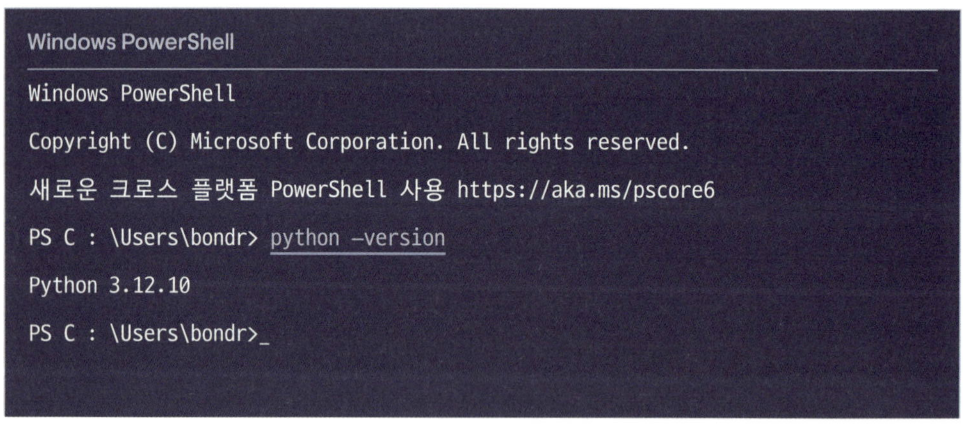

그림 4-7 파워쉘에서 파이썬 버전 확인하기

AI를 활용하는 스마트한 주식투자

구글의 안티그래비티 설치하기

안티그래비티란 무엇인가?

안티그래비티 **Antigravity**는 우리말로 반중력을 뜻한다. 우주선이 중력을 이기고 지구 밖으로 탈출하듯이 코딩의 부담을 덜고 아이디어를 자유롭게 구현하게 한다는 의미이다. 그동안 프로그래밍이라는 작업은 마치 중력처럼 우리를 붙잡아두는 수많은 제약들이 존재했다. 복잡한 환경 설정, 툭하면 발생하는 에러, 지루하게 반복되는 코드 작성은 이런 제약들 중에 극히 일부이다. 구글은 2025년 11월, 이 제약을 뛰어넘어 개발자가 오직 창조에만 집중할 수 있도록 돕는 AI 도구를 출시했는데 이것이 바로 구글의 안티그래비티이다.

안티그래비티는 단순한 코딩 보조 도구가 아니다. 이것은 에이전트 중심으로 설계된 새로운 통합 개발 환경이다. 기존의 파이썬 개발도구들도 높은 확장성을 통해 뛰어난 기능을 제공해주기는 하지만 단순히 코드 자동완성 정도에 그쳤다. 하지만 안티그래비티는 내 명령을 듣고 스스로 계획을 세워 코드를 작성하고, 실행하고, 심지어 에러가

나면 스스로 고치기까지 하는, 마치 유능한 AI 직원을 고용한 것과 같다. 사용자는 그저 **"재무비율을 다운로드 해줘"**라고 말만 하면 안티그래비티가 필요한 라이브러리를 설치하고, 파일을 만들고, 코드를 짜서 결과물을 눈앞에 내놓는다.

안티그래비티를 사용할 때 유의해야 할 점들이 있다.

첫째, 보안 문제이다. 안티그래비티가 명령을 수행하기 위해서는 작성된 코드와 데이터가 구글의 클라우드 서버로 전송되어 처리되는 경우가 있다. 따라서 실제 사용하는 은행 계좌의 비밀번호나 보안카드 번호 같은 민감한 개인 정보를 코드에 직접 적거나 파일로 업로드해서는 안 된다. 우리는 공개된 재무 데이터 위주로 실습을 진행할 것이므로 큰 문제는 없지만 좀 더 고도화된 작업을 할 때는 이 점을 항상 염두에 둬야 한다.

둘째, 복잡한 프로그램 개발의 한계가 분명 존재한다. 안티그래비티는 우리가 진행할 데이터 수집이나 분석, 차트 그리기와 같은 명확한 작업에는 매우 뛰어난 성능을 보여준다. 하지만 수만 줄의 코드가 얽혀 있는 대규모 스마트폰 앱이나 복잡한 웹 서비스를 구축할 때는 AI가 전체 맥락을 놓치거나 오류 낼 가능성이 높다. 하지만 우리가 목표로 하는 금융 데이터 분석과 종목 발굴은 안티그래비티면 충분히 수행할 수 있는 영역이다.

 ## 안티그래비티 설치하기

안티그래비티 홈페이지(https://antigravity.google)에 접속하자.

홈페이지 첫 화면의 [Download]를 클릭한다.

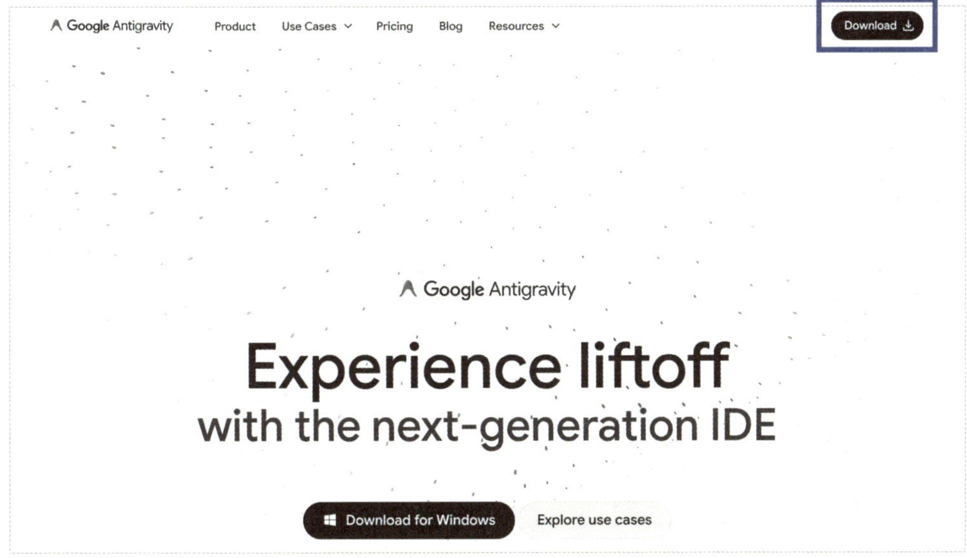

그림 4-8 안티그래비티 홈페이지

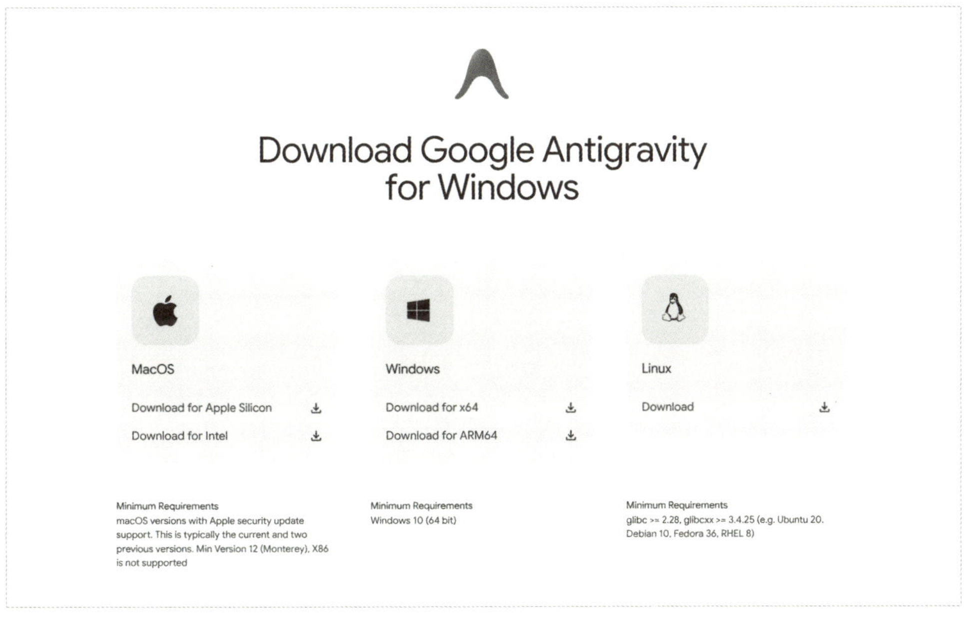

그림 4-9 안티그래비티 다운로드 화면

각자 PC 사양에 맞는 버전을 다운로드한다. 파일을 실행해서 안내를 따라 클릭만 하면 쉽게 설치된다. 안티그래비티 역시 구글 계정만 있다면 별도의 비용 없이 무료로 시작할 수 있다. 구글은 더 많은 사용자가 AI 에이전트와 파이썬의 강력한 시너지를 경험할 수 있도록 진입 장벽을 낮추어 생태계를 확장하고 있기 때문이다.

프로그램을 실행하면 그림 4-10과 같은 화면이 나타난다. 보통의 파이썬 IDE와 다른 점은 Agent라는 부분의 채팅창이다. 이 채팅창에 원하는 바를 입력하면 AI가 알아서 모든 작업을 수행한다.

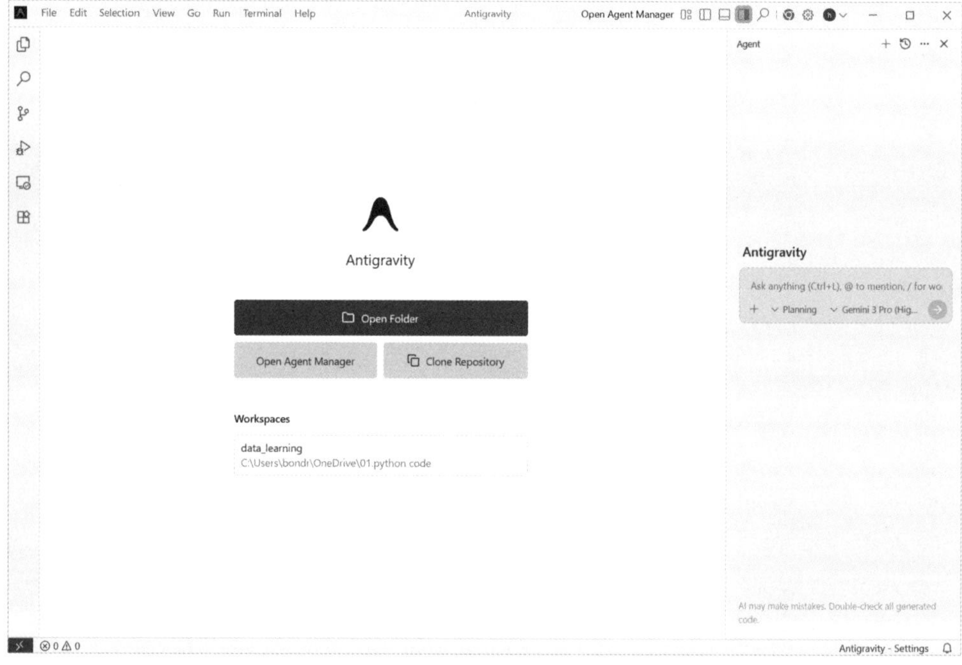

그림 4-10 안티그래비티 실행 첫화면

AI를 활용하는 스마트한 주식투자

04

안티그래비티를 이용해
재무데이터 가져오기

안티그래비티 실행 전
새폴더 만들기

안티그래비티 실행에 앞서 작업할 폴더(폴더명: financial_data_anti)를 만들어 보자. 작업하기 편한 위치에 만들면 되고 폴더의 위치를 잘 기억해 두자.

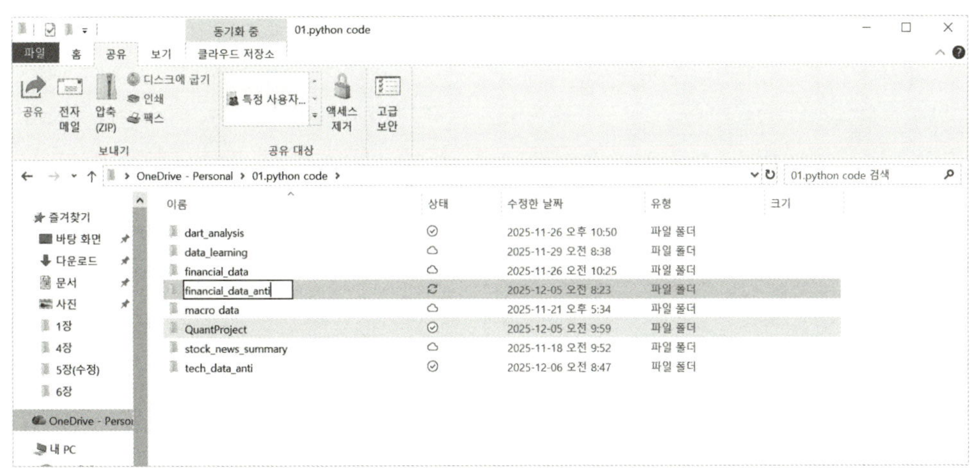

그림 4-11 안티그래비티 실행 전 새폴더 만들기

그리고 그림 4-10의 안티그래비티 첫 화면에서 [Open Folder]를 클릭하고 새로 만들어 놓은 폴더를 지정한다.

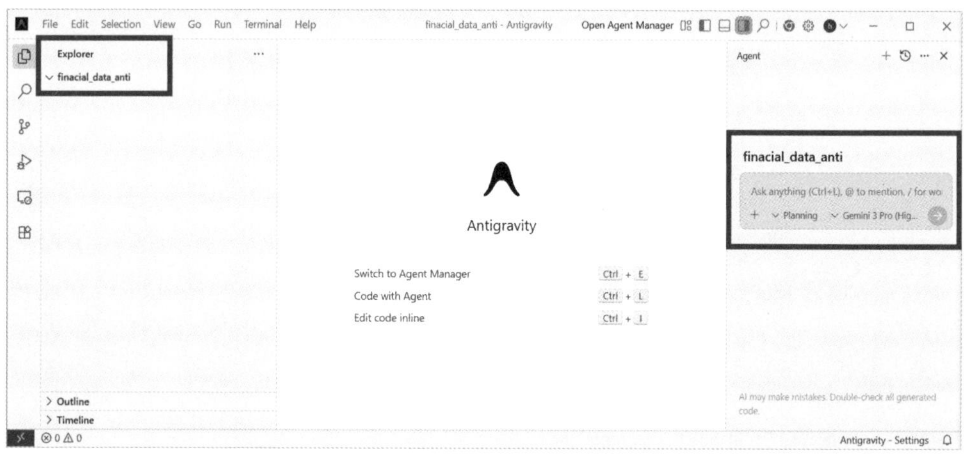

그림 4-12 안티그래비티 실행 화면

좌측에 Explorer 항목과 우측 채팅창 상단에 새로운 폴더명이 나타난다.

이 채팅창에 원하는 바를 입력하면 안티그래비티가 스스로 계획을 수립하고 코드를 작성한다. 안티그래비티의 화면 가운데 부분에서 실제 계획을 구성하고 코드가 작성된다. 작성된 파일은 화면 좌측 파일명 아래 자동으로 저장된다.

기업 재무데이터 다운받기

바이브코딩을 위한 환경설정을 마쳤으니 이제는 안티그래비티가 분석에 필요한 데이터를 수집할 차례이다. 현재 우리는 양질의 금융 및 경제 데이터를 손쉽게 확보할 수

  AI를 활용하는 스마트한 주식투자

있는 환경에 있다. 특히, 한국은 공공데이터 개방 시스템이 잘 구축되어 있어 전자공시시스템DART, 증권거래소KRX, 한국은행ECOS 등에서 손 쉽게 금융 데이터를 얻을 수 있다. 또한 미국 증권거래위원회SEC, 연준의 경제 지표FRED 등 해외 중요 데이터 역시 인터넷을 통해 접근 가능하다.

이러한 데이터를 내 컴퓨터로 가져오기 위해 필요한 핵심 개념이 바로 API[Application Programming Interface]이다. API는 사용자가 서버에 원하는 데이터를 요청하면 이를 확인하고 해당 데이터를 가져다 주는 매개체 역할을 한다. 즉, 파이썬 코드를 통해 API에 특정 기업의 과거 매출액 데이터를 보내 달라고 요청하면 API가 해당 데이터를 찾아 반환해 주는 방식이다.

웹사이트에 직접 접속해 파일을 다운로드하는 방식은 반복적이고 비효율적이다. 반면 API를 활용하면 수천 개 종목의 데이터를 자동으로 수집하고 축적하여 나만의 데이터베이스를 구축할 수 있다. 우리는 다양한 데이터 소스 중 금융감독원 전자공시시스템인 DART부터 활용해 볼 것이다. DART는 기업의 재무제표와 사업보고서 등 투자의 기초가 되는 핵심 정보를 포함하고 있어 데이터 수집의 첫 단계로 가장 적합하다.

전자공시시스템에서 API 신청하기

금융감독원의 전자공시시스템은 기업의 재무데이터를 공짜로 제공해 주지만 데이터에 접근하기 위해서는 회원가입 후 API 신청 절차가 필요하다.

DART의 오픈 API 홈페이지(https://opendart.fss.or.kr)에 접속하자.

먼저 회원가입 후 로그인 하자. 그림 4-13의 [인증키 신청/관리]에서 [인증키 신청]을 클릭하자. 약관과 개인정보 수집에 동의하고, 그림 4-14에서 보이는 인증키 신청 내용을 입력하자. API 사용환경은 모두를 선택하고, API 사용용도는 개인투자 분석과 학습용, 확인 URL은 비워두면 된다. 그런 다음 가장 하단에 등록을 클릭하자.

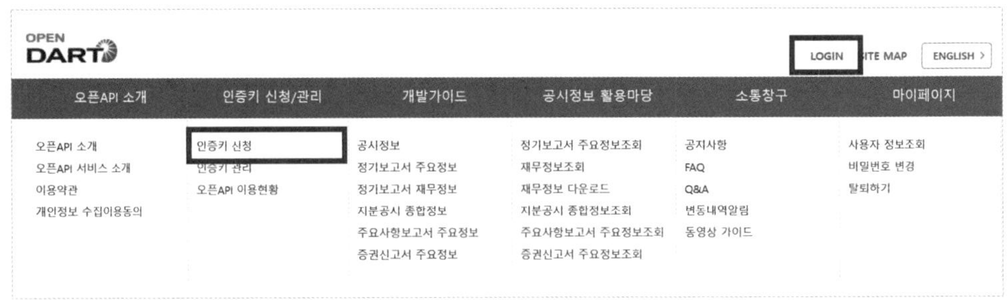

그림 4-13 전자공시시스템 API키 신청 화면 ①

인증키 신청		
사용자 구분 *	◉ 개인 ○ 기업	
이메일 *	[ ] 중복확인	
비밀번호 *	[ ]	(비밀번호는 영문자, 숫자, 특수문자를 반드시 포함하여 8~14자리로 입력)
비밀번호확인 *	[ ]	

공통정보		
API 사용환경 *	◉ 웹 ○ 앱 ○ 모두	
API 사용용도 *	[ ]	
확인 URL	[ ]	예) https://opendart.fss.or.kr/

그림 4-14 전자공시시스템 API키 신청 화면 ②

등록을 하면 바로 API key가 발급된다. 그림 4-13의 화면에서 [인증키 신청/관리] - [오픈API 이용현황]을 클릭하면 API Key값이 그림 4-15처럼 알파벳과 숫자로 이루어진 긴 문자열로 나타난다.

    AI를 활용하는 스마트한 주식투자

그림 4-15 전자공시시스템 API키 신청 화면 ③

API Key 값은 개인 고유의 값이므로 함부로 노출되지 않도록 주의하자. 이 값을 메모장에 잘 복사해 놓자.

안티그래비티로 재무 데이터 가져오기

안티그래비티 채팅 창에 다음과 같이 입력해 보자.

> **PROMPT** 전자공시시스템을 통해서 삼성전자 주요 재무정보 10년치의 자료를 엑셀로 다운 받고, 표로 나타내 줘. Dart API는 별도 파일에 입력하도록 구성해 줘.

채팅창에 입력하면 스스로 생각하면서 목표 달성을 위한 계획부터 작성을 시작한다. 계획과 방법론이 완성되면 실제 필요한 라이브러리를 직접 설치하고, 파일을 만들기 시작하고, 실행까지 알아서 해결해준다.

안티그래비티의 기본 언어는 영어로 되어 있다. 영어가 불편하면 그림 4-16처럼 한국어로 표시해달라고 하면 필요한 부분은 한국어로 번역해 준다. 그리고 파일을 수정하거나 새로 만들 경우 우리에게 이런 변경을 해도 되는지 승인을 요청한다. 그림 4-16 채팅 창 위에 [Accept all]을 클릭해 승인한다.

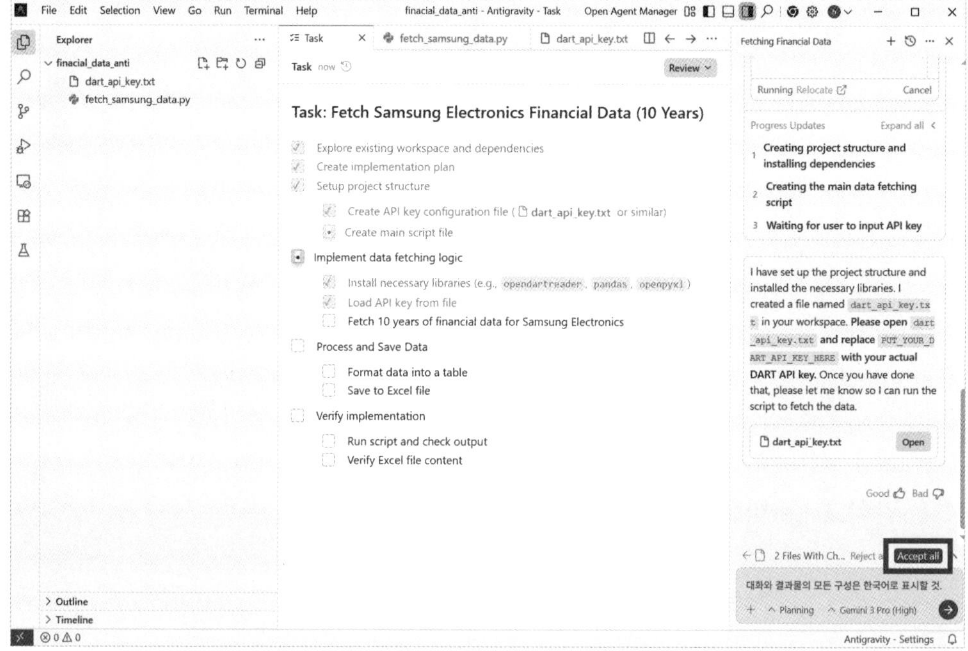

그림 4-16 안티그래비티로 재무정보 가져오기

대화창에 입력하는 것만으로 이미 두 개의 파일 생성이 완료되었다.

그 다음 우리가 해야 할 일은 그림 4-17처럼 dart_api_key.txt 파일을 클릭하고 PUT_
YOUR_DART_API_KEY_HERE를 지우고, 앞서 저장해 놓은 전자공시시스템의 API를
붙여넣고, 저장하는 것이다. 그런 다음 채팅 창에 **"다시 실행해"**라고 명령 해보자.

  AI를 활용하는 스마트한 주식투자

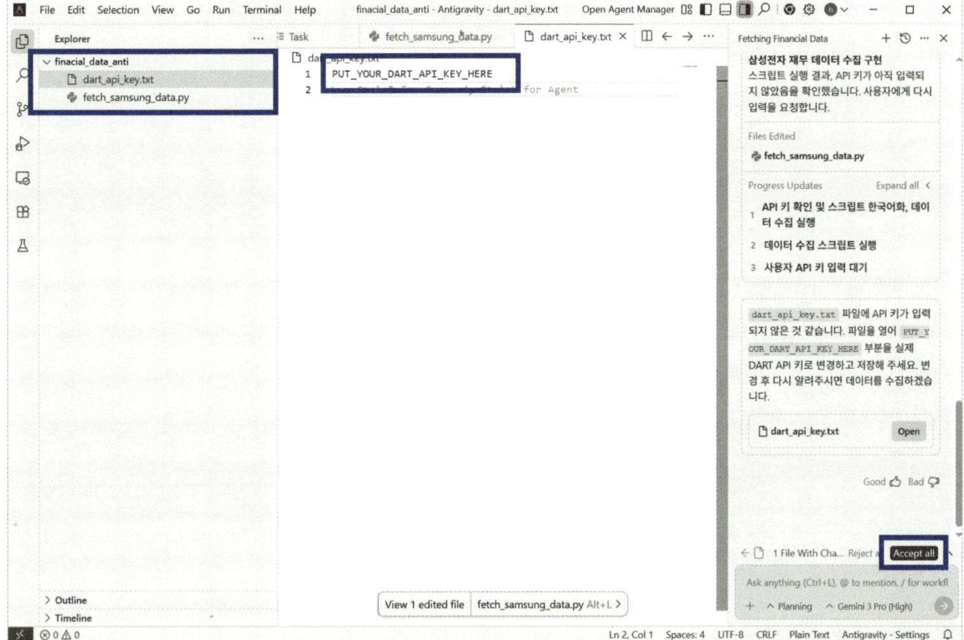

그림 4-17 안티그래비티 API 입력하기

몇 분 지나지 않아 자료가 완성됐다는 알림이 오고, 결과물을 엑셀로 나타내 준다. 안티그래비티에서는 엑셀을 바로 실행해서 볼 수가 없다. 직접 폴더를 열어서 파일을 실행해서 봐야 하는데 좀 번거롭다. 다시 채팅창에 다음을 입력해 보자.

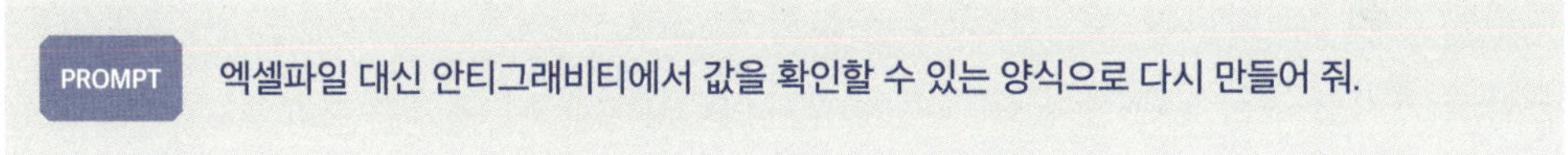

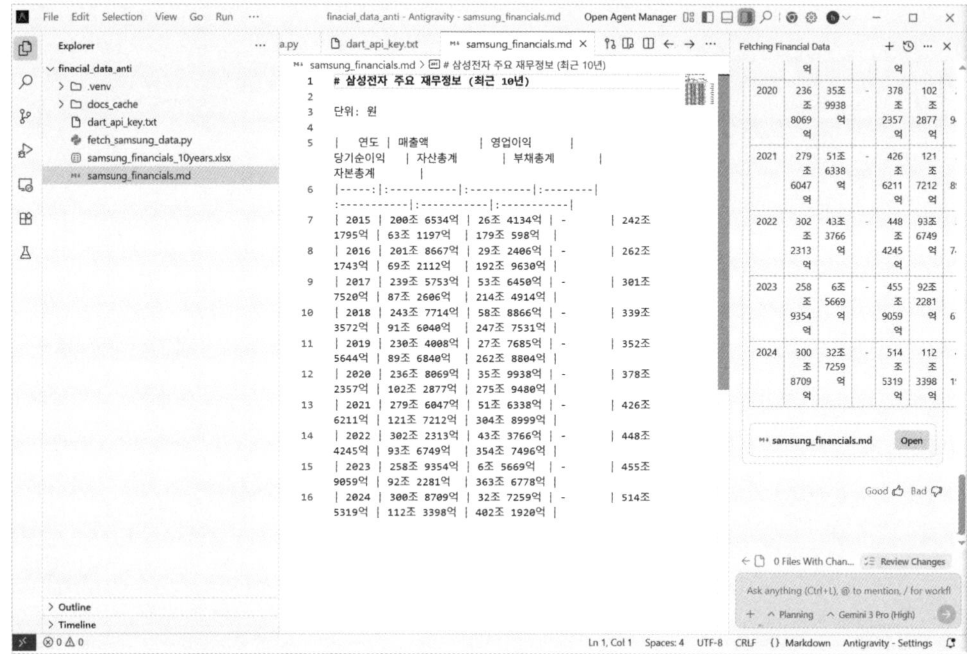

그림 4-18 안티그래비티 삼성전자 재무정보 다운로드 실행완료 화면

그럼 그림 4-18처럼 안티그래비티에서 바로 확인할 수 있게 수정해서 보여준다.

어떤가? 너무 간단하지 않은가? 아직 처음이어서 생소한 느낌이 들겠지만 이 과정을 직접 파이썬에 코드를 짜고 디버깅하고 직접 실행하려면 상당한 지식이 필요하다. 하지만 안티그래비티가 파일을 직접 생성하고, 오류를 수정하여 제대로 된 결과를 도출할 때까지 스스로 작동한다. 우리가 금융데이터를 이용해 다양한 정보를 처리하는 데 장벽이 사라진 느낌이다.

다음 장에서는 본격적으로 이 기능을 이용해 주식 종목 선정을 해보자.

AI를 활용하는 스마트한 주식투자

05

구글의 안티그래비티를 이용한

종목 선정

안티그래비티를 이용해
주식투자 종목 찾기

그럼 이제 주식투자를 위해 어떤 종목을 골라야 할까? 종목 분석에 대한 내용은 앞 장에서 많이 다뤘지만 수많은 주식들 중에 어떤 기준에 따라 종목을 선정하고 분석을 진행해야 할지는 아직 다루지 않았다. 많은 주식 책들은 종목을 스캔하는 방법까지 설명해 주지 않는다. 이 영역은 코드를 어느 정도 이해해야 가능하기 때문이다. 하지만 우리는 이제 안티그래비티를 이용해 종목에 대한 조건을 넣고, 수많은 종목들 중에서 원하는 종목을 찾아볼 수 있다.

가치주 투자 전략 :
저PER, 저PBR 종목 찾기

상대가치 평가법은 평가 대상 기업을 동종 산업 내 유사한 기업들과 비교하여 상대적인 가치를 평가하는 방법이다. 주로 주가수익비율PER이나 주가순자산비율PBR을 사용하는데 이 비율들은 기업의 저평가 정도를 판단할 수 있는 근거를 제시해 준다. 저평가된 종목을 찾아 매수한 뒤 적정가치까지 주가가 오르면 매도하는 전략을 가치주 투자전략이라고 한다. PER과 PBR에 대해 알아보고 안티그래비티를 이용해 저평가된 종목을 찾아보자.

주가수익비율(PER, Price Earning Ratio)

PER은 현재 주가가 주당순이익 EPS의 몇 배인지를 나타내는 지표로 기업의 수익성 대비 주가 수준을 판단하는 데 사용된다.

$$PER = \frac{주가}{주당순이익(EPS)} = \frac{시가총액}{당기순이익}$$

주당순이익 EPS: Earning Per Share은 당기순이익을 발행주식수로 나눠서 구한다.

PER은 기업이 현재 벌어들이는 수익 대비 주가가 몇 배로 거래되는지 알려주는 지표다. 따라서 낮은 PER은 기업이 벌어들이는 이익에 비해 주가가 상대적으로 저렴하다는 것을 의미하며 저평가된 것으로 해석될 수 있다. 높은 PER은 시장이 해당 기업의 미래 성장 가능성을 높게 평가하고 있다는 신호로 성장주에서 흔히 나타난다.

동종 업종의 평균 PER이나 경쟁사의 PER과 비교하여 상대적인 고평가 또는 저평가 여부를 판단한다. 예를 들어, 유통업 평균 PER이 14.09배일 때 특정 기업의 PER이 2.98배라면 상당한 저평가된 상태로 판단할 수 있다.

주가순자산비율(PBR, Price to Book-value Ratio)

주가수익비율이 기업의 이익 가능성에 초점을 맞추었다면 주가순자산비율은 기업의 자산가치에 중점을 두고 가치를 분석한 지표이다.

PBR은 현재 주가가 주당순자산[BPS]의 몇 배인지를 나타내는 지표로 기업의 자산가치 대비 주가 수준이 어느 정도인지 측정해준다.

$$PBR = \frac{주가}{주당순자산(BPS)} = \frac{시가총액}{순자산(자본총계)}$$

보통 순자산을 기업이 청산하면 받을 수 있는 금액, 즉 청산가치로 본다. 현재 자산을 다 팔아서 얻을 수 있는 가치보다 현재 주가가 낮을 수는 없기 때문에 PBR은 1보다 커야 하지만, 시장의 기대로 이루어진 주가는 이보다 낮은 경우도 많다. 특히 금융주나 지주회사들의 PBR은 1보다 낮은 상태에서 오랫동안 거래되어 왔다.

PBR 역시 업종별 비교 혹은 기업별 비교를 통해 저평가된 기업을 찾을 수 있다.

 안티그래비티를 이용해 종목 찾기

우리는 저PER, 저PBR 종목을 찾고 싶다. 거기에 수익성이 좋고, 재무구조도 안정된 종목이면 더 좋다. 이 정도 생각만 가지고 일단 제미나이에 간단하게 프롬프트를 요청해보자. 이 프롬프트를 복사해서 안티그래비티에 붙여 넣을 예정이다. 다음의 사항을 요청해 보자. 대략적인 뜻만 전달되면 제미나이가 알아서 프롬프트를 작성해 준다.

> **PROMPT** 코스피200 종목과 코스닥50 종목의 기업 중 업종별 PER, PBR 대비 저평가된 종목을 찾기 위해 코드를 작성할 예정이야. 크롤링하면 부정확하므로, DART를 통해서 재무자

료를 가져와. 이중에서 ROE가 높고, 부채비율은 낮은 조건을 설정하고, PER, PBR이 낮은 종목을 찾아 상위 10개 종목을 선정해 줘. 각 항목별 수치들도 일목요연하게 결과로 도출해 줘. 이 작업을 안티그래비티에 전달하기 위한 프롬프트를 작성해 봐.

여기서 크롤링이란 웹상의 값을 긁어와서 붙여 넣는 것을 의미하는데 이런 정보들은 부정확한 경우가 많다. 따라서 가장 정확하게 전자공시시스템에서 기초자료를 가져와 직접 계산하는 것이 좋다. 과거에는 이 작업 자체가 너무 번거로웠는데 이제는 AI가 알아서 해준다.

안티그래비티(AntiGravity) 전용 프롬프트

[역할 부여] 너는 지금부터 전문 퀀트 개발자이자 데이터 분석가야. 파이썬을 사용하여 한국 주식 시장의 저평가 우량주를 발굴하는 전체 파이프라인을 구축하고 실행해 줘.

[목표] KOSPI 200과 KOSDAQ 50 구성 종목을 대상으로, 재무 건전성이 뛰어나면서도 (고ROE, 저부채), 가치 대비 저평가된(저PER, 저PBR) 상위 10개 종목을 선별하여 리포트하라.

[실행 단계 및 요구사항]

1. 환경 설정 및 라이브러리

- 필요한 라이브러리(`OpenDartReader`, `FinanceDataReader`, `pandas` 등)를 스스로 판단하여 설치하고 가상환경을 구성하라.

- 중요: 웹 크롤링 방식은 부정확하므로 배제하고, 반드시 DART(전자공시시스템) 공식 API를 연동하여 신뢰할 수 있는 재무 데이터를 가져와라.

- DART API 키(API Key)는 코드를 작성한 후 나에게 입력받도록 `input()` 함수

로 처리하거나, 환경 변수에서 불러오도록 구성하라.

2. 대상 종목 선정

- FinanceDataReader 등을 활용하여 KOSPI 200과 KOSDAQ 50 지수에 포함된 최신 종목 리스트(티커)를 확보하라.

3. 데이터 수집 및 가공 (DART & 주가)

- 확보된 종목들의 최신 사업보고서(또는 분기보고서) 기준 재무 데이터를 DART에서 호출하라.

- 각 종목의 현재 주가를 실시간 또는 최근 종가 기준으로 수집하라.

- 다음 4가지 핵심 지표를 계산하라:
    - ROE (자기자본이익률): (지배주주순이익 / 자본총계) * 100
    - 부채비율: (부채총계 / 자본총계) * 100
    - PER (주가수익비율): 현재 주가 / 주당순이익(EPS)
    - PBR (주가순자산비율): 현재 주가 / 주당순자산(BPS)

- 참고: EPS와 BPS가 DART 데이터에 없다면, 순이익과 자본총계를 발행주식수로 나누어 직접 계산하라.

4. 필터링 및 스코어링 로직 (중요)

- 1차 필터 (건전성): 업종별 특성을 무시할 수 없으므로, 전체 종목 중 ROE는 상위 30% 이내이고, 부채비율은 200% 이하인 종목만 남겨라.

- 2차 필터 (저평가): 1차 필터를 통과한 종목 중에서 (PER * PBR) 값이 가장 낮은 순서대로 정렬하라. (그레이엄의 저평가 기준 응용)

5. 결과 도출

- 최종 선별된 상위 10개 종목을 pandas DataFrame 형태로 깔끔하게 출력하라.
- 출력 컬럼: [종목명, 종목코드, 현재가, 업종, ROE(%), 부채비율(%),

PER, PBR]
● 코드 실행 중 발생하는 데이터 누락이나 API 호출 오류(에러)에 대한 예외 처리
를 확실하게 하여 멈추지 않고 진행되도록 하라.

이렇게 단계적으로 잘 구성해 준다. 내용을 확인하고 그대로 안티그래비티에 붙여 넣자. 폴더는 이전에 삼성전자 재무자료를 분석했던 곳에서 바로 진행하면 된다.

채팅창에 그대로 입력하면 스스로 생각하여 방법론을 계획하고, 실행까지 진행한다. 가끔씩 요청하는 물음에 [accept] 버튼을 눌러주면 그림 5-1의 저평가 종목 선정 결과가 도출된다.

저평가 우량주 Top 10 (KOSPI 200 & KOSDAQ 50)

종목명	종목코드	현재가(원)	업종	ROE(%)	부채비율(%)	PER	PBR
현대차	005380	254,500	30121	11.00	182.52	3.94	0.43
DN오토모티브	007340	24,200	28202	14.66	130.61	4.45	0.65
HMM	011200	19,980	50112	13.58	21.51	4.98	0.68
기아	000270	112,300	30121	17.51	66.11	4.49	0.79
효성	004800	126,800	649	19.34	73.33	4.38	0.85
에스엘	005850	40,300	303	15.93	54.30	4.90	0.78
금호타이어	073240	5,670	221	18.46	181.54	4.63	0.86
SK텔레콤	017670	53,500	61220	11.73	158.00	8.28	0.97
강원랜드	035250	18,060	91249	11.76	21.04	8.46	0.99
오리온	271560	106,000	108	14.92	20.55	7.86	1.17

참고: 업종 컬럼은 DART API의 업종 코드로 표시되었습니다.

그림 5-1 안티그래비티에서 저PER, 저PBR 종목 찾기

AI를 활용하는 스마트한 주식투자

저평가 상위 종목들 중에 상당수가 자동차 업종으로 나타난다. 자동차업종은 분명히 현재 돈을 잘 벌고, 재무구조도 튼튼하지만 미래에 대한 기대가 낮기 때문에 주가가 낮을 가능성이 높다. 따라서 투자자는 AI가 발굴한 저평가 우량주들이 일시적 소외를 겪어 매수할 기회인지, 산업변화로 인한 미래의 불확실성 때문에 기초적으로 주가가 낮은 것인지 구분할 필요가 있다.

이를 위해 2장에서 배웠던 제미나이의 딥리서치를 이용하면 된다.

# 배당주 투자 전략 :
고배당수익률 및 배당성장 종목 찾기

주식투자라고 하면 주로 저평가된 종목을 매수하여 주가가 상승했을 때 매도하는 '가치 투자'나, 미래 성장성이 높은 기업을 발굴하여 큰 시세 차익을 노리는 '성장주 투자'를 떠올린다. 자본 차익을 얻는 것이 주식투자의 주된 목표이기 때문이다.

하지만 주식투자의 매력은 시세 차익에만 있는 것이 아니다. 높은 자본 차익의 불확실성 대신, 다소 낮은 수익률을 감수하더라도 안정적인 현금 흐름을 확보하는 전략도 존재한다. 마치 은행 예금에서 이자를 받거나 부동산에서 월세를 받는 것과 비슷하다. 이것이 바로 배당주 투자이다.

배당주 투자는 배당을 꾸준히 지급하는 기업의 주식을 매수하여 주가 상승에 따른 자본 이익과 함께 안정적인 배당 수익을 동시에 추구하는 투자 전략이다. 배당주에 투자하게 되면 주가 변동과 관계없이 정기적으로 현금이 들어와 투자 포트폴리오의 안정성을 높여준다. 또한 주식 시장이 좋지 않을 때도 배당 수익이 손실의 일부를 만회해주는 완충 역할을 해줘 하락장에서 수익률을 방어해 주기도 한다. 받은 배당금을 다시 같은 주식에 재투자하면 시간이 지남에 따라 복리효과를 볼 수도 있다.

배당은 기업이 벌어들인 수익 중에서 비용을 제하고 남은 당기순이익에서 주주에게 배분하는 금액을 의미한다. 좋은 배당주를 고르기 위한 핵심지표로 시가배당률과 배당성향이 있다.

시가배당률은 전년도 배당금을 현재 주가로 나눠서 계산한다. 현재 주가에 한 주를 샀을 때 배당금이 얼마인지를 직접 계산하는 방법이다. 일반적으로 은행 예금금리보다는 높아야 매력적이라 판단한다.

$$시가배당률 = \frac{전년도\ 1주당\ 배당금}{현재\ 주가}$$

또한 시가 배당률은 주식 가격이 변하면 계속 변화한다. 주가가 크게 하락하면 시가배당률이 높아지고, 주가가 오르면 낮아진다. 안정적인 배당수익을 얻기 위해서는 적정한 투자 타이밍을 잡는 것도 중요하다.

배당성향은 기업이 벌어들인 당기순이익 중 얼마를 주주에게 배당금으로 지급하는지를 나타내는 비율이다. 배당성향이 너무 높으면 기업의 성장을 위한 재투자가 부족하다는 신호일 수 있고, 너무 낮으면 주주환원에 인색하다고 볼 수 있다.

배당은 연속성과 성장성이 중요하다. 단순히 한 해 배당을 많이 준 기업보다 수년간 꾸준히 배당을 지급했는지, 배당금이 점차 증가하고 있는지를 살펴봐야 한다. 이는 기업의 이익이 안정적이고 주주환원 정책이 일관됨을 보여주기 때문이다.

배당주 선정을 위한 프롬프트 작성을 제미나이에 요청해보자.

 코스피 전 종목 중에서 투자하기 좋은 배당주를 선정하는 방법을 프롬프트로 작성해 줘.

 **배당주 선정 마스터 프롬프트**

아래 내용을 복사하여 Gemini 채팅창에 붙여넣기 하세요.

Markdown

당신은 월스트리트에서 20년 이상의 경력을 가진 '배당 투자 전문 펀드매니저'입니다. 현재 시점을 기준으로 한국 코스피(KOSPI) 시장의 전 종목을 분석하여, 투자하기 가장 적합한 '고배당 우량주' TOP 10을 선정해 주세요.
선정 시에는 반드시 아래의 [엄격한 선정 기준]을 모두 충족해야 합니다.

[엄격한 선정 기준]

1. **시가 배당률 (Dividend Yield):** 최근 주가 기준 연 4% 이상일 것.

2. **배당 성향 (Payout Ratio):** 20% 이상 80% 미만일 것. (이익을 너무 적게 나누지도, 무리하게 나누지도 않는 구간)

3. **배당 지속성 (Sustainability):** 최근 3년 이상 배당금을 삭감하지 않고 유지하거나 증액(Dividend Growth)했을 것.

4. **재무 건전성 (Fundamentals):**
   ○ 최근 2년 연속 영업이익 흑자 기업일 것.
   ○ 부채비율(Debt-to-Equity Ratio)이 200% 미만인 안정적인 기업일 것.

5. **밸류에이션 (Valuation):** PBR(주가순자산비율)이 1.0배 미만으로 저평가된 기업을 우대할 것.

[출력 형식]

선정된 10개 종목에 대해 아래 양식에 맞춰 표(Table)와 분석 리포트로 작성해 주세요.

1. **요약 테이블:**

   | 종목명 | 티커(코드) | 현재 주가 | 예상 배당수익률 | 배당성향 | PBR |

2. **종목별 상세 분석:**

   각 종목에 대해 다음 내용을 포함하여 3줄 이내로 핵심만 요약해 주세요.
   - **선정 이유:** 위 기준 중 어떤 점이 매력적인지 (예: 안정적 현금흐름, 주주환원 정책 강화 등)
   - **리스크 요인:** 투자 시 유의해야 할 점 (예: 산업 업황 둔화, 금리 영향 등)

   정보는 최신 데이터를 검색하여 반영해 주세요.

이 프롬프트를 복사해 안티그래비티에 붙여 넣자.

그림 5-2처럼 배당수익률, 배당성향, 부채비율, 최근 3년간 배당금 추이까지 파악해 10개의 배당주를 선정했다. 조건들을 바꿔가며 다양한 방법으로 종목을 찾아볼 수 있다.

Top 10 고배당주 선정 결과

선정 종목 수를 10개로 늘려서 다시 스캔했습니다. (PBR 제외)

순위	종목명	코드	현재가 (원)	배당수익률 (%)	배당성향 (%)	부채비율 (%)	최근 3년 배당금 (22→23→24)
1	무학	033920	8,580	7.58	26.6	19.0	230 → 230 → 520
2	영보화학	014440	5,050	6.93	45.3	10.8	50 → 50 → 350
3	현대엘리베이터	017800	93,500	6.42	56.1	166.2	500 → 4,000 → 5,500

4	진양폴리	010640	3,975	6.29	79.1	75.4	200 → 250 → 250
5	지엠비코리아	013870	4,025	6.21	26.5	120.8	80 → 150 → 250
6	KPX케미칼	025000	52,900	6.14	25.6	25.6	3,055 → 3,333 → 3,611
7	세아특수강	019440	16,370	6.11	43.2	100.7	1,000 → 1,000 → 1,000
8	진양홀딩스	100250	3,345	5.98	44.1	51.2	200 → 200 → 200
9	SNT홀딩스	036530	60,000	5.92	37.4	32.8	700 → 800 → 1,600
10	SJM홀딩스	025530	3,850	5.84	29.2	22.3	150 → 225 → 225

결과는 dividend_kospi_top10.xlsx파일로 저장되었습니다.

그림 5-2 안티그래비티로 배당주 찾기

성장주 투자 전략 :
높은 매출 / 이익 성장 종목 찾기

성장주 투자는 기업의 현재 가치보다 앞으로의 성장 가능성에 주목하여 투자 수익을 내는 전략이다. 당장의 장부상 수치나 낮은 가격에 집중하기보다는 시장을 압도하는 혁신과 이익의 확장성에 주목한다. 비록 현재의 주가가 다소 비싸 보이더라도, 기업이 보여줄 미래 성장 속도가 그 가격을 정당화할 수 있다면 과감히 투자를 집행하는 것이 이 전략의 핵심이다. 성장주 투자자 중 가장 성공한 인물로 꼽히는 피터 린치의 종목 선정 조건을 살펴보고, 이를 실전 투자에 직접 적용해 보자.

피터린치는 월가의 영웅으로 불리며 마젤란 펀드를 운용하는 13년 동안 단 한 번도 마이너스 수익률을 기록하지 않고 연평균 29.2%라는 경이적인 수익을 올린 성장주 투자의 대가다. 그는 주가가 10배 오르는 종목을 뜻하는 10루타 Tenbagger라는 용어를 유행

시켰다. 그의 철학은 "생활 속에서 발견하라"는 것으로 요약된다. 그는 복잡한 첨단 기술주보다 던킨 도너츠나 타코벨처럼 우리가 일상에서 쉽게 접하고 이해할 수 있는 소비재 기업 중에서 폭발적으로 성장하는 주식을 발굴해냈다.

피터 린치의 종목 선정 기준은 무작정 성장하는 기업이 아니라, 성장에 비해 주가가 싼 기업을 찾았다. 그의 기준은 다음과 같다.

- **PEG 비율**주가수익성장비율 : 린치가 가장 중요하게 본 지표다. PER을 이익성장률로 나눈 값으로, 이 수치가 1 미만이면 회사의 성장 속도에 비해 주가가 저평가된 것으로 본다. 이 값이 0.5에 가까울수록 좋다. 예를 들어 PER이 20배라도 매년 이익이 40%씩 성장한다면 PEG는 0.5가 되어 강력한 매수 신호가 된다.

- **적절한 PER 수준** : 그는 PER이 40~50배에 달하는 고밸류의 인기 주식은 피했다. 대개 PER 25배 이하이면서 산업 평균보다 낮은 기업을 선호했다.

- **재고자산의 관리** : 매출이 늘어나는 속도보다 재고가 쌓이는 속도가 빠르다면 위험 신호다. 매출 성장률이 재고 자산 증가율보다 높은 기업을 건강한 성장주로 보았다.

- **지루하고 따분한 이름** : 린치의 독특한 기준 중 하나다. 쓰레기 처리, 장례 서비스 같이 사업 내용이 따분하거나 회사 이름이 지루해서 월스트리트의 엘리트들이 쳐다보지 않는 기업 중에 실적이 탄탄하게 성장하는 알짜 기업이 숨어있다고 보았다.

피터린치의 종목도 안티그래비티를 이용해 찾을 수 있다.
먼저 관련 프롬프트를 제미나이에 요청해 보자.

전자공시시스템에서 재무자료를 다운 받아 코스피 전체 종목 중에서 피터린치가 선호하는 종목을 찾기 위한 코드를 작성하고 싶어. 이를 위한 프롬프트를 작성해 줘.

AI를 활용하는 스마트한 주식투자

 Gemini

이번에는 월가의 영웅 피터 린치(Peter Lynch)의 투자 철학을 파이썬 코드로 구현하기 위한 프롬프트입니다.

피터 린치 투자의 핵심은 "성장주를 합리적인 가격에 사는 것(GARP)"입니다. 이를 위해 가장 중요한 지표인 PEG 비율(주가수익성장비율)을 계산하는 로직이 코드에 반드시 포함되어야 합니다.

아래 프롬프트를 복사해서 AI에게 입력하면, 피터 린치 스타일의 종목 발굴 코드를 생성해 줄 것입니다.

[복사해서 사용할 프롬프트]

[역할 부여] 너는 지금부터 파이썬(Python)을 전문으로 다루는 퀀트 투자자이자 데이터 엔지니어야.

[목표] 전자공시시스템(DART)의 재무 데이터를 활용해, 한국 코스피(KOSPI) 시장에서 피터 린치(Peter Lynch)의 성장주 투자 기준에 부합하는 유망 종목을 발굴하는 파이썬 코드를 작성해 줘.

[필수 요구사항 & 라이브러리]

1. 라이브러리:
   - DART 데이터 수집: `OpenDartReader` (API Key는 `api_key` 변수로 분리)
   - 주가 및 종목 리스트 확보: `FinanceDataReader`
   - 데이터 처리: `pandas`

2. 대상 시장: KOSPI 전 종목 (단, API 호출 제한을 고려하여 상위 50개 종목으로 테스트할 수 있는 옵션이나 `time.sleep` 기능을 포함할 것).

3. 피터 린치의 핵심 스크리닝 로직 (알고리즘):
   - PEG 비율 계산 (핵심): PER / EPS 성장률 공식을 사용하여 PEG가 1 미만 (0.5에 가까울수록 좋음)인 종목을 찾을 것.
     - *PER: 현재 주가 / 최근 결산 EPS*

■ *EPS 성장률: (당기 EPS – 전기 EPS) / 전기 EPS * 100 (혹은 최근 3년 연평 균 성장률 CAGR 사용)*

    ○ 이익 성장성: 최근 1년(또는 3년 평균) EPS 성장률이 20% ~ 25% 이상인 종목. (지나치게 높은 50% 이상은 제외하는 조건도 주석으로 추가)

    ○ 재무 건전성: 부채비율이 50% 미만 (혹은 100% 미만)인 기업.

    ○ (선택 사항) 재고자산: 매출 증가율보다 재고자산 증가율이 낮은 기업을 우대하는 로직이 가능하다면 추가해 줘.

4. 예외 처리: 적자 기업(EPS가 마이너스)이거나 데이터가 없는 경우, API 호출 오류 발생 시 멈추지 않고 다음 종목으로 넘어가도록 try-except 구문을 적용해 줘.

5. 결과물:

    ○ 최종 선정된 종목들의 [종목명, 현재가, PER, EPS 성장률, PEG 비율, 부채비율]을 담은 데이터프레임을 출력해 줘.

    ○ 결과를 `lynch_growth_stocks.xlsx` 파일로 저장하는 코드를 포함해 줘.

[코드 작성 시 주의사항]

● 피터 린치 전략의 핵심은 PEG 비율이므로, 이 계산 로직이 정확하게 구현되어야 해.

● DART API의 호출 제한을 피하기 위해 루프 문에 적절한 대기 시간(`time.sleep`)을 넣어 줘.

● 코드의 각 단계마다 한글로 친절한 주석을 달아 줘.

피터 린치 코드 실행 전 체크리스트

● API 키 준비: DART 오픈 API 키가 필요합니다.

● PEG 비율의 이해: 코드가 생성되면 EPS 성장률을 어떻게 계산했는지 확인하세요. (전년 대비 성장률인지, 3년 평균인지에 따라 결과가 달라질 수 있습니다.)

● 데이터의 한계: 피터 린치는 "동네에서 볼 수 있는 기업", "지루한 이름의 기업"

등 정성적인 요소도 중시했습니다. 코드로 추출된 리스트(정량적 분석)를 바탕
으로, 여러분이 직접 그 기업이 어떤 비즈니스를 하는지 확인(정성적 분석)하는
과정이 꼭 필요합니다.

안티그래비티에 프롬프트를 복사해서 붙여 넣고 실행하면 다음의 결과를 얻을 수
있다.

안티그래비티

코스피 전 종목 스캔이 완료되었습니다! **피터 린치 전략(PEG < 1, 성장률 > 20%, 부채비율 < 50%)**
에 부합하는 상위 20개 종목은 다음과 같습니다. (PEG 낮은 순)

종목명	종목코드	현재가 (원)	PER	EPS 성장률 (%)	PEG	부채비율 (%)	EPS
NPC	004250	3,935	1.91	183.56	0.01	31.80	2,065
삼정펄프	009770	32,000	2.11	189.68	0.01	15.53	15,182
유니드비티플러스	446070	3,400	5.64	642.40	0.01	20.87	603
HMM	011200	20,100	5.01	290.44	0.02	21.51	4,010
영보화학	014440	4,945	4.39	278.37	0.02	10.79	1,128
유니드	014930	65,100	5.78	368.71	0.02	34.83	11,265
한컴라이프케어	372910	3,270	12.34	742.12	0.02	46.63	265
아모레퍼시픽홀딩스	002790	28,000	3.41	178.16	0.02	22.15	8,217
화천기계	010660	4,830	17.96	670.38	0.03	25.40	269
신라교역	004970	9,350	3.72	134.02	0.03	26.59	2,511

새론오토모티브	075180	3,245	6.43	190.90	0.03	12.31	505
CS홀딩스	000590	80,000	2.44	70.93	0.03	9.30	32,788
한국화장품제조	003350	49,800	9.76	217.75	0.04	47.24	5,105
LX홀딩스	383800	8,210	3.91	103.29	0.04	1.91	2,101
오리온홀딩스	001800	20,600	2.69	65.12	0.04	21.61	7,655
한국단자	025540	65,500	4.65	95.62	0.05	45.34	14,090
일신방직	003200	12,550	9.94	198.38	0.05	22.93	1,263
아모레퍼시픽	090430	124,000	12.06	246.01	0.05	27.37	10,286
현대코퍼레이션홀딩스	227840	12,500	2.69	46.78	0.06	23.54	4,648
미원에스씨	268280	138,800	12.72	193.30	0.07	26.03	10,913

전체 결과는 lynch_growth_stocks.xlsx 파일에 저장되어 있습니다.

그림 5-3 안티그래비티가 찾은 피터린치 종목들

가치 투자의 황제,
워렌 버핏 (Warren Buffett) 종목 따라하기

오마하의 현인이라 불리는 워렌 버핏은 설명이 필요 없는 가치 투자의 살아있는 전설이다. 그는 버크셔 해서웨이Berkshire Hathaway라는 지주회사를 이끌며 지난 50년 이상 연평균 20%에 달하는 경이로운 수익률을 기록했다. 버핏 투자의 핵심은 안전 마진과 경제적 진입장벽 개념이다. 그는 주가가 기업의 본질적 가치보다 쌀 때 사서, 시장이 그 가치를 알아줄 때까지 보유하는 것을 목표로 한다. 시장이 폭락하는 상황에서도 절대 무너지지 않는 성과 같은 기업을 찾는 것이 그의 방식이다.

AI를 활용하는 스마트한 주식투자

워렌 버핏이 선호하는 기업은 숫자로 명확하게 증명된다. AI에게 종목 발굴을 요청할 때 다음의 지표를 핵심 조건으로 제시해야 한다.

- **높은 자기자본이익률**[ROE] : 기업이 주주의 돈을 얼마나 효율적으로 굴리는지를 보여주는 지표다. 버핏은 최근 3~5년 동안 ROE가 꾸준히 15% 이상을 유지하는 기업을 선호한다. 이는 기업이 불황에도 돈을 버는 체력을 갖췄다는 증거다.

- **낮은 부채 비율** : 빚이 많은 기업은 금리 인상이나 경기 침체 같은 외부 충격에 취약하다. 따라서 부채비율이 50% 미만이거나, 장기 부채가 순이익의 3~4배를 넘지 않는 재무적으로 건전한 기업을 찾는다.

- **강력한 잉여현금흐름**[FCF] : 장부상 이익이 아니라 실제로 기업의 통장에 꽂히는 현금이 중요하다. 매출액 대비 잉여현금흐름 비율이 높고, 이 현금이 꾸준히 증가하는 기업은 주주에게 배당을 주거나 재투자할 여력이 충분하다.

- **경제적 진입장벽** : 수치로 표현하기 어렵지만 가장 중요한 조건이다. 브랜드 파워, 독점적 지위, 높은 전환 비용 등으로 인해 경쟁자가 쉽게 넘볼 수 없는 사업 구조를 가진 기업이어야 한다.

이 조건을 충족하는 코스피 종목을 찾기 위한 코드를 요청해보자. 안티그래비티에 위 조건을 직접 입력해도 되지만 좀 더 명확히 하기 위해 제미나이에 프롬프트 작성을 요청해 보자.

전자공시시스템에서 재무자료를 다운 받아 코스피 전체 종목 중에서 워렌버핏이 선호하는 종목을 찾기 위한 코드를 작성하고 싶어. 이를 위한 프롬프트를 작성해 줘.

전자공시시스템(DART)의 방대한 데이터를 활용해 워렌 버핏의 투자 철학(높은 ROE, 낮은 부채비율 등)을 만족하는 코스피 종목을 자동으로 추출하는 파이썬 코드 생성용 프롬프트입니다. 이 프롬프트는 AI(제미나이, ChatGPT 등)에게 "OpenDartReader"

라이브러리를 활용하도록 구체적으로 지시하여, 실제 실행 가능한 코드를 얻을 수 있도록 설계되었습니다.

[복사해서 사용할 프롬프트]

[역할 부여] 너는 지금부터 파이썬(Python)을 활용한 금융 데이터 분석 전문가이자, 퀀트 투자 개발자야.

[목표] 대한민국 전자공시시스템(DART)에서 제공하는 재무 데이터를 API로 불러와, KOSPI 상장 기업 중 워렌 버핏의 가치투자 기준을 충족하는 종목을 필터링하는 파이썬 코드를 작성해 줘.

[필수 요구사항 & 라이브러리]

1. 라이브러리: `OpenDartReader` 라이브러리를 사용하여 데이터를 수집해 줘. (API Key는 사용자가 직접 입력할 수 있도록 변수 처리할 것: `api_key = YOUR_API_KEY`)

2. 대상 시장: 한국거래소(KRX)의 KOSPI 시장 전 종목을 대상으로 해 줘. (`FinanceDataReader` 등을 활용해 종목 리스트를 먼저 확보하는 과정 포함)

3. 워렌 버핏의 스크리닝 기준 (조건식):
   - 수익성: 최근 결산 기준 ROE(자기자본이익률)가 15% 이상일 것.
   - 안정성: 최근 결산 기준 부채비율이 50% 미만일 것.
   - 현금흐름: (데이터 확보가 가능하다면) 영업활동현금흐름이 순이익보다 클 것. (만약 API로 이 데이터 호출이 복잡하다면, 영업이익률 10% 이상으로 대체)
   - 저평가 여부(선택): PBR(주가순자산비율)이 1.5배 미만인 조건도 옵션으로 포함해 줘.

4. 오류 처리: API 호출 시 발생할 수 있는 오류(호출 횟수 제한, 상장폐지 종목 등)에 대한 예외 처리(Try-Except) 구문을 넣어줘.

5. **결과 출력**: 최종 선정된 종목의 [종목명, 종목코드, 현재가, ROE, 부채비율, PBR]을 데이터프레임(DataFrame) 형태로 정리하고, 엑셀 파일(`buffett_kospi_picks.xlsx`)로 저장하는 코드까지 작성해 줘.

6. **주석**: 각 코드 블록마다 어떤 역할을 하는지 상세한 한글 주석을 달아 줘.

[코드 작성 시 주의점]

- DART API는 하루 호출 횟수 제한이 있으므로, 불필요한 반복 호출을 줄이는 효율적인 로직으로 짜 줘.
- 재무제표 데이터는 가장 최근 연도(2024년)의 사업보고서를 기준으로 가져오도록 설정해 줘.

프롬프트 부분만 복사해서 안티그래비티에 붙여 넣자. 입력창에 붙여넣으면 스스로 알아서 생각하고, 방법론을 찾고, 계획을 구성한 후 코드 작성에 들어간다. 안티그래비 실행 중에 그림 5-4처럼 수락할지 물어보는 경우들이 발생한다. 중요한 파일의 실행이나 삭제를 해야 되는 경우 사용자에게 미리 허락을 요청한다. 대부분의 경우 [Accept]를 눌러주면 된다.

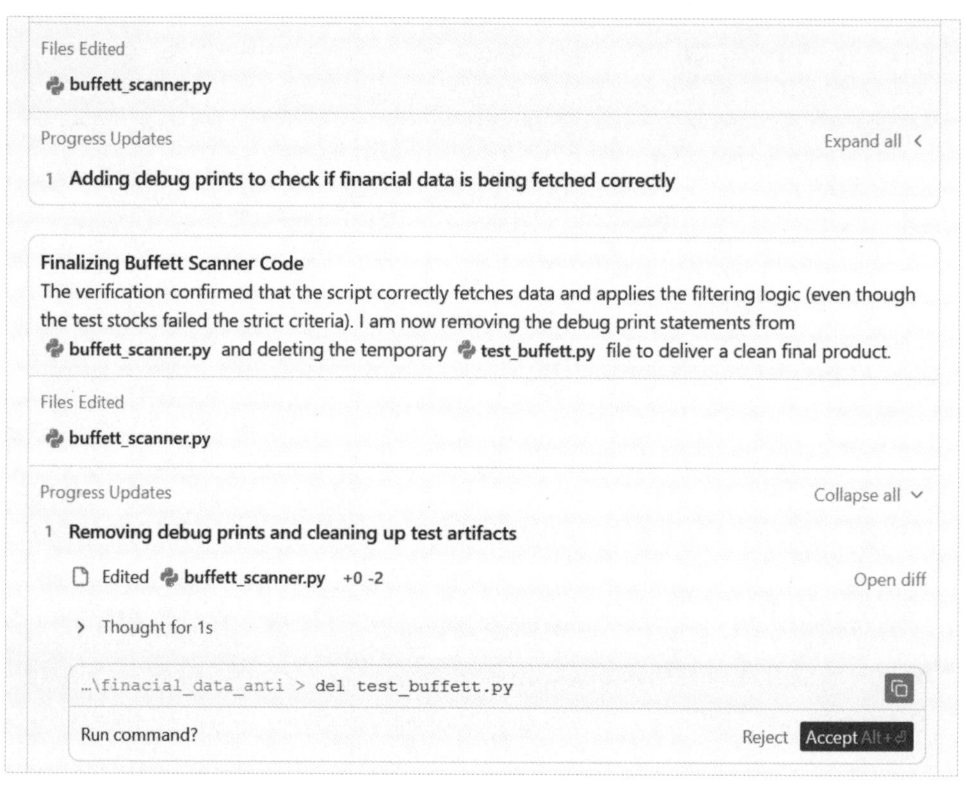

그림 5-4 안티그래비티 실행 중 요청 사항

코드 작성이 끝나면 그림 5-5처럼 실행 방법을 알려준다. 직접 터미널을 열어 명령어를 입력해도 되지만, 안티그래비티 채팅창에 간단히 '실행해'라고 입력해도 된다.

AI를 활용하는 스마트한 주식투자

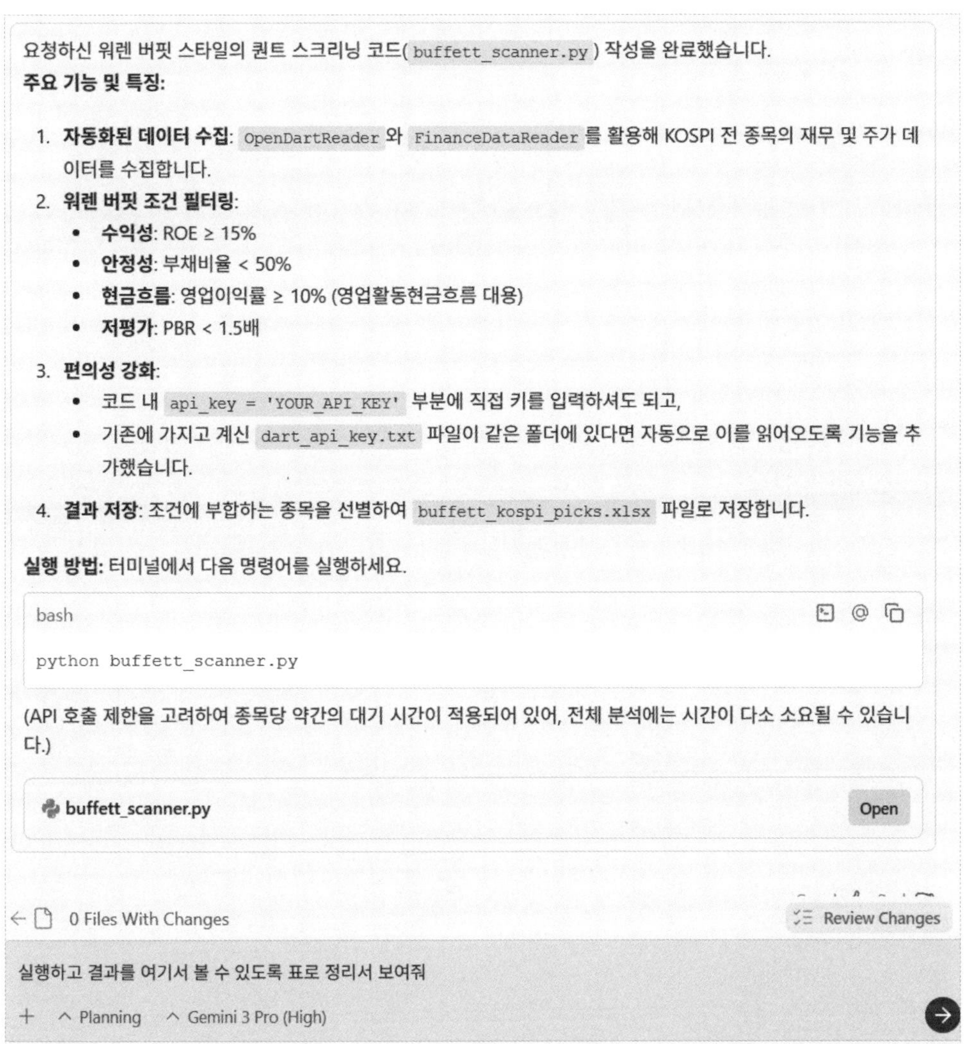

그림 5-5 안티그래비티를 이용해 워렌버핏 종목 찾기

그림 5-6의 결과는 코스피와 코스닥 전종목을 대상으로 찾은 결과이다. 코스피 종목으로만 했을 때 수가 너무 적어서 코스닥까지 확대해 보았다. 이번에는 종목수가 많고, 원하는 계산 값이 다소 복잡해 시간은 오래 걸렸다. 하지만 이제는 정말 쉽게 상장 주식 모두를 비교해볼 수 있다.

안티그래비티

종목명	종목코드	현재가(원)	ROE(%)	부채비율(%)	영업이익률(%)
브이티	018290	19,580	43.21	49.40	25.69
제룡전기	033100	35,000	40.63	22.92	37.24
비올	335890	12,500	36.75	10.40	61.97
동운아나텍	094170	31,300	34.71	38.59	12.63
한국화장품제조	003350	49,450	31.17	47.24	15.85
에이유브랜즈	481070	19,290	30.99	37.33	27.87
아이패밀리에스씨	114840	14,910	30.92	33.60	16.42
블랙야크아이앤씨	478560	3,670	30.63	39.82	22.02
HD현대마린솔루션	443060	186,700	29.47	48.96	15.57
한미반도체	042700	116,100	28.22	31.43	45.69
아스테라시스	450950	14,340	27.25	25.92	23.11
티앤엘	340570	49,700	27.07	14.96	32.57
솔디펜스	215090	2,520	26.81	17.49	13.94
이크레더블	092130	17,970	26.36	21.28	33.18
감성코퍼레이션	036620	6,640	26.02	37.23	16.36
에스앤디	260970	68,900	25.03	36.67	17.32
인피니트헬스케어	071200	5,860	24.68	28.52	13.68
넥스틴	348210	75,700	24.38	20.41	41.31
원텍	336570	7,420	22.96	40.31	30.18
파크시스템스	140860	224,000	22.78	45.98	22.01

(상위 20개만 표시했습니다. 전체 목록은 buffett_scan_checkpoint.csv 또는 완료 후 buffett_kospi_picks. xlsx 에서 확인 가능합니다.)

그림 5-6 안티그래비티가 찾은 워렌버핏 종목들

지금까지 안티그래비티를 이용해 유망 종목을 선별하는 과정을 살펴보았다. 이렇게 도출된 리스트 중 관심 있는 기업을 골라 제미나이의 딥리서치나 NotebookLM으로 다각도 검증을 거친다면 더욱 정교한 투자 판단이 가능해질 것이다.

지금까지 AI를 활용해 장기적 관점의 우량주를 발굴하는 기본적 분석의 시간이었다면 6장에서는 기술적 분석으로 종목을 선정하고, 자동으로 매매하는 방법을 알아볼 것이다.

실전 금융 데이터 시각화

상세 프롬프트 9선

안티그래비티를 활용해 기본적인 그래프를 그리는 법과 이를 응용할 수 있는 상세 프롬프트들을 심층적으로 다뤄볼 차례이다. 그래프 작성뿐만 아니라 도출된 시각화 자료에 대해 안티그래비티에게 데이터의 의미까지 해석해 달라고 요청하면 분석의 완결성을 높일 수 있다.

안티그래비티를 이용한 그래프 그리기

2장에서 보여줬던 거시경제지표 경제성장률, 금리, 환율, 물가상승률 그래프를 AI에게 그려달라고 요청을 하면 생각보다 그래프가 정교하지 않고 실제 수치와 미묘하게 다른 경우가 종종 발생한다. 이는 생성형 AI의 작동 방식에 기인한다. AI는 기본적으로 웹 검색을 통해 수집한 값을 기반으로 그래프를 그린다. 그러나 인터넷 기사나 웹페이지에 산재한 수치는 부정확한 경우가 많으며, 무엇보다 데이터의 공백이 발생하면 AI가 임의로 보간법 Interpolation 을 사용하여 빈칸을 채워 넣는다. 투자 판단의 근거가 되어야 할 데이터의

AI를 활용하는 스마트한 주식투자

정확성을 담보할 수 없게 되는 것이다.

이 문제를 해결하기 위해서 전자공시시스템DART API를 통해 기업 데이터를 가공 없이 가져왔던 것처럼 거시경제 데이터 또한 원천 소스에서 직접 가져와야 한다. 다행히 우리나라와 미국의 공신력 있는 기관들은 방대한 금융 데이터를 API 형태로 무료 제공한다. 우리는 파이썬을 이용해 이 데이터에 직접 접근함으로써 누락이나 왜곡 없는 순수한 데이터를 확보할 수 있다.

한국은행ECOS과 미 연방준비은행 경제데이터FRED의 API 키만 발급받으면 양질의 데이터 확보가 가능하다. API 키만 확보하면 그 다음은 안티그래비티가 모두 알아서 만들어 낸다.

한국은행(ECOS) API 인증키 가져오기

한국은행 OPEN API 사이트(https://ecos.bok.or.kr/api/#/)에 접속하자.

그림 5-7 한국은행 OPEN API 서비스 신청화면

그림 5-7의 하단에 [OPEN API 인증키 신청]을 클릭하면 핸드폰 본인 확인을 거쳐 API 인증키를 발급해 준다. 인증키는 홈페이지 우측 상단의 [MyPage]에서도 확인 가능한다. 공개되지 않게 잘 보관해 놓자.

⌀ 미 연방준비은행 경제데이터(FRED) API Key 가져오기

세인트루이스 연방준비은행 사이트(https://fred.stlouisfed.org/)에 접속하자.

그림 5-8의 우측 상단에 사람모양 아이콘을 클릭하여 계정을 생성하자. 계정생성이 완료되면, 같은 아이콘을 누르면 그림 5-9처럼 하단에 [API Keys]라는 항목이 생긴다. 여기를 클릭하자.

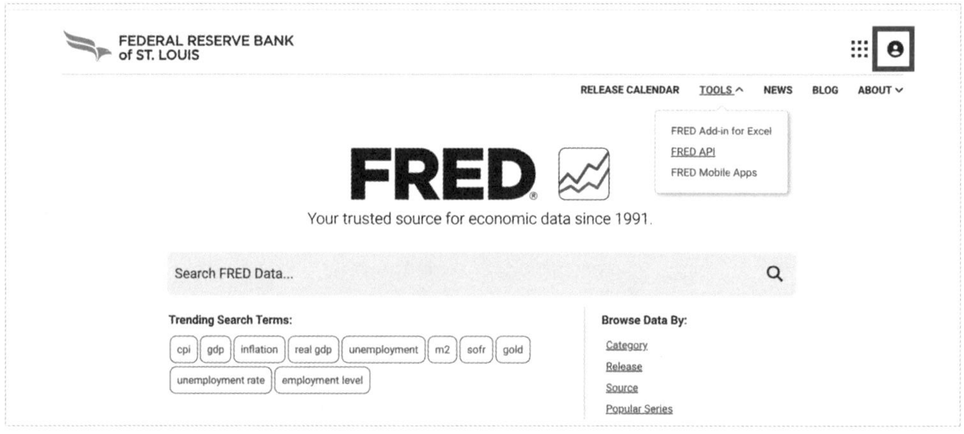

그림 5-8 세인트루이스 연방준비은행 홈페이지

AI를 활용하는 스마트한 주식투자

API Key관련 페이지가 나오고 [+Request API key]를 클릭하면 인증키가 생성된다.

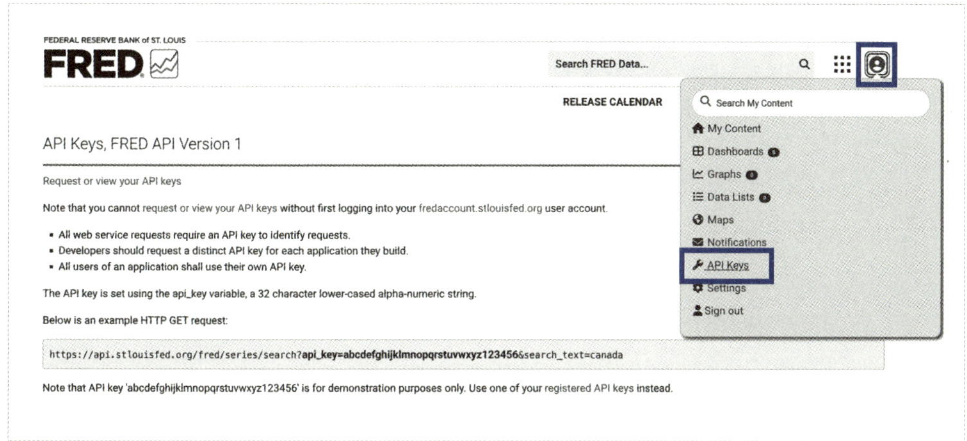

그림 5-9 세인트루이스 연방준비은행 홈페이지

〽️ 안티그래비티를 이용해 그래프 그리기

안티그래비티에 새로운 폴더를 만들고 직접 다음과 같이 요청하자.

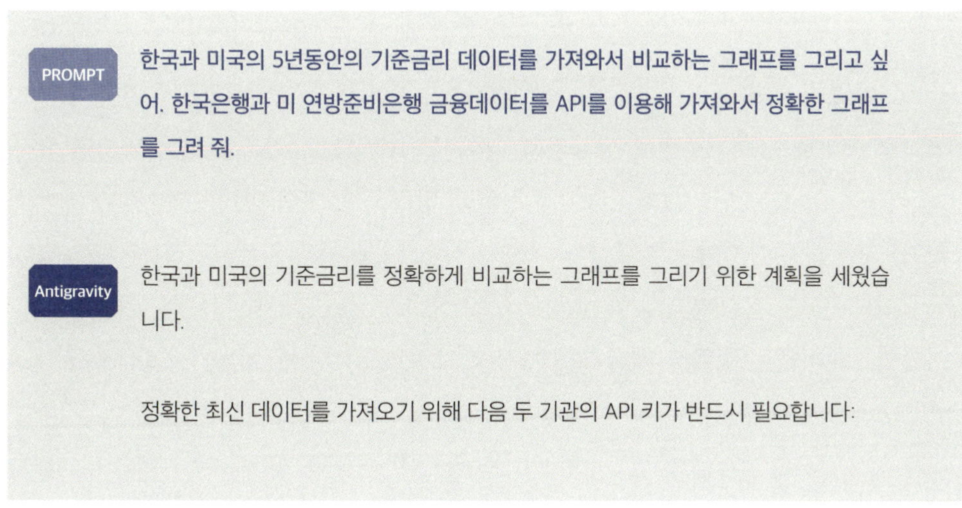

1. **한국은행 (ECOS):** 기준금리 조회를 위해 필요합니다.

2. **미 연방준비은행 (FRED):** 미 연준 기준금리(Federal Funds Rate) 조회를 위해
   필요합니다.

API 키를 채팅창에 입력해주시거나, 키가 저장된 파일이 있다면 알려주세요.
(만약 키가 없으시다면, 임의의 샘플 데이터를 사용하여 예시 그래프를 그려드릴 수도
있습니다. 어떻게 진행할까요?)

Implementation Plan

Open

Proceed

Plan to fetch and plot 5-year interest rate comparison between Korea (BOK) and
US (FRED).

안티그래비티에 다음을 입력한다.

PROMPT **API Key를 입력할 파일을 이 폴더에 만들어주면 직접 복사해서 넣을게, 플랜을 진행
하자.**

그럼 API Key 입력 파일이 생성되고, 앞에서 받아놓은 인증키를 붙여 넣으면 된다.
인증키를 붙여 넣고 안티그래비티에게 실행을 명령하자. 그럼 안티그래비티가 알아서
코드를 구성해서 실행까지 완료한다.

안티그래비티는 정확한 데이터를 가공해 그림 5-10처럼 보기 좋은 그래프를 그려
준다.

   AI를 활용하는 스마트한 주식투자

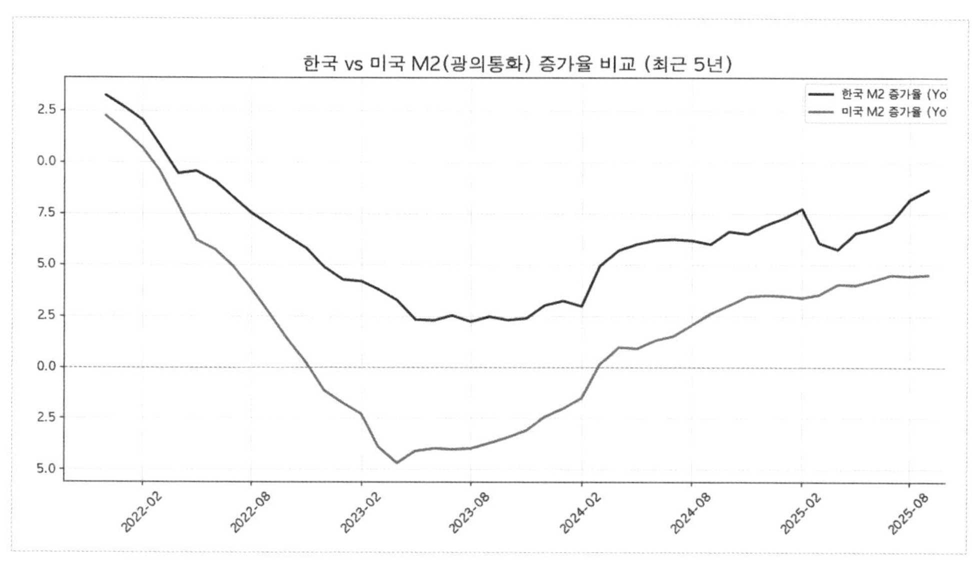

그림 5-10 한미 기준금리 추이 그래프

이제 원하는 금융데이터를 시각화하기 위해서 큰 노력을 기울일 필요가 없다. 안티그래비티에 물가상승률 추이, 한국은행 M2 추이 등을 그려달라고만 하면 된다.

여러가지 그래프를 요청해 보자. 2장의 거시경제지표 그래프도 모두 이 방법을 통해서 작성된 것이다. 만약 한국은행이나 FRED에 데이터가 없다면 안티그래비티가 다른 방법을 제안해 준다. 한국증권거래소나 야후 파이낸스 사이트를 통해 가져오기도 하는데 이 사이트는 API를 따로 발급받을 필요 없이 데이터를 가져와 코드를 실행할 수 있다. 이제 애널리스트들이 작성하는 그래프를 누구나 쉽고 빠르게 그려볼 수 있다. 이 방법을 각자의 업무에 응용하면 생산성을 크게 향상시킬 수 있을 것이다!

인플레이션과
통화 정책의 상관관계 (Macro)

미국 소비자물가지수(CPI)의 전년 대비(YoY) 증감률 데이터와 미 연준(Fed)의 기준 금리(Effective Federal Funds Rate) 추이를 최근 15년간의 시계열 그래프로 시각화 해줘. CPI는 선 그래프로, 기준금리는 계단식 그래프로 표시하고, 두 지표 간의 시차 (Lag)를 명확히 볼 수 있도록 이중 축(Dual Axis)을 사용해 줘. 물가 급등 시기에 금리 가 얼마나 신속하게 반응했는지 분석하고 싶어.

● 결과 :

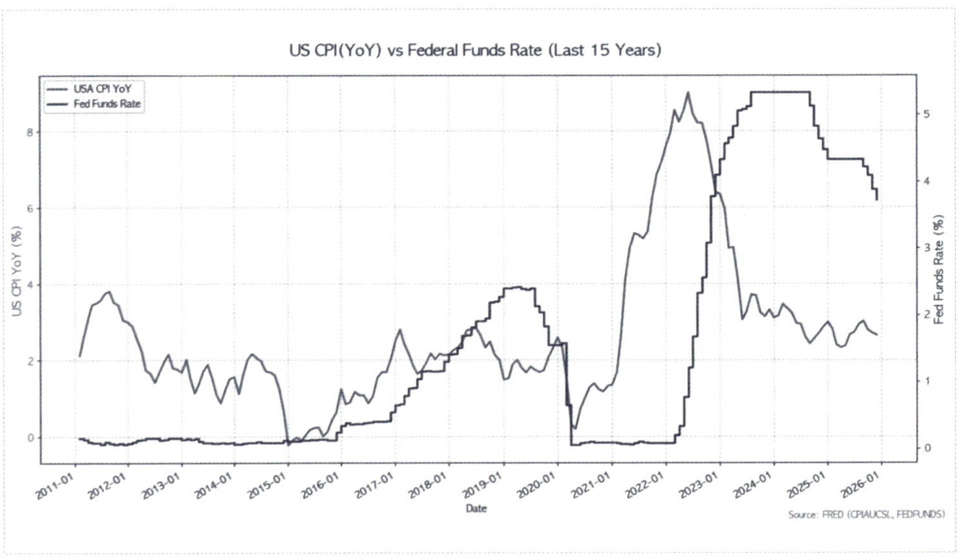

그림 5-11 미국 소비자물가 상승률과 미국의 기준금리 추이

인플레이션과 금리 정책 (미국 CPI vs Fed Rate)

● **현황** : 지난 15년간의 인플레이션 급등과 연준의 급격한 금리 인상 사이클이 시각화되었습 니다. CPI가 고점을 찍고 둔화되는 과정에서 연준의 금리 인상이 멈추거나 인하로 전환되

AI를 활용하는 스마트한 주식투자

는 시점은 시장의 주요 전환점이 되어왔습니다.

● **시사점** : 현재 인플레이션은 안정화 단계에 접어들었으며 고금리 장기화에 따른 피로도가 누적되는 구간입니다.

유동성과 증시의 동행성 분석(Liquidity)

한국은행(BOK)에서 제공하는 M2 통화량(평잔) 데이터와 코스피(KOSPI) 지수의 월간 종가 데이터를 2010년부터 현재까지 하나의 차트에 그려 줘. 통화량 증가 속도와 증시 상승폭의 상관관계를 보기 위해 각 데이터를 정규화(Normalization)하거나 로그 스케일(Log Scale)을 적용해 줘. 유동성이 정점을 찍고 꺾이는 지점과 증시의 고점 사이의 연관성을 파악하는 것이 목적이야.

● 결과 :

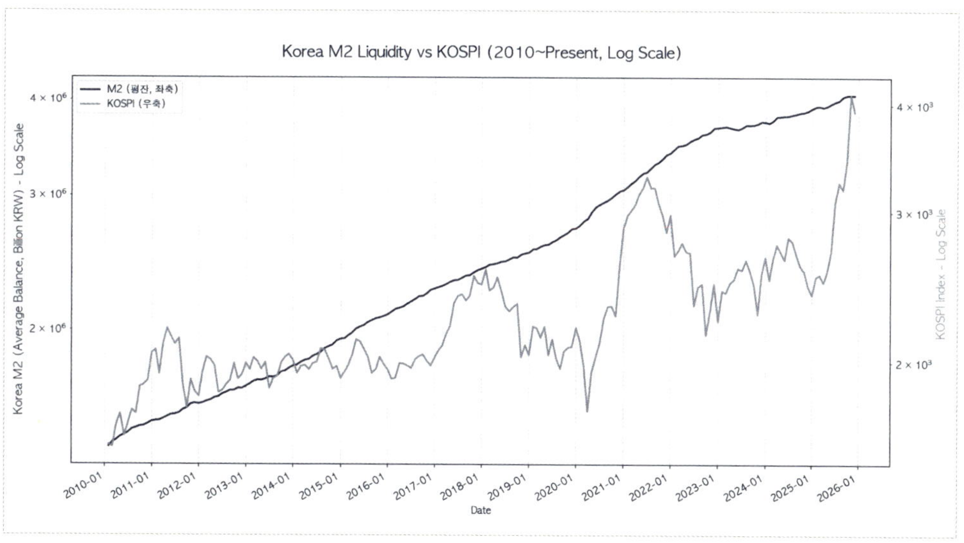

그림 5-12 한국M2와 코스피 지수 비교

유동성과 주식 시장 (한국 M2 vs KOSPI)

- **현황** : 2010년 이후 한국 M2^{광의 통화} 통화량의 우상향 추세와 KOSPI 지수는 장기적으로 동행합니다.

- **시사점** : 유동성 공급이 지속되는 한 시장 하단은 지지되지만 KOSPI가 M2 증가율을 크게 상회했을 때는 고점 징후가 뚜렷했습니다. 현재 지수가 M2 추세선 대비 어디에 위치했는지로 고평가 여부를 판단할 수 있습니다.

환율 변동과 외국인 수급의 함수 (Currency)

PROMPT

최근 3년간 원/달러 환율(KRW/USD) 추이와 코스피 시장에서의 외국인 투자자 일별 순매수 합계 데이터를 시각화해 줘. 환율은 우측 축에 역순(Inverted)으로 표시하여 원화 가치 상승 시 그래프가 위로 가게 설정하고, 외국인 순매수는 막대 그래프로 하단에 배치해 줘. 환율이 특정 임계값(예: 1,350원)을 넘었을 때 외국인 자금 이탈이 가속화되는지 확인하고 싶어.

- **결과 :**

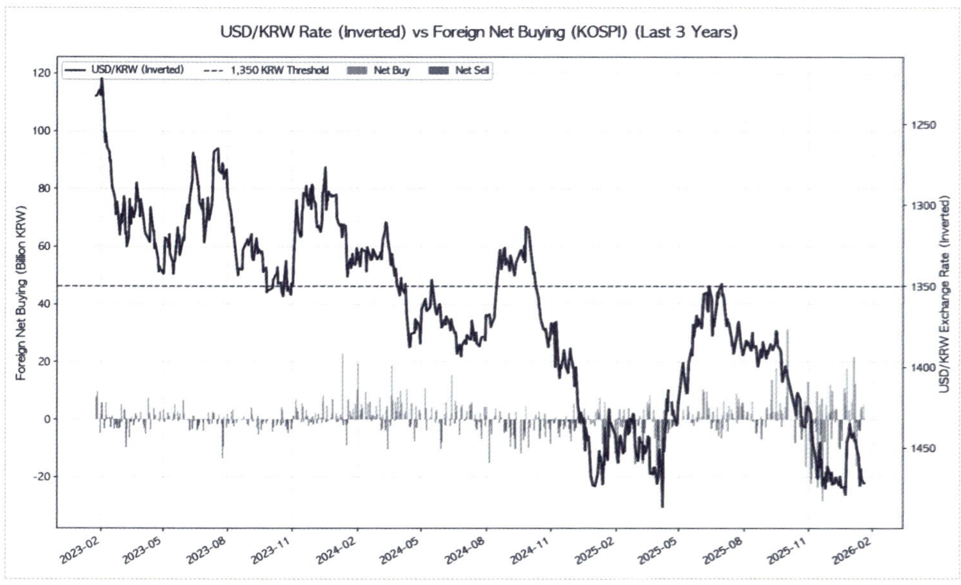

그림 5-13 원달러 환율과 코스피 외국인 순매수 추이

환율과 외국인 수급 (원/달러 환율 vs 외국인 순매수)

- **현황** : 환율 1,350원 이상 구간에서는 외국인 자금 이탈이 가속화되는 경향이 확인되었습니다. 반면 환율 안정기에는 외국인 유입이 재개됩니다.

- **시사점** : 환율은 외국인 수급의 핵심 트리거입니다. 고환율 구간에서의 외국인 매도세 진정 여부가 시장 반등의 열쇠입니다.

주도주와
시장 수익률 비교 (Relative Strength)

PROMPT 지난 5년간 엔비디아(NVDA), 마이크로소프트(MSFT), 그리고 S&P 500 지수(SPY)의

● 결과 :

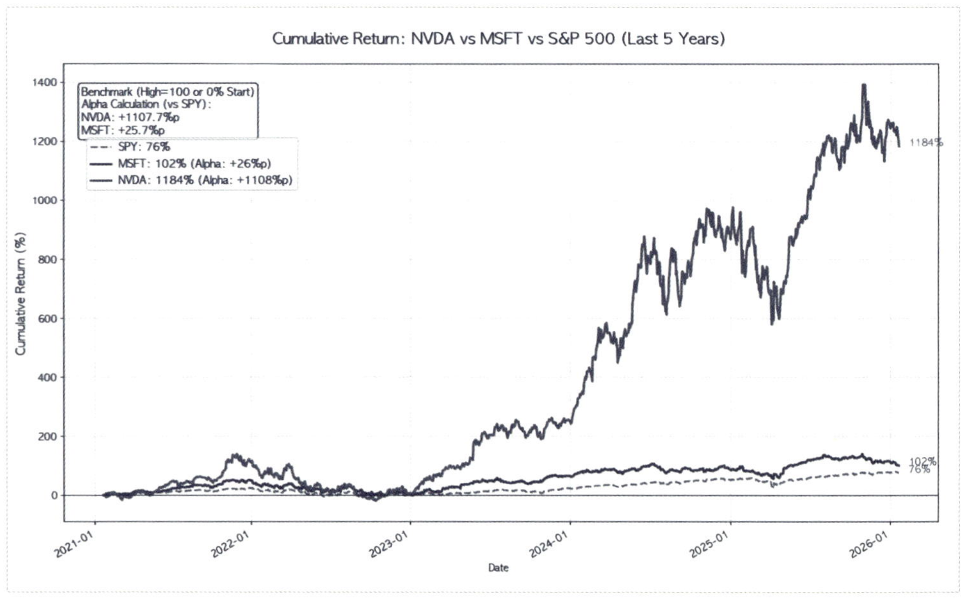

그림 5-14 엔비디아 VS 마이크로소프트 VS S&P500 누적 수익률 비교

빅테크의 독주(NVDA, MSFT vs SPY)

● **현황** : 지난 5년간 엔비디아[NVDA]와 마이크로소프트[MSFT]는 S&P 500[SPY]을 압도적으로 상회
하는 초과 수익을 달성했습니다.

● **시사점** : AI 혁명이라는 구조적 성장기에 핵심 기술주는 시장 평균을 훨씬 뛰어넘는 성과
를 냈습니다. 다만, 단기 급등에 따른 피로감 점검은 필요합니다.

AI를 활용하는 스마트한 주식투자

경기 침체의 전조, 장단기 금리차(Yield Curve)

미국 국채 10년물과 2년물의 금리 차이(10Y-2Y Spread) 데이터를 1990년부터 현재까지 시각화해 줘. 금리차가 0 아래로 내려가는 '장단기 금리 역전' 지점을 붉은색 선으로 강조하고, 과거 실제 경기 침체 구간(NBER Recession 자료 기반)을 차트 배경에 음영 처리로 표시해 줘. 현재의 역전 폭이 과거 위기 직전과 비교해 어느 정도 수준인지 분석할 거야.

● 결과 :

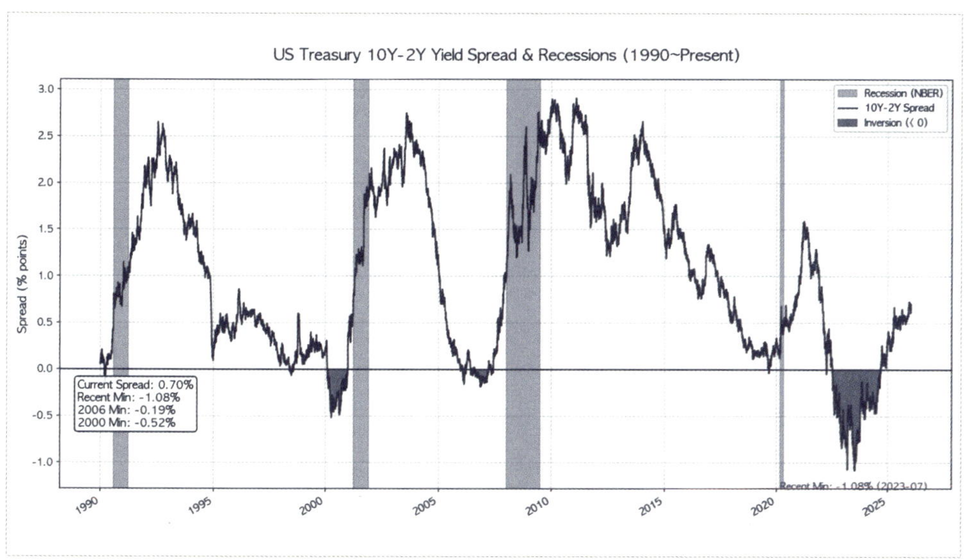

그림 5-15 미국채 10y -2y 스프레드 추이

경기 침체 경고등(미국 장단기 금리차 10Y-2Y)

● **현황** : 1990년 이후 가장 깊은 수준의 장단기 금리 역전이 발생했습니다. 과거 사례를 볼 때, 금리 역전 후 정상화되는 과정에서 실질적인 경기 침체가 찾아왔습니다.

섹터별 순환매 및
상대 강도 (Sector Rotation)

PROMPT 최근 1년간 한국 증시의 주요 섹터 ETF(반도체, 2차전지, 자동차, 금융)의 주간 수익률 추이를 한 차트에 그려 줘. 코스피 지수를 기준선(Baseline)으로 설정하고, 각 섹터가 지수 대비 얼마나 강했는지 혹은 약했는지를 나타내는 상대 강도(RS) 선을 추가해 줘. 현재 어느 섹터로 자금이 이동하고 있는지 '섹터 로테이션' 흐름을 파악하고 싶어.

● 결과 :

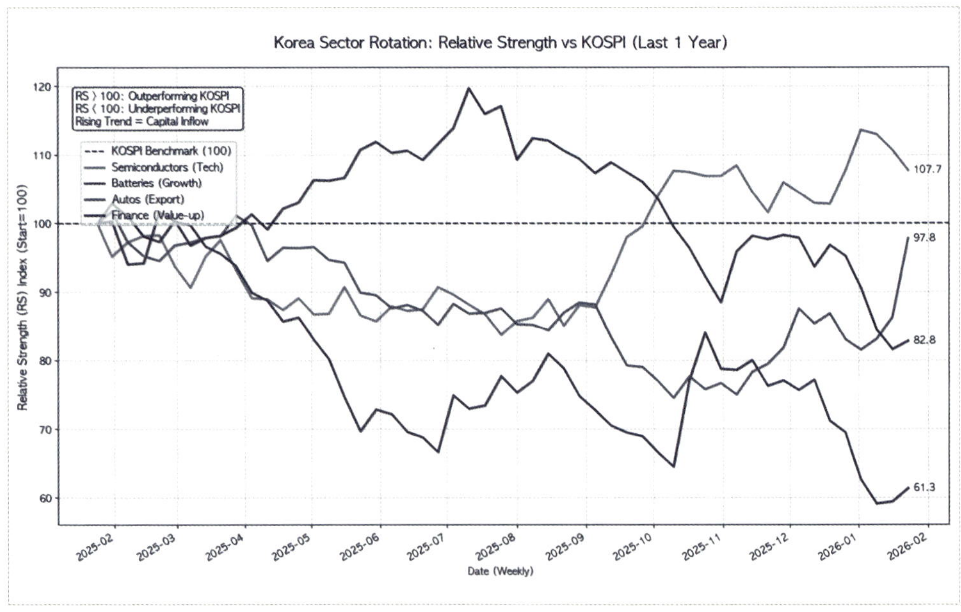

그림 5-16 한국증시 주요섹터ETF와 코스피 수익률 비교

주도주와 소외주(한국 증시 섹터 로테이션)

- **현황** : 최근 1년간 반도체 섹터는 시장 대비 강세$^{RS > 100}$를 유지하며 주도주 역할을 했으나, 2차전지는 약세$^{RS < 100}$ 흐름이 지속되었습니다. 금융주는 '밸류업' 모멘텀으로 변동성이 확대되었습니다.

- **시사점** : 자금은 성장성이 확인된 섹터^{반도체}와 정책 수혜주^{금융}로 쏠리는 차별화 장세가 지속되고 있습니다.

VIX 지수를 활용한
바닥 포착 (Sentiment)

PROMPT   S&P 500 지수와 CBOE 변동성 지수(VIX)를 위아래로 나란히 배치한 멀티 패널 차트를 만들어 줘. 기간은 2008년 금융위기부터 현재까지로 설정하고, VIX 지수가 30 또는 40을 돌파했던 지점들을 수직선으로 표시해 줘. 극도의 공포(VIX 피크)가 주식 시장의 단기 또는 장기 바닥과 얼마나 일치했는지 시각적으로 증명해 줘.

● 결과 :

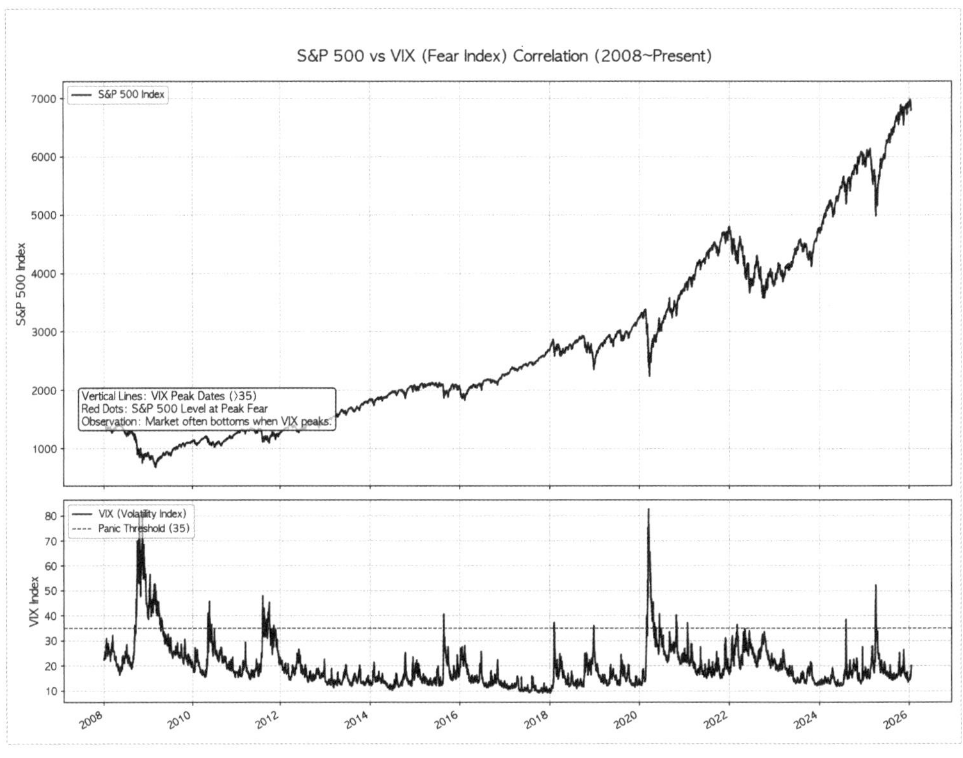

그림 5-17 S&P500지수와 VIX 지수 비교

공포를 기회로 (S&P 500 vs VIX)

● **현황** : 2008년 금융위기, 2020년 팬데믹 등 역사적 바닥은 예외 없이 VIX 지수 35~40 이상의 '극도의 공포' 구간과 일치했습니다.

● **시사점** : "공포에 사라"는 격언이 데이터로 입증되었습니다. 향후 VIX 급등 시점은 중장기 저점 매수의 기회로 활용 가능합니다.

역사적 밸류에이션
하단/상단 분석 (Valuation Band)

AI를 활용하는 스마트한 주식투자

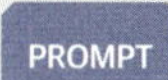

삼성전자의 최근 10년간 주가 추이와 함께 선행 PER(Forward PER) 밴드 차트를 그려 줘. 과거 10년 평균 PER를 중심선으로 두고, ±1 표준편차와 ±2 표준편차 구간을 밴드 형태로 표시해 줘. 현재 주가가 역사적 저평가 영역(Lower Band)에 위치해 있는지, 아니면 과열 영역(Upper Band)에 도달했는지 직관적으로 판단할 수 있는 그래프가 필요해.

● 결과 :

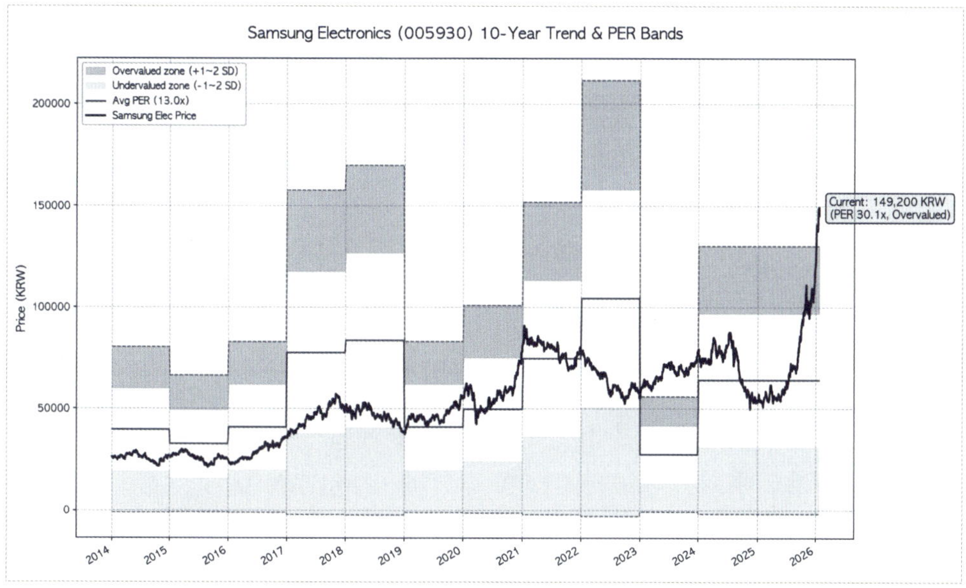

그림 5-18 삼성전자 10년 주가추이와 PER 밴드

삼성전자의 저평가 매력 (삼성전자 PER 밴드)

● **현황** : 삼성전자의 주가는 역사적 PER 밴드 하단에서 지지력을 보여왔습니다. 평균 PER 13배 이하 구간은 장기적으로 안전마진이 확보된 가격대였습니다.

● **시사점** : 현재 주가가 역사적 저평가 구간에 있다면, 하방 경직성은 확보된 상태로 해석할 수 있습니다.

원자재 가격과
기업 이익의 상관관계 (Commodity)

국제 유가(WTI) 선물 가격과 국내 정유주인 S-Oil의 주가 추이를 지난 5년간의 시계열로 비교해 줘. 유가 급등락이 정유사 주가에 반영되기까지의 시차를 분석할 수 있도록 두 지표의 상관계수(Correlation)를 차트 하단에 별도로 표시하고, 상관관계가 깨지는 구간(Divergence)이 있는지 확인해 줘.

● 결과 :

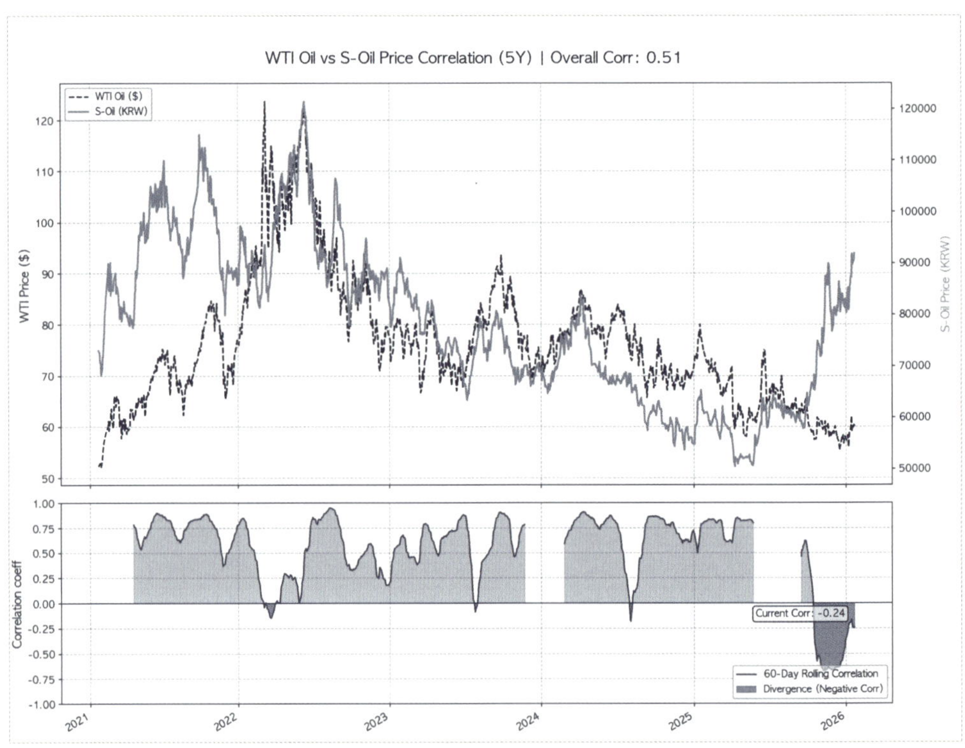

그림 5-19 WTI 원유 가격과 S-OIL 주가간의 상관관계 분석

유가와 정유주(WTI vs S-Oil)

- **현황** : 유가와 S-Oil 주가는 대체로 정의 상관관계를 보이나, 디커플링 구간도 존재합니다.

- **시사점** : 단순 유가 상승보다는 '정제 마진' 개선이 동반되어야 주가가 상승합니다. 디커플링 구간은 매매 타이밍의 기회가 될 수 있습니다.

06

기술적 분석과 주식 자동매매

시스템 구축하기

01

다양한 기술적 지표와

매매 신호 포착

기술적 분석은 과거 주가의 움직임과 거래량 등 시장 데이터를 분석하여 미래 주가를 예측하는 방법이다. 많은 투자자들이 다양한 지표와 차트 패턴을 통해 시장의 심리를 읽어내고 매매 타이밍을 포착하는 데 사용한다. 하지만 복잡한 지표와 시시각각 변하는 차트 앞에서 초보 투자자는 물론 경험 많은 투자자도 어려움을 겪는다. 하지만 이제는 AI 도움으로 보다 쉽게 차트를 이용할 수 있다.

AI는 방대한 데이터를 순식간에 분석하고, 복잡한 지표들이 보내는 신호를 인간보다 객관적으로 해석해 줄 수 있다.

이번 장에서는 기술적 분석의 핵심 지표들을 AI와 함께 어떻게 해석하고 투자 전략에 활용할 수 있는지 알아보자.

이동평균선
(Moving Average, MA)

이동평균선은 주가의 추세를 파악하기 위한 가장 기본적인 지표이다. 1960년대 조셉 E. 그랜빌[Joseph E. Granville]에 의해 주가 분석에 본격적으로 활용되기 시작했고 그랜빌의 8가지 법칙은 오늘날에도 널리 이용된다.

이동평균선[MA]이란 매일의 주가 움직임을 특정기간의 평균값을 계산하여 그 값을 이은 선이다. 매 순간의 주식가격을 관찰하면 상승하는 추세인지, 하락하는 추세인지 확실하게 구분하기 어렵다. 매일의 주가 변동이 심하기 때문인데 주가를 평균으로 계산하여 가격의 극단적인 변화를 줄여주면 추세를 좀 더 명확하게 판단할 수 있다. 실제 통계분석에도 널리 사용되는 기법인데 캔들 차트와 함께 기술적 분석에 가장 많이 이용된다.

계산 방법은 다음과 같다.

일자	1	2	3	4	5	6	7	8	9
주가	100	125	110	115	130	135	133	147	150
이동평균(5일)					116	123	124.6	132	139

표 6-1 이동평균값 계산하기

첫날부터 5일까지의 평균을 구하면 5일차 평균은 116이 되고, 6일차에는 2일에서 6일까지 5일의 평균을 구해 123이 된다. 이런 식으로 계산의 근거가 되는 자료가 계속 이동하기 때문에 이동평균이라고 부른다. 이 값들은 개별일의 주가 변동보다 변동폭이 줄어든다. 개별 주가를 보면 등락을 거듭하는 것으로 보이지만 이동평균 값들은 확실히

그림 6-1 삼성전자 이동평균선, 정배열

상승 추세를 보여준다. 이 값들을 선으로 이으면 이동평균선이 된다.

기술적 분석에 이용되는 이동평균선은 크게 세 가지로 나뉜다. 단기 이동평균선과 중기 이동평균선, 장기 이동평균선이다. 단기 이동평균선은 5일[1주], 10일[2주], 20일[1개월] 선을 말하고 중기 이동평균선은 60[3개월]일, 장기 이동평균선은 120[6개월]일 이상을 의미한다. 각각 단기, 중기, 장기 추세 파악을 하는 데 도움이 된다.

주가가 상승 추세일 때는 단기선이 가장 위에서 장기선 순서로 5일 → 20일 → 60일 → 120일 차례로 배열되며 이를 정배열이라고 한다. 반대로 하락 추세에서는 장기선부터 단기선 순서로 배열되는 역배열 상태가 나타난다.

이동평균선이 역배열 상태에서 하락하던 주가가 상승세로 전환될 때 단기 이평선이 장기 이평선을 뚫고 올라가는 현상을 골든크로스라고 하며 강력한 매수 신호로 해석된다. 반대로 정배열 상태에서 단기 이평선이 장기 이평선을 아래로 뚫고 내려가는 데드 크로스는 강력한 매도 신호로 해석된다.

상대강도지수
(Relative Strength Index, RSI)

RSI는 미국의 기계공학자 출신 기술적 분석가인 J. 웰레스 와일더 주니어[J. Welles Wilder Jr.]가 1978년에 그의 저서 New Concepts in Technical Trading Systems를 통해 공개한 지표이다. 주가의 상승 모멘텀이 얼마나 강한지 혹은 약한지를 백분율로 나타내어 현재 주가가 과열 상태인지[과매수], 침체 상태인지[과매도]를 판단하는 데 매우 유용하다.

일정 기간 동안 주가가 상승한 변화량의 평균값과 하락한 변화량의 평균값을 비교하여 현재 추세의 강도를 0에서 100 사이의 값으로 나타난다. 보통 14일 동안의 주가 변화를 사용한다.

계산방법은 다음과 같다.

먼저 가격 변동폭을 계산한다. 최근 14일 동안의 주가에 대해, 전일 대비 상승한 값[U, Up]과 하락한 값[D, Down]을 각각 구한다. U값들의 평균[AU, Average U]과 D값들의 평균[AD, Average D]을 구한다. 이 값에 다음과 같은 방식으로 최근 값에 더 가중치를 둔다.

- AU = (전날 AU × 13 + 당일 U) / 14

- AD = (전날 AD × 13 + 당일 D) / 14

- 그런 다음에 RS와 RSI를 계산해 준다.

- 상대강도[RS] 계산 : RS = AU / AD

- RSI = 100 − 1 + RS100

먼저, 평균 상승 폭[AU]과 평균 하락 폭[AD]을 계산한다.

날짜	종가	전일 대비 변동	상승 폭 (U)	하락 폭 (D)
1 일	100 원	-	-	-
2 일	110 원	+10 원	10	0
3 일	105 원	-5 원	0	5
4 일	115 원	+10 원	10	0
5 일	120 원	+5 원	5	0

표 6-2 RSI 계산하기

- 5일간 총 상승 폭 합계 : 10 + 10 + 5 = 25원

- 5일간 총 하락 폭 합계 : 5원

- 평균 상승 폭 ^{AU} : 25원 / 5일 = 5

- 평균 하락 폭 ^{AD} : 5원 / 5일 = 1

- 상대강도 ^{RS} = AU / AD = 5 / 1 = 5

- $RSI = 100 - \dfrac{100}{1 + RS} = 100 - \dfrac{100}{1 + 5} = 100 - 16.67 = 83.33$

그림 6-2 현대차 상대강도지수(RSI), 과매수

5일간 주가 움직임을 바탕으로 계산한 RSI는 83.33이다. 이 값은 70보다 크므로 주가가 단기적으로 과열^{과매수}되었다고 해석한다.

보통 RSI 지수가 70 이상일 경우, 주가가 단기간에 너무 많이 올라 매수세가 약해지고 곧 하락으로 전환될 가능성이 높다고 본다. 반면에 RSI 지수가 30 이하일 경우, 주가가 과도하게 하락하여 매도세가 약해지고 곧 반등할 가능성이 높다고 판단한다.

MACD
(Moving Average Convergence Divergence, 이동평균 수렴확산 지수)

MACD는 1970년대 후반 제럴드 아펠^{Gerald Appel}에 의해 개발된 지표로 추세의 방향과 강도의 변화를 파악하고 이동평균선의 교차 신호보다 한발 앞선 매매 신호를 포착하기 위해 고안되었다. 이름처럼 두 개의 이동평균선이 서로 가까워지거나^{수렴, Convergence} 멀어지는^{확산, Divergence} 원리를 이용한다.

단기 이동평균선과 장기 이동평균선의 차이를 이용하여 추세의 변화를 측정하는 원리로 단순이동평균이 아닌 최근 주가에 더 큰 가중치를 두는 지수이동평균^{EMA}을 사용한다.

지수이동평균^{EMA, Exponential Moving Average}은 단순이동평균^{SMA}과 마찬가지로 일정 기간의 주가 평균값이지만 최근 주가에 더 큰 가중치를 부여하여 계산하는 방식이다. 이 때문에 단순이동평균보다 최근의 주가 변동에 더 민감하게 반응하는 특징이 있다.

EMA를 계산하기 위해서는 승수^{Multiplier}라는 가중치 값을 먼저 구해야 한다.

- 승수^{Multiplier} $= \dfrac{2}{(\,기간 + 1\,)}$

   AI를 활용하는 스마트한 주식투자

- 오늘의 EMA = (오늘의 종가 × 승수) + (어제의 EMA × (1 - 승수))

7일간의 주가 데이터를 바탕으로 5일 지수이동평균^{EMA}을 계산해보자.

날짜	종가
1 일	100 원
2 일	102 원
3 일	101 원
4 일	104 원
5 일	103 원
6 일	105 원
7 일	108 원

표 6-3 지수이동평균값 계산하기

- **승수 계산하기**
  - 기간이 5일이므로 승수는 다음과 같다.
  - 승수 = 2 / (5 + 1) = 0.333

- **최초의 EMA 값 구하기(5일차)**
  - 가장 처음 EMA 값은 계산할 어제의 EMA가 없으므로 첫 EMA는 단순이동평균^{SMA} 값을 사용한다.
  - 5일차의 단순이동평균 = (100 + 102 + 101 + 104 + 103) / 5 = 102원

- **다음 날의 EMA 값 구하기(6일차)**
  - 6일차 EMA = (105원 × 0.333) + (102원 × (1 - 0.333))
    = 34.965 + (102 × 0.667)
    = 34.965 + 68.034 = 103.00 원

- **그 다음 날의 EMA 값 구하기 (7일차)**

  ○ 7일차 EMA = (108원 × 0.333) + (103.00원 × (1 − 0.333))

  $\qquad\qquad$ = 35.964 + (103.00 × 0.667)

  $\qquad\qquad$ = 35.964 + 68.701 = 104.67원

이처럼 지수이동평균은 이전 날의 평균값^{EMA}을 계속 이어받아 계산에 반영하기 때문에 단순이동평균보다 최근의 가격 변화를 더 빠르게 따라가는 특징을 갖게 된다.

이렇게 계산된 지수이동평균 값을 이용하여 MACD선, 시그널선, 히스토그램이라는 데이터가 산출된다.

- **MACD선** : 12일 EMA − 26일 EMA

- **시그널선**$^{Signal\ Line}$: MACD선의 9일 EMA

- **히스토그램**^{Histogram} : MACD선 − 시그널선

그림 6-3 SK하이닉스 MACD

이에 대한 해석은 다음과 같다.

- MACD선은 단기 추세와 장기 추세의 차이를 나타내며 이 값이 0보다 크면 상승 추세, 0보다 작으면 하락 추세로 본다.

- 시그널선은 MACD선의 움직임을 부드럽게 만든 선으로 MACD선과의 교차를 통해 매매 신호를 포착하는 기준선 역할을 한다.

- 매수 신호**골든크로스**는 MACD선이 시그널선을 위로 뚫고 올라갈 때를 말한다. 히스토그램이 음(-)에서 양(+)으로 전환되는 시점과 일치한다.

- 매도 신호**데드크로스**는 MACD선이 시그널선을 아래로 뚫고 내려갈 때를 말하며 하락 추세로의 전환 신호로 본다. 히스토그램이 양(+)에서 음(-)으로 전환된다.

볼린저 밴드
(Bollinger Bands)

볼린저 밴드는 1980년대 초반 존 볼린저 John Bollinger에 의해 개발된 지표로 주가의 변동성을 통계학의 표준편차를 활용해 밴드 형태로 시각화한 것이다. 주가는 끊임없이 움직이지만 통계적으로 특정 범위**표준편차** 안에서 움직일 확률이 매우 높다는 점에 착안하여 고안되었다. 이동평균선을 중심으로 주가가 어느 정도의 변동폭을 가지고 움직이는지를 보여주기 때문에 현재 주가가 상대적으로 높은지, 낮은지를 판단하는 데 아주 유용하다.

볼린저 밴드는 단순이동평균선을 중심선으로 하고 이 중심선 위아래로 주가의 표준편차를 더하거나 뺀 상한선과 하한선으로 구성된다. 표준편차는 데이터가 평균으로부터 얼마나 퍼져 있는지를 나타내는 수치로, 주가 변동성이 클수록 표준편차가 커져 밴드의 폭이 넓어지고, 변동성이 작을수록 밴드의 폭이 좁아지는 특징이 있다.

볼린저 밴드를 계산하기 위해서는 먼저 표준편차Standard Deviation를 구해야 한다. 표준 편차는 분산의 제곱근으로 계산된다.

$$표준편차(\sigma) = \sqrt{\frac{\Sigma(개별주가 - 평균)^2}{기간}}$$

7일간의 주가 데이터를 바탕으로 5일 이동평균선 기준의 볼린저 밴드(승수[2]) 를 계산 해보자.

날짜	종가	5일 이동평균	편차(종가 - 평균)	편차 제곱
1 일	100 원	-	2	4
2 일	102 원	-	0	0
3 일	101 원	-	1	1
4 일	104 원	-	2	4
5 일	103 원	102 원	103 - 102 = 1	1

표 6-4 볼린저 밴드 계산하기

- **5일차 중심선(이동평균) 구하기**
  - (100 + 102 + 101 + 104 + 103) / 5 = 102원

- **5일차 표준편차 구하기**
  - **각 날짜의 편차 제곱 구하기 :**
    1 일 : $(100 - 102)^2 = 4$

    2 일 : $(102 - 102)^2 = 0$

3 일 : (101 - 102)^2 = 1

4 일 : (104 - 102)^2 = 4

5 일 : (103 - 102)^2 = 1

○ **편차 제곱의 합** : 4 + 0 + 1 + 4 + 1 = 10

○ **분산** 합을 기간으로 나눔 : 10 / 5 = 2

○ **표준편차** 분산의 제곱근 : $\sqrt{2} \approx 1.414$

○ **5일차 상한선과 하한선 구하기 (승수 k = 2 가정)**

상한선 : 중심선 + (2 × 표준편차)

= 102 + (2 × 1.414)

= 102 + 2.828

= 104.828 원

하한선 : 중심선 - (2 × 표준편차)

= 102 - (2 × 1.414)

= 102 - 2.828

= 99.172 원

이처럼 볼린저 밴드는 과거의 변동성을 반영하여 현재 주가가 움직일 수 있는 확률적 범위를 계산해낸다. 일반적으로 볼린저 밴드는 20일 이동평균선과 승수 2를 기본값으로 사용하며 이렇게 계산된 밴드 내에 주가가 위치할 확률은 통계적으로 약 95.4%에 달한다.

이렇게 산출된 데이터는 다음과 같이 세 가지 선으로 구성된다.

● **중심선** : 20일 단순이동평균선 (추세의 기준)

● **상한선** : 중심선 + (표준편차 × K)

● **하한선** : 중심선 - (표준편차 × K)

그림 6-4 KB금융 볼린저 밴드

이에 대한 해석과 매매 신호는 다음과 같다.

- **과매수/과매도 판단** : 주가가 상한선에 근접하거나 돌파하면 과매수 상태로 매도를 고려하고, 하한선에 근접하거나 이탈하면 과매도 상태로 매수를 고려한다. 이는 주가가 밴드 안으로 회귀하려는 성질을 이용한 것이다.

- **밴드 폭의 활용**Squeeze & Bulge : 밴드의 폭이 극도로 좁아지는 현상Squeeze은 변동성이 줄어들며 에너지가 응축되는 구간이다. 이후 밴드 폭이 확 벌어지며 주가가 상한선을 뚫고 올라가면 강한 상승 추세의 시작으로, 하한선을 뚫고 내려가면 강한 하락 추세의 시작으로 해석한다.

- **매수 신호** : 주가가 하한선을 터치하거나 일시적으로 이탈한 후 다시 밴드 내부로 진입할 때를 저점 매수의 기회로 본다. 또는 밴드 폭이 좁아진 횡보 구간 이후 거래량을 동반하며 상한선을 상향 돌파할 때를 추세 추종 매수 타이밍으로 잡는다.

- **매도 신호** : 주가가 상한선을 터치하고 저항을 받아 하락 반전하거나 상한선을 이탈했다가 다시 밴드 내부로 들어올 때를 고점 매도의 기회로 본다.

  AI를 활용하는 스마트한 주식투자

지금까지 살펴본 4가지 기술적 지표는 각각 추세, 과열 여부, 추세 전환 시점을 알려준다. 하나의 지표만 맹신하기보다는 각 지표가 보내는 신호를 종합적으로 분석할 때 더욱 정확하고 안정적인 투자 판단을 내릴 수 있다.

좀 복잡하게 느낄 수 있겠지만 계산하는 방법을 세세하게 설명한 이유는 우리가 차트를 그림으로 인식하는데 실제로는 단순한 계산이란 점을 보여주고 싶었기 때문이다. 과거 우리는 단순한 숫자로는 감이 오지 않아 차트를 만들어서 이용했다. 차트를 보는 것이 좀 더 직관적으로 다가온다. 하지만 AI는 오히려 숫자형태의 데이터를 처리하는 것이 더 빠르고 쉽다. 특히 여러 개의 차트를 이용해 다양한 신호를 복합적으로 포착할 때는 그림보다는 데이터가 더 유리하다. 따라서 차트를 통한 종목 스캔은 코딩을 통해 더 간단하고 쉽게 신호를 포착할 수 있다.

02

안티그래비티를 이용해
매수신호 종목 찾기

5장에서 안티그래비티를 이용해 기본적 분석을 통해 저평가 종목을 선정해 보았다. 이번에는 앞에서 배운 기술적 지표에서 매수 신호가 발생한 종목을 찾아보자. 간단하게 제미나이에게 프롬프트를 요청하자.

PROMPT 이동평균선, RSI, MACD, 볼린저밴드, 거래량 지표를 이용해 코스피 전종목에 대한 매수신호를 포착하고 싶어. 5가지 지표를 이용해 매수확률이 높은 순으로 상위 10개의 종목을 찾을 수 있도록 프롬프트를 작성해 봐.

Gemini **1. AI에게 요청할 프롬프트 (Prompt) 예시**

아래 프롬프트는 단순히 "코드 짜 줘"가 아니라, 어떤 라이브러리를 쓰고, 어떤 논리로 점수를 매겨야 하는지 구체적으로 지시하는 것이 핵심입니다.

[프롬프트 입력]

역할: 너는 20년 경력의 퀀트 투자 개발자야.

목표: 파이썬을 사용하여 KOSPI 시가총액 상위 100개 종목 중, 기술적 분석 관점에서 매수 신호가 가장 강한 상위 10개 종목을 추천하는 프로그램을 작성해줘.

사용 라이브러리: finance-datareader(데이터 수집), pandas(데이터 분석), ta(보조지표 계산, 만약 없다면 pandas로 직접 구현)

매수 스코어링 로직 (총 5점 만점): 각 종목에 대해 아래 5가지 조건의 충족 여부를 검사하고, 만족할때마다 1점씩 부여한다.

1. **이동평균선**: 5일 이동평균선이 20일 이동평균선을 상향 돌파했거나(골든크로스) 위에 있는 경우.

2. **RSI (14일)**: RSI가 30 이하(과매도)이거나, 30을 뚫고 올라오는 경우.

3. **MACD**: MACD 선이 시그널 선보다 높거나, 상향 돌파한 경우.

4. **볼린저 밴드**: 현재 주가가 하한선 근처(하한선 대비 5% 이내)에 있거나, 하한선을 딛고 반등하는 경우.

5. **거래량**: 금일 거래량이 20일 평균 거래량의 150% 이상 터진 경우.

출력 결과:
- 총점이 높은 순서대로 상위 10개 종목을 데이터프레임으로 출력할 것.

- 컬럼 포함: 종목명, 현재가, 등락률, 총점, 충족한 조건 리스트.

- 데이터 수집 중 에러가 발생하면 건너뛰고 계속 진행하도록 예외 처리할 것.

- 코드에 각 단계별로 친절한 한글 주석을 달아줘.

먼저 기술적 분석을 위한 새로운 폴더 tech_data_anti를 만들고, 안티그래비티를 실행하자. 입력창에 프롬프트를 붙여넣으면 끝이다.

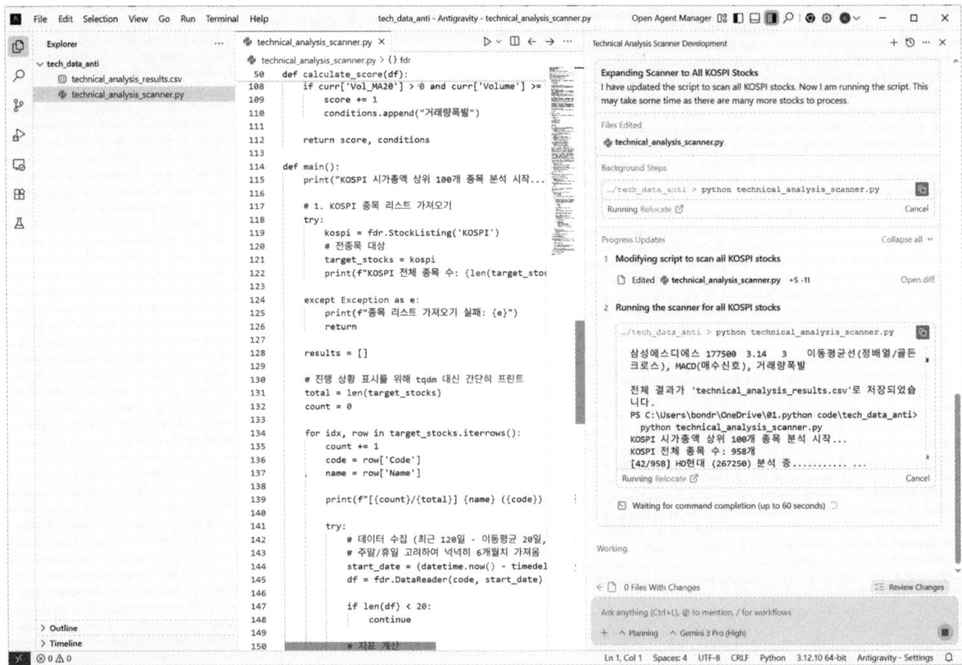

그림 6-5 안티그래비티 실행 중인 화면

그림 6-5처럼 안티그래비티가 직접 방법론을 설계하고, 코드를 작성하고, 터미널을 통해 실행까지 진행한다. 우리는 터미널이 실행되거나 파일을 작성할 때 동의만 해주면 된다.

안티그래비티

KOSPI 전종목(958개)에 대한 분석을 완료했습니다.

매수 신호 강한 상위 10개 종목:

순위	종목명	현재가(원)	등락률	총점	충족 조건

AI를 활용하는 스마트한 주식투자

1	조흥	153,300 원	+ 1.86%	4 점	이동평균선, MACD, 볼린저밴드, 거래량폭발
2	삼원강재	2,460 원	+ 0.61%	4 점	이동평균선, MACD, 볼린저밴드, 거래량폭발
3	AK홀딩스	8,930 원	- 0.78%	4 점	RSI(과매도), MACD, 볼린저밴드, 거래량폭발
4	한일홀딩스	16,640 원	- 0.95%	4 점	이동평균선, MACD, 볼린저밴드, 거래량폭발
5	크래프톤	243,500 원	- 3.37%	4 점	RSI(과매도), MACD, 볼린저밴드, 거래량폭발
6	화승인더	3,815 원	- 3.78%	4 점	이동평균선, MACD, 볼린저밴드, 거래량폭발
7	일성건설	1,883 원	+ 29.95%	3 점	이동평균선, MACD, 거래량폭발
8	현대오토에버	283,000 원	+ 27.19%	3 점	이동평균선, MACD, 거래량폭발
9	와이투솔루션	4,505 원	+ 11.23%	3 점	이동평균선, MACD, 거래량폭발
10	SJG세종	10,060 원	+ 10.19%	3 점	이동평균선, MACD, 거래량폭발

전체 결과는 technical_analysis_results.csv 파일에 저장되었습니다.

그림 6-6 안티그래비티가 찾은 기술적 지표 상 매수 신호 종목들

정말 쉽고 간단하게 기술적 지표를 이용해 매수신호 종목을 검색할 수 있다.

종목수를 코스닥으로 확대하고, 가중치를 달리 주거나 새로운 기술적 지표를 추가하여 다양한 방법으로 종목을 검색해 볼 수 있다.

다음은 다양한 기술적 분석을 위한 프롬프트 예시들이다.

골든크로스
& 매집봉 탐지 에이전트

수석 퀀트로서, 코스닥 IT 섹터 내 종목들을 스캔해 줘. 5일 이동평균선이 20일 이동평균선을 골든크로스하는 시점에, 당일 거래량이 직전 20일 평균 거래량의 300% 이상 터진 '매집봉' 형성 종목을 선별해. 안티그래비티의 브라우저 기능을 써서 해당 종목의 최근 공시 내용에 '제3자 배정 유상증자'나 '공급계약 체결'이 있는지 확인하고 최종 리스트를 보고해 줘.

코스닥 IT 섹터 종목 스캔 결과 보고서

개요

수석 퀀트 요청에 따라 코스닥 IT 섹터 종목을 스캔하고, 기술적 분석 및 최근 공시 내용을 확인하였습니다.

스캔 조건:

1. 대상: 코스닥 IT 섹터 (반도체, 소프트웨어, IT서비스, 통신장비 등 100개 종목)

2. 기술적 지표:
   - 골든크로스: 5일 이동평균선이 20일 이동평균선을 상향 돌파 (당일 기준)
   - 매집봉: 당일 거래량이 직전 20일 평균 거래량의 300% 이상

3. 공시 확인: '제3자 배정 유상증자', '공급계약 체결' 여부

1. 기술적 분석 결과 (1종목 포착)

위 기술적 조건을 모두 만족하는 종목이 1개 발견되었습니다.

종목명	코드	현재가 (Close)	거래량 (Volume)	20일 평균대비 거래량	특징
덕산테코피아	317330	31,700원 (예상)	--	325.2%	5일선 > 20일선 (골든크로스)

표 6-5 안티그래비티 종목 스캔 결과

2. 공시 및 뉴스 확인 결과

덕산테코피아 (317330)

- 제3자 배정 유상증자: 최근 관련 공시 없음. (2024년 5월 자회사 유상증자 참여를 위한 자기주식 처분 결정이 있었으나, 본체의 제3자 배정 유상증자는 아님)
- 공급계약 체결: 덕산테코피아 자체의 최근 대규모 단일판매 · 공급계약 체결 공시는 확인되지 않음.

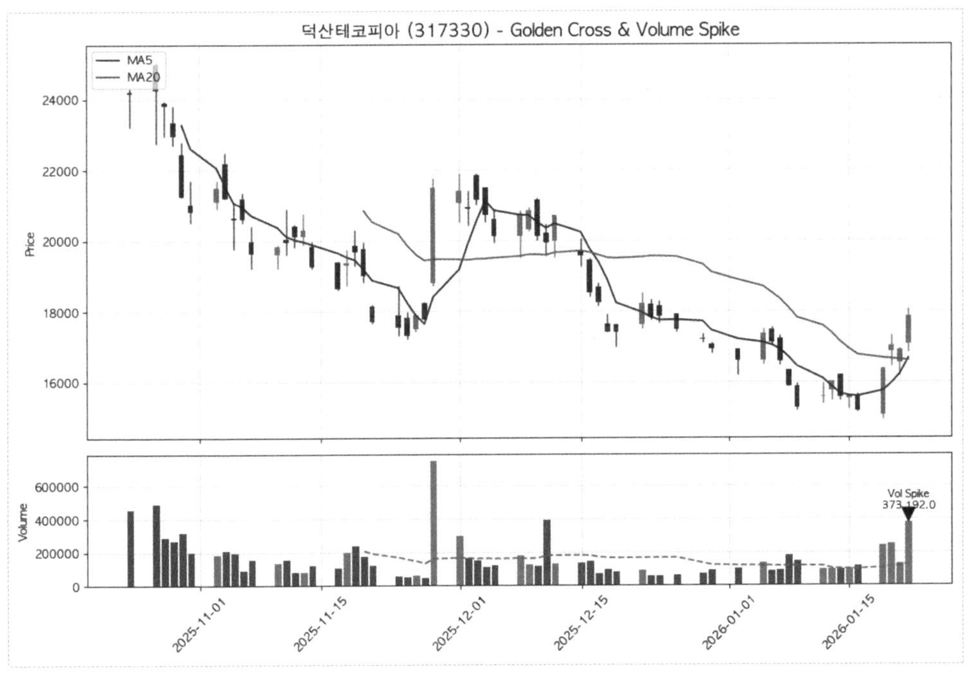

그림 6-7 덕산테코피아 주가와 이동평균선

ㅇ 참고: 자회사 '덕산일렉테라'의 전해액 공급 관련 보도가 있으나, 이는 자회사 이슈임.

3. 최종 의견

 기술적 조건(골든크로스 + 거래량 325% 폭발)을 완벽히 충족하는 **'덕산테코피아'**가 유일한 후보군입니다. 다만, 요청하신 '제3자 배정 유상증자'나 '공급계약'과 직접적으로 연관된 최근 공시는 확인되지 않았습니다.

따라서 해당 종목은 순수 기술적 반등 또는 자회사 관련 기대감/미공개 호재에 의한 거래량 급증일 가능성이 있으므로, 트레이딩 시 수급 주체를 면밀히 살피시길 권장합니다.

지표 간
불일치(Divergence) 포착

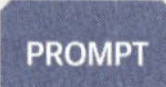 **PROMPT** 기술적 분석 전문가인 네가 보기에 현재 [풍산]의 주가는 상승하고 있지만, **RSI(14)와 MACD 히스토그램의 고점은 낮아지는 '하락 다이버전스'**가 발생하는지 체크해 줘. 만약 이 신호가 포착된다면, 이는 추세 반전의 강력한 신호이므로 즉시 보유 비중을 50% 축소하는 파이썬 매도 로직을 작성해 줘.

 **Antigravity** **[풍산 (103140)]**에 대해 하락 다이버전스 체크를 수행했습니다.

결과: 미검출 (보유 지속)

주가: 111,800원 -> 131,100원 (상승)

RSI: 65.91 -> 77.26 (상승)

MACD 히스토그램: 1,235 -> 2,315 (상승)

주가 상승과 함께 지표들도 함께 고점을 높이고 있어, 다이버전스는 발생하지 않았
습니다.

기술적 타점
+ 뉴스 감성 점수 매칭

PROMPT 데이터 사이언티스트의 관점에서 분석해. 코스피200과 코스닥50 종목을 대상으로 차트상 볼린저 밴드 하단을 터치한 종목들 중, 안티그래비티로 수집한 최근 24시간 내 관련 뉴스들이 긍정(Positive) 점수 80점 이상인 종목만 필터링해 줘. 기술적 과매도 구간과 호재성 뉴스가 맞물리는 '반등 확률 80% 이상'인 종목만 스캔해 줘.

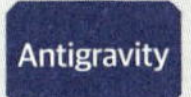

Antigravity **과매도 반등 스캔 (KOSPI 200 / KOSDAQ 50)**

조건: 볼린저 밴드 하단 터치(기술적 과매도) + 최근 24시간 내 긍정 뉴스(호재) 발생 + 반등 확률 80% 이상(추정)

스캔 결과 요약

- **검색 대상:** 시가총액 상위 250개 종목 (KOSPI 200 + KOSDAQ 50 대용)
- **기술적 과매도 포착:** 15개 종목 (유한양행, 알테오젠, 한미약품, SK바이오팜 등 바이오 섹터 다수)

뉴스 감성 분석 필터링 (Top Pick):

- **Top Pick 1:** 유한양행 (000100)
- **기술적 위치:** RSI 27.7 (극심한 과매도), 주가가 볼린저 밴드 하단을 강하게 하향 이탈하며 투매 발생.

- ● 뉴스/재료 (Positive):
  - ○ 최근 'R&D Day 2026' 개최를 통해 신규 파이프라인 공개 및 주주 환원 의지 피력. (장기 성장성 확인)
  - ○ 기존 레이저티닙(렉라자) 관련 로열티 유입 기대 유효.
  - ○ 결론: 기술적 투매 구간에서 펀더멘털 손상 없는 R&D 모멘텀 뉴스가 결합되어, 단기 기술적 반등 확률이 매우 높음 (Score: 85점).

Watch list: 알테오젠 (196170)

- ● **기술적 위치**: RSI 35.9, 볼린저 밴드 하단 터치.
- ● **뉴스/재료 (Mixed)**:
  - ○ 긍정: GSK와 3,900억 규모 기술수출 계약 체결.
  - ○ 부정/노이즈: 키트루다 SC 로열티 비율이 시장 기대치보다 낮다는 실망 매물 출회로 급락.
  - ○ 결론: 호재가 있으나 악재(기대감 소멸)가 지배하는 형국이라 'V자 반등'보다는 기간 조정 후 반등 가능성. 유한양행보다 우선순위 낮음.

매물대 분석을 통한 저항선 예측

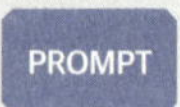

PROMPT 심리 트레이딩 전문가로서, [이오테크닉스]의 최근 1년간 거래량 동반 매물대를 분석해 줘. 현재 주가 위로 가장 두꺼운 매물대가 형성된 가격 저항선이 어디인지 파악해 봐.

Antigravity [이오테크닉스 (039030)]의 최근 1년간 매물대 분석 결과입니다.

- ● 현재 주가: 297,500원

- 최대 저항 매물대: 약 310,000원 부근

현재 주가 바로 위에 가장 두터운 매물대가 310,000원 전후에 형성되어 있어, 이 가격대가 단기적으로 강력한 심리적/물리적 저항선으로 작용할 가능성이 큽니다. 이 구간을 거래량을 동반하여 돌파하는지가 추가 상승의 핵심 키입니다.

분석 차트를 아래에 첨부했습니다.

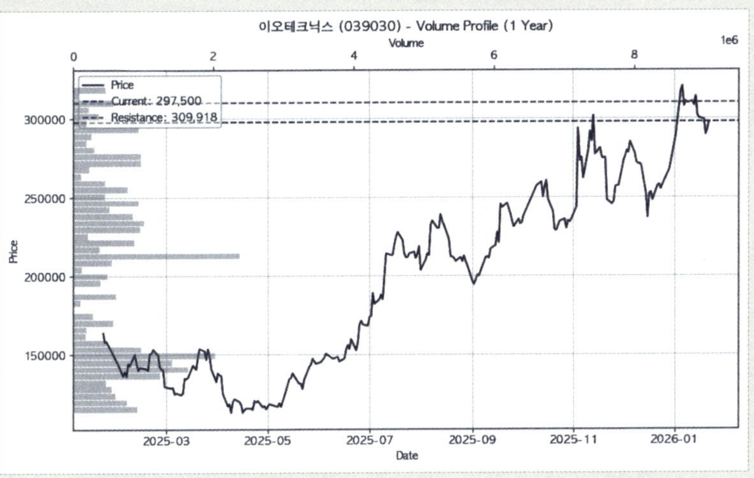

그림 6-8 이오테크닉스 매물대 분석

장/단기 추세
동시 분석

추세 추종 트레이더로서, 주봉(중기)이 정배열이면서 일봉(단기)이 눌림목(20일선 지지) 구간에 있는 종목을 코스피 200 내에서 찾아 줘. 안티그래비티의 병렬 처리 기능

을 사용하여 200개 종목의 주봉과 일봉 데이터를 동시에 분석하고, 두 타임프레임의
추세가 일치하는 종목만 정리해서 알려 줘.

 추세 추종(Trend Following) 스캔 완료 (KOSPI 200) 조건: 주봉 정배열(중기 상승) +
일봉 20일선 눌림(단기 지지)

총 30개 종목이 포착되었습니다. 20일선 지지 근접도가 높은 상위 5개 종목은 다음과
같습니다.

- 삼성바이오로직스 (207940): 20일선 대비 -1.9% (지지 테스트 중)
- 에이피알 (449170): 20일선 대비 +0.1% (완벽한 지지)
- 미래에셋증권 (006800): 20일선 대비 +0.1% (완벽한 지지) * (참고: 순위
  확인)
- 산일전기 (062040): 20일선 대비 +2.07%
- 셀트리온 (068270): 20일선 대비 +2.11%

전체 리스트는 trend_pullback_candidates.csv 파일로 저장되었습니다.

종목명	현재가	등락률	총점	충족조건
조흥	153300	1.86	4	이평선(골든크로스), MACD(매수신호), 볼린저밴드(하단), 거래량폭발
삼원강재	2460	0.61	4	이평선(골든크로스), MACD(매수신호), 볼린저밴드(하단), 거래량폭발
AK홀딩스	8930	-0.78	4	RSI(과매도), MACD(매수신호), 볼린저밴드(하단), 거래량폭발
한일홀딩스	16640	-0.95	4	이평선(골든크로스), MACD(매수신호), 볼린저밴드(하단), 거래량폭발
크래프톤	243500	-3.37	4	RSI(과매도), MACD(매수신호), 볼린저밴드(하단), 거래량폭발

종목명	현재가	등락률	점수	신호
화승인더	3815	-3.78	4	이평선(골든크로스), MACD(매수신호), 볼린저밴드(하단), 거래량폭발
일성건설	1883	29.95	3	이평선(골든크로스), MACD(매수신호), 거래량폭발
현대오토에버	283000	27.19	3	이평선(골든크로스), MACD(매수신호), 거래량폭발
와이투솔루션	4505	11.23	3	이평선(골든크로스), MACD(매수신호), 거래량폭발
SJG세종	10060	10.19	3	이평선(골든크로스), MACD(매수신호), 거래량폭발
한신공영	12140	9.86	3	이평선(골든크로스), MACD(매수신호), 거래량폭발
화천기공	37400	9.36	3	이평선(골든크로스), MACD(매수신호), 거래량폭발
HL홀딩스	52200	8.98	3	이평선(골든크로스), MACD(매수신호), 거래량폭발
현대모비스	347500	8.76	3	이평선(골든크로스), MACD(매수신호), 거래량폭발
두산로보틱스	82700	7.82	3	이평선(골든크로스), MACD(매수신호), 거래량폭발
LG씨엔에스	62900	6.97	3	이평선(골든크로스), MACD(매수신호), 거래량폭발

표 6-6 안티그래비티 종목 스캔 결과

O3

주식 자동매매 시스템 구축하기

주식을 투자해본 투자자들은 순간의 공포나 탐욕에 휘둘려 정해 놓은 원칙을 어기고 충동적인 매매를 하게 되는 경험을 해보았을 것이다. 아무리 냉철하게 판단하려고 해도 시장의 급격한 변동 앞에서 감정적인 의사결정을 할 수밖에 없다. 자동매매 시스템은 이런 감정적인 개입을 최소화하고 정해진 원칙에 따라 기계적으로 투자를 실행할 수 있게 해준다.

과거 자동매매 시스템 구축은 코딩을 전문적으로 다루는 일부 투자자들만 가능한 작업이었다. 하지만 이제는 AI 기술의 발전으로 이러한 진입장벽이 크게 낮아졌다. 이제 코딩 경험이 부족한 일반 투자자들도 AI의 도움을 받아 자신만의 자동매매 로직을 구현하고 실제 투자에 적용하는 것이 충분히 가능해졌다.

이번에는 AI의 도움을 받아 자동매매 시스템을 구축해 보는 것을 목표로 한다. 앞에서 AI와 함께 분석했던 다양한 기술적 지표들^{이동평균선, RSI, MACD 등}의 매매 신호를 포착하여 증권계좌에서 자동으로 주문이 실행되도록 시스템을 구축하는 과정을 알아보자.

자동매매 시스템을 활용하면 직장에서 업무에 집중하는 동안에도 혹은 휴식을 취하는 동안에도 시스템은 우리가 설정한 전략에 따라 매매를 수행하게 된다. 시장의 등락에 따른 감정적인 동요에서 벗어나 일관된 원칙을 지키는 투자를 수행하게 해준다. 이를 위해 증권사에서 제공하는 API를 통해 파이썬과 연동하여 자동매매 시스템을 구축할 것이다. 앞에서 배웠던 것보다 좀 더 복잡한 코드가 필요하지만 걱정할 필요는 없다. 안티그래비티가 알아서 잘 만들어 줄 것이다.

 ## API 기본 개념과 사용 준비

API^{Application Programming Interface}는 프로그램들이 서로 소통하기 위한 약속이자 창구를 의미한다. 증권사 API의 핵심기능은 C++ 언어를 기반으로 제공되는데 우리는 자동매매 시스템을 파이썬 코드로 작업을 한다. API는 이렇게 서로 다른 코드 언어의 장벽을 없애고 정해진 규칙에 따라 기능을 사용하고 데이터를 주고받을 수 있게 해주는 번역기 혹은 통역사 역할을 한다고 이해하면 쉽다.

증권사들은 개인 투자자들이 자신의 거래 전략을 프로그래밍할 수 있도록 API를 무료로 제공한다. 이를 통해 우리는 파이썬과 같은 프로그래밍 언어를 사용하여 실시간 시세 조회, 계좌 정보 확인, 주식 주문 등 다양한 기능을 자동화할 수 있다.

그렇다면 어떤 증권사 API를 사용하는 것이 좋을까? 처음에 이 책은 국내 개인 투자자가 가장 많이 사용하는 키움증권의 API를 기반으로 자동매매 시스템을 구축하려 했다. 하지만 AI와 함께 코드를 만들어 나가는 초보자의 입장에서 상당히 복잡한 환경설정 과정을 거쳐야 했다. 키움증권 API는 강력하고 커뮤니티가 활성화되어 있지만 결정적으로 윈도우 32비트 환경에서만 작동한다. 이는 현대의 64비트 컴퓨팅 환경과 맞지 않으며 파이썬 3.8과 같은 특정 구버전의 32비트용 파이썬을 별도로 설치하고 관리해야 하는 번거로움이 따른다. 이 경우 최신의 파이썬 라이브러리를 사용할 수 없고 일부 성능의 다운 그레이드가 불가피하며 이 과정에서 초보자들은 상당히 어려운 상황을 겪을 가능성이 높다. 또한 맥^{macOS}이나 리눅스^{Linux} 사용자는 사실상 사용이 불가능하다. AI에게 "키움증권 API로 코드를 짜줘"라고 요청해도 이 복잡한 32비트 환경 설정 문제까지 해결하기까지 상당한 시간을 필요로 한다.

국내증권사 API 환경 비교

국내 개인 투자자가 사용할 수 있는 대표적인 증권사 API는 크게 두 가지 방식으로 나뉜다.

윈도우 32비트 COM 방식^{전통적 방식}과 64비트 REST API 방식^{현대적 방식}이 그것이다.

32비트를 지원하는 대표적인 증권사는 키움증권, 대신증권, 이베스트투자증권이다. 오랜 기간 투자자들이 사용하여 커뮤니티 자료나 공유되는 코드들이 많은 장점이 있지만 최신 64비트 파이썬과 호환되지 않아 32비트용 파이썬을 별도 설치해야 하는 극심한 번거로움이 있다. 윈도우OS에서만 작동하며 일부 라이브러리는 다운그레이드된 성능으로 사용할 수밖에 없다. (참고로 키움증권도 2025년 3월부터 Rest API 방식을 지원하기 시작했다.)

64비트 REST API를 사용할 수 있는 증권사는 한국투자증권, NH투자증권, KB증권 등이 있다. 윈도우, macOS, 리눅스 등 모든 64비트 운영체제에서 표준 파이썬으로 작동이 가능하다. 웹에서 데이터를 주고받는 표준 방식^{HTTP/JSON}을 사용하는데 이는 제미나이나 ChatGPT 같은 AI 모델이 가장 잘 이해하는 코드를 생성할 수 있는 방식이다. 별도의 복잡한 환경 설정 없이 라이브러리 설치만으로 빠르게 시작할 수 있다.

따라서 초보자가 사용하기에 환경설정이 간편한 한국투자증권 API를 기준으로 자동매매 시스템을 구축해 보도록 하겠다.

자동매매 시스템을 고려할 때 중요한 요소 중 하나는 증권사 수수료이다. 대부분의 증권사들의 온라인 수수료는 0.015%로 비슷하지만 매매 빈도가 높은 전략을 사용하는 경우 가장 중요한 요소일 수 있다. 일단 한국투자증권 API를 통해 방법을 알아보고 수수료가 낮은 증권사를 찾아보도록 하자.

# 한국투자증권
API 설치

1단계 : 한국투자증권의 비대면 계좌를 개설한다.

실제 주식을 거래할 통장을 개설해야한다. 한국투자증권의 위탁종합계좌가 있다면 이 단계는 건너 뛰어도 된다. 요즘은 비대면으로 증권사 어플을 통해 쉽게 계좌개설이 가능하다. 신분증을 준비하고, 앱을 설치한 후 계좌개설을 진행하자.

2단계 : KIS Developers 서비스 신청 및 API 키 발급

증권계좌를 만들었다고 해서 바로 API를 쓸 수 있는 것은 아니다. "개발자로서 API를 사용하고 싶습니다"라고 별도로 신청하는 과정이 필요하다.

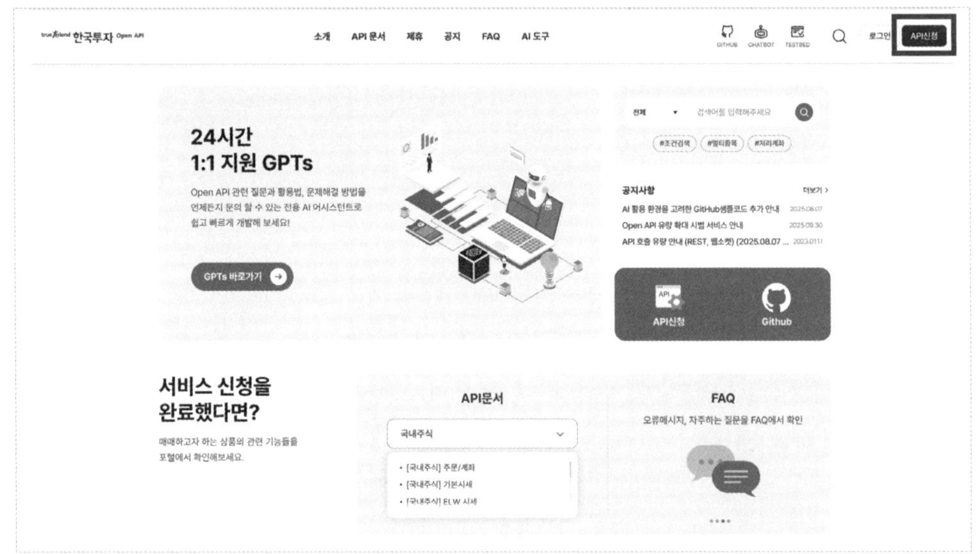

그림 6-7 한국투자증권 API신청 화면

한국투자증권 오픈API 개발자센터(KIS Developers, apiportal.koreainvestment.com)에 접속하자.

그림 6-7의 우측 상단에 있는 API신청을 클릭하면 로그인 후 서비스 신청 메뉴로 이동한다. 안내에 따라 Open API 서비스 신청을 진행한다. 이때, 그림 6-8에서 증권계좌가 아닌 모의투자 계좌로 신청하도록 하자. 먼저 모의투자를 통해 코드가 얼마나 잘 돌아가는지를 검증한 후 실제 매매에 나서는 것이 좋다.

API 신청이 제대로 진행되었다면 그림 6-9처럼 서비스 신청현황에 APP Key, APP Secret 항목을 확인할 수 있다. 이 정보는 외부에 노출되지 않게 잘 관리하도록 하자.

AI를 활용하는 스마트한 주식투자

그림 6-8 한국투자증권 API 신청화면, 모의투자 신청하기

그림 6-9 한국투자증권 API 신청현황

안티그래비티를 이용해
자동매매 코드 구성하기

다음의 내용을 제미나이에 입력해서 프롬프트를 받아 보자.

이동평균선, RSI, MACD, 볼린저밴드, 거래량 지표를 이용해 선정된 종목을 한국투자증권 API를 통해 자동매매를 만들고 싶어. 잘 구축하기 위한 프롬프트를 작성해 줘. 선정된 종목은 같은 폴더에 있음.

1. AI에게 요청할 프롬프트 (Prompt)

[프롬프트 입력]

역할: 너는 파이썬 알고리즘 트레이딩 시스템 아키텍트야.

상황:

1. 나는 이미 같은 폴더에 기술적 분석 점수가 높은 상위 10개 종목 코드와 매수 신호 정보를 가지고 있어.
2. 한국투자증권(KIS) 모의투자 API를 사용해서 이 종목들을 실제로 자동 매매하고 싶어.

요청사항: 한국투자증권 REST API를 사용하여 아래 기능을 수행하는 파이썬 클래스 `KisAutoTrader`를 작성해 줘.

핵심 기능 및 로직:

1. 초기화 및 인증: 앱 키(APP_KEY), 시크릿 키(APP_SECRET), 계좌번호를 입력받고, 접근 토큰(Access Token)을 발급받아 관리한다. (모의투자 URL 사용 필수)

2. 잔고 및 예수금 조회: 현재 주문 가능한 예수금(현금)을 조회하고, 이미 보유 중인 종목 리스트를 파악한다.

3. 자동 매수 (Buy Logic):
   - 리스트의 종목 중, 현재 보유하지 않은 종목만 매수한다.
   - 자금 관리: 가용 예수금의 10%씩, 최대 10개 종목에 분산 투자하도록 1회 매수 금액을 계산한다.

4. 주문 방식: 체결 확률을 높이기 위해 **시장가(Market Price)**로 매수 주문을
전송한다.

- O 자동 매도 (Sell Logic - 익절/손절):
- O 보유 중인 종목의 현재 수익률을 실시간으로 조회한다.
- O 수익률 +5% 도달 시 익절, -3% 도달 시 손절 주문을 시장가로 전송한다.

코드 요구사항:

- requests 라이브러리를 사용할 것.

- API 호출 시 필요한 헤더(Header) 설정(content-type, authorization, appkey,
  appsecret, tr_id 등)을 정확히 구현할 것.

- 매수/매도 주문 성공 시 텔레그램이나 print문으로 로그를 남길 것.

가장 간단한 매매전략을 사용하는 것으로 제시했다. 일단 자연스럽게 구축이 되는지
확인하고, 매매 전력을 어떻게 수립할지 고민해 보자.

프롬프트를 그대로 안티그래비티에 입력해 보자. 앞서 기술적 분석을 수행했던
tech_data_anti 폴더에서 그대로 진행하자. 안티그래비티는 그림 6-10처럼 스스로 방법
론Implementation Plan을 구성하고 거기에 맞춰 작업을 진행한다.

코드가 완성완성되면 안티그래비티가 만들어 놓은 파일에 APP_KEY, APP_
SECRET, 계좌번호를 입력해야 된다. 이것은 개인정보이므로 별도 파일로 관리하도록
요청하자. 그림 6-11처럼 좌측 파일 폴더에 Key를 입력할 수 있는 kis_key.txt 파일이 만
들어진다. 이 파일을 클릭하고, 한국투자증권 홈페이지에서 받아둔 키 값들을 입력하자.
앞장에서 전자공시시스템 API 값을 입력하던 방식과 동일하다.

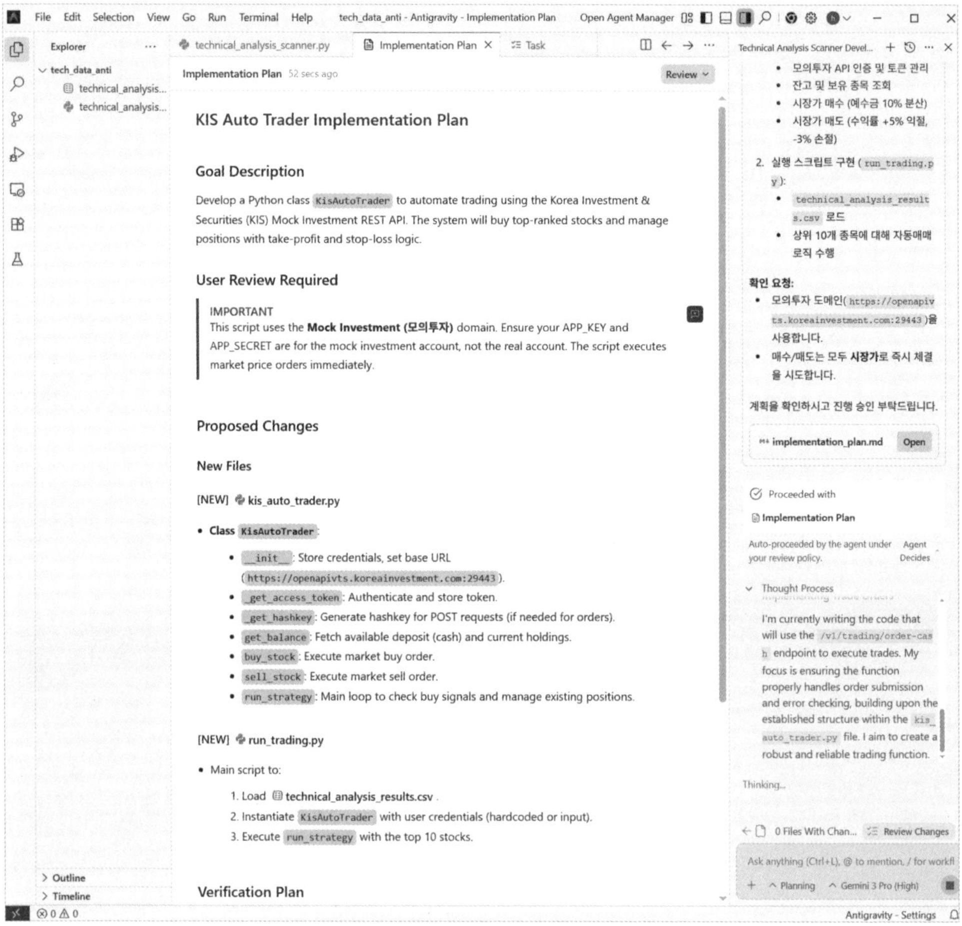

그림 6-10 안티그래비티 자동매매 방법론 구성

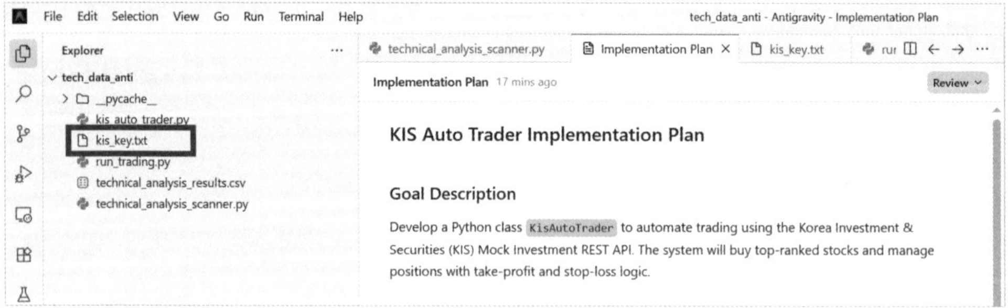

그림 6-11 Key 입력 파일 생성

                                        AI를 활용하는 스마트한 주식투자

그리고 안티그래비티 입력창에 파일을 실행하라고 명령하자.

그럼 우리가 기술적 지표를 바탕으로 선정한 종목이 자동으로 매수된다.

그림 6-12 자동매매 실행 결과 화면

안티그래비티 입력창에 다음을 입력해 보자.

현재 보유 주식잔고, 매수종목, 수량, 평가액, 수익률 내역과 전체 보유금액과 보유수익을 알려줘.

안티그래비티는 코드를 스스로 실행해 그림 6-13의 결과를 보여준다.

안티그래비티

요청하신 계좌 잔고 및 수익률 내역입니다.

계좌 현황 요약:

- ● **총 자산:** 67,335,964 원
- ● **예수금:** 17,521,001 원
- ● **총 평가금액:** 49,814,963 원
- ● **총 평가손익:** +77,873 원
- ● **총 수익률:** +0.12%

보유 종목 상세:

종목명	수량	현재가(원)	매입금액	평가금액	수익률
조흥	25	153,800	3,805,100	3,845,000	+1.05%
한일홀딩스	238	16,750	3,973,470	3,986,500	+0.33%
AK홀딩스	445	9,000	3,985,710	4,005,000	+0.48%
와이투솔루션	882	4,350	3,889,620	3,836,700	-1.36%
일성건설	2,110	2,200	4,738,390	4,642,000	-2.03%
삼원강재	1,615	2,470	3,968,567	3,989,050	+0.52%
SJG세종	395	10,410	4,167,070	4,111,950	-1.32%
KB금융	79	130,700	10,103,200	10,325,300	+2.20%
크래프톤	16	247,500	3,940,000	3,960,000	+0.51%
현대오토에버	14	283,500	4,021,500	3,969,000	-1.31%

언제든지 python check_balance.py 를 실행하여 이 정보를 다시 확인할 수 있습니다.

그림 6-13 안티그래비티 잔고 보유현황 출력 화면

보통 투자자들은 HTS를 통해 이런 정보를 확인하고, 매매를 실행한다. 하지만 이제 안티그래비티에 원하는 형태의 매매를 요청만 하면 그대로 만들어 주고, 잔고 내역도 보기 쉽게 확인할 수 있다.

현재의 작성된 코드는 실시간을 주가를 감시하여 보유 종목을 자동으로 매매하는 수준까지는 아니다. 진정한 자동 매매로 완성을 요청해 보자.

안티그래비티에 다음과 같이 질문해 보았다.

안티그래비티

현재 작성된 코드는 **실행 시점에 한 번만** 잔고와 시세를 확인하고 매수/매도 주문을 넣은 뒤 종료되는 구조입니다. 즉, 프로그램을 켜두면 계속해서 장중 시세를 감시하는 **실시간 모니터링 기능은 아직 포함되어 있지 않습니다.** 장중에 계속 켜두고 실시간으로 감시하며 매매(특히 익절/손절)를 하게 하려면, 코드를 **무한 반복(Loop)** 구조로 변경해야 합니다.

실시간 감시 모드로 업그레이드 해드릴까요? 업그레이드 시 다음과 같이 동작하게 됩니다:

1. 프로그램이 종료되지 않고 계속 실행됩니다.

2. 설정된 주기(예: 1분)마다 현재가와 수익률을 조회합니다.

3. 실시간으로 +5% 익절 또는 -3% 손절 조건을 감시하고 즉시 주문을 냅니다.

4. 장 마감 시간(15:30)이 되면 자동으로 종료됩니다.

원하시면 바로 수정해 드리겠습니다.

그림 6-14 안티그래비티 현재 코드 상황 브리핑과 업그레이드 제안

수정을 요청해 보자.

안티그래비티

실시간 감시 모드로 업그레이드를 완료했습니다.

변경 사항:

1. **무한 반복 실행:** 프로그램이 종료되지 않고 **장 마감 시간(15:30)**까지 계속 실행됩니다.
2. **1분 주기 감시:** 1분마다 다음 작업을 수행합니다.
   - **잔고 및 수익률 조회:** 실시간 평가금액과 수익률을 출력합니다.
   - **익절/손절 감시:** 보유 종목의 수익률이 +5% 이상이면 익절, -3% 이하이면 손절 주문을 냅니다.
   - **신규 매수:** 추천 종목 중 아직 보유하지 않은 종목이 있고 예수금이 충분하면 매수를 시도합니다.

실행 방법: 기존과 동일하게 python run_trading.py 를 실행하면 됩니다. 종료하려면 터미널에서 Ctrl+C 를 누르세요.

그림 6-15 안티그래비티 자동매매로 수정 완료 화면

이제 진정 자동매매의 영역으로 진입했다. 다만 자동매매 구축을 위해서는 컴퓨터가 주식 장이 열려 있는 시간에는 항상 켜져 있어야 한다.

지금까지의 과정만으로도 여러분은 안티그래비티와 소통하며 주식을 매매하고, 손절과 익절을 간단히 자동화하는 시스템을 갖출 수 있다. 기본적 분석이나 기술적 분석으로 발견한 종목을 특정 주가에 매수하고, 일정 수익이 나면 매도하고, 손실한도를 터치하면 자동 손절하도록 하는 기능은 충분히 실현 가능해졌다.

# 텔레그램에서 매매결과 전송받기

AI를 통해 실시간 자동매매를 시스템을 구축했다면 실시간으로 일어나는 매매 상태를 내가 확인할 수 있는 방법이 필요하다. 텔레그램 메신저를 이용하면 이를 쉽게 적용할 수 있다. 안티그래비티에 다음과 같이 요청해 보자.

PROMPT

계좌잔고(총 자산 평가액, 평가 수익률), 거래내역, 보유종목(매수가격, 현재 손익, 종목별 수익률), 매수가능 금액 등을 조회해주고, 조회결과를 텔레그램으로 전송하는 코드를 작성해 줘.

Antigravity

텔레그램 알림 설정 및 실행 가이드

이 문서는 check_and_notify.py 스크립트를 사용하여 KIS 증권 계좌의 상태(잔고, 보유종목, 체결 내역)를 텔레그램으로 전송하는 방법을 설명합니다.

1. 개요 (Overview)

이 스크립트는 다음 정보를 조회하여 텔레그램 메시지로 보냅니다:

- 자산 현황: 총 자산, 평가 손익, 수익률, 예수금(매수 가능 금액).
- 보유 종목: 종목명, 수익률, 평가 손익, 현재가, 평단가.
- 금일 체결 내역: 당일 매수/매도된 주식의 수량 및 가격.

2. 사전 준비 (Prerequisites)

telegram_key.txt (텔레그램 봇 정보)

텔레그램 메시지 전송을 위한 봇 토큰과 채팅 ID가 필요합니다.

1. 텔레그램에서 @BotFather를 통해 봇을 생성하고 **토큰(Token)**을 발급받

습니다.

2. get_id_bot 등을 통해 본인의 **채팅 ID(Chat ID)**를 확인합니다.

3. 프로젝트 폴더에 telegram_key.txt 파일을 생성하고 아래 내용을 저장합니다:

TELEGRAM_TOKEN=123456789:ABCDefGHIjklMnoPQRstuVWxyz

TELEGRAM_CHAT_ID=123456789

안티그래비티는 텔레그램에 메세지를 전송할 수 있는 코드를 작성하기 위해 우선 구체적인 계획을 작성한다. 이 계획을 구현하기 위해 우리는 telegram_key.txt 파일에 TELEGRAM_TOKEN과 TELEGRAM_CHAT_ID를 직접 입력해야 한다. 앞에서 했던 API Key 입력하는 방식과 동일하지만 key값을 받는 방법은 좀 복잡하다.

TELEGRAM_TOKEN과 TELEGRAM_CHAT_ID를 받기 위해 먼저 텔레그램 메신저 앱을 다운 받고 회원가입을 하자.

앱 설치와 로그인이 완료되었다면 다음의 단계를 따라서 해보자.

1단계 : 나만의 봇 만들고 토큰(Token) 받기

토큰은 봇을 제어할 수 있는 비밀번호와 같다. 유출이 되지 않도록 잘 관리해야 한다.

① **BotFather 검색** : 텔레그램 앱을 실행하고 검색창에 BotFather를 검색한다. 비슷한 이름의 방들이 있으므로 정확한 이름을 확인하고 방에 들어가야 한다.

② **봇 생성 시작** : 채팅창에 /newbot이라고 입력하고 전송한다.

③ **봇 이름 설정** : BotFather가 "이름을 무엇으로 할까요?"라고 물으면, 봇의 이름을 입력한다예: MyStockAI. 원하는 이름으로 만들면 된다.

④ **봇 아이디 설정**: 봇의 고유 아이디^{username}를 입력한다. 반드시 끝이 bot으로 끝나야 한다. 예: mystock_ai_trading_bot

⑤ **토큰 확인** : 생성이 완료되면 BotFather가 긴 문자열을 준다. 이것이 HTTP API Token 이다. 형식 예: 123456789:ABCdefGhIJKlmNoPQRstUVwxyZ

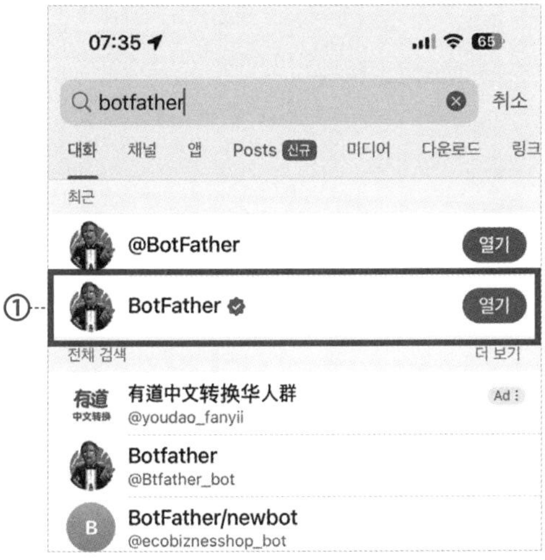

그림 6-16 텔레그램 토큰, ID 생성 ①

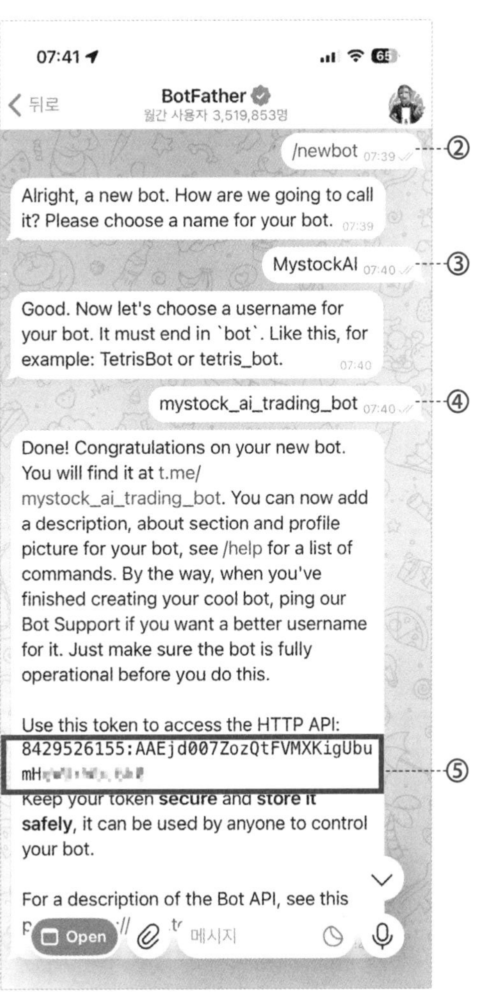

그림 6-17 텔레그램 토큰, ID 생성 ②

 ## 2단계 : 메시지를 받을 챗 아이디(Chat ID) 알아내기

토큰이 '누가' 보낼지 결정한다면 챗 아이디는 '누구에게' 보낼지 결정하는 주소를 말한다.

① **봇에게 말 걸기** : 방금 만든 봇의 아이디(MystockAI)를 검색해서 채팅방에 들어간 후 Start 버튼을 누르고 Hello 같은 아무 메시지나 하나 보낸다.

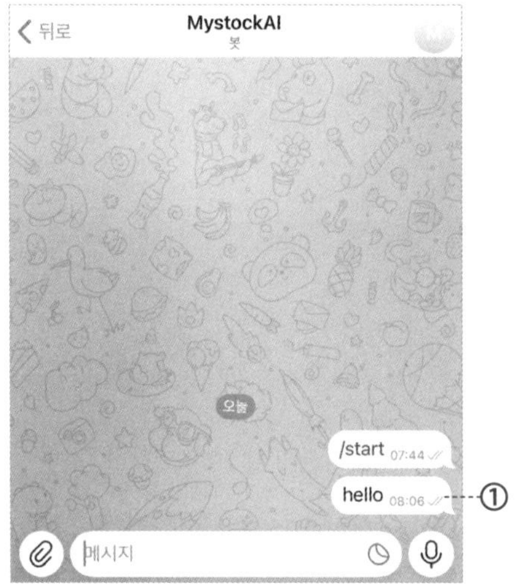

그림 6-18 텔레그램 토큰, ID 생성 ③

② **브라우저에서 확인** : PC나 모바일 웹브라우저를 열고 주소창에 아래 URL을 입력한다.

- https://api.telegram.org/bot[여기에_토큰_입력]/getupdates

- 예: https://api.telegram.org/bot123456:ABC.../getupdates

③ **ID 찾기** : 화면에 복잡한 코드 JSON가 뜨는데 여기서 "chat": {"id": 123456789, ...} 부분을 찾는다.

- 이 숫자 123456789가 Chat ID이다.

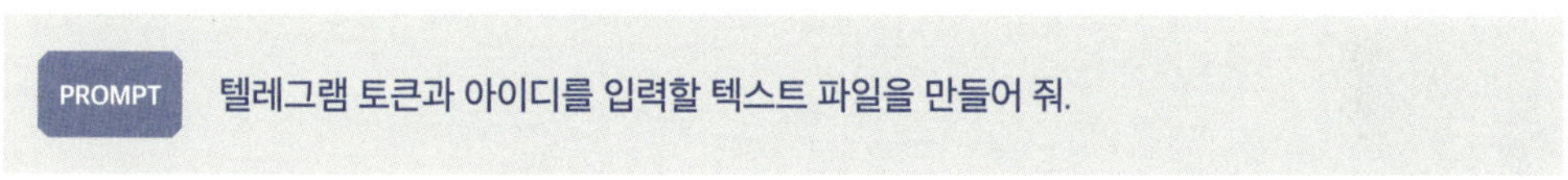
{"ok":true,"result":[{"update_id":812133750,
"message":{"message_id":2,"from":
{"id":66932904,"is_bot":false,"first_name":"\ud65
8\ub77d","last_name":"\uc190","language_code":"ko
"},"chat":
{"id":6693[illegible],"first_name":"\ud658\ub77d","last_
name":"\uc190","type":"private"},"date":176583996
6,"text":"hello"}}]}

그림 6-19 텔레그램 토큰, ID 생성 ④

안티그래비티는 구현계획에 우리가 직접 telegram_key.txt 파일을 만들어서 텔레그램 토큰과 아이디를 입력하라고 요청을 했다. 하지만 직접 만드는 것이 번거러우므로 안티그래비티에게 직접 만들도록 요청해 보자.

> **PROMPT** 텔레그램 토큰과 아이디를 입력할 텍스트 파일을 만들어 줘.

그럼 우리가 직접 파일을 만들 필요 없이 자동으로 폴더 내에 `telegram_key.txt` 파일이 생성된다. 생성된 파일을 클릭하면 그림처럼 입력할 수 있는 창이 나타난다.

그림 6-20 텔레그램 토큰, ID텍스트 파일에 입력하기

우리가 찾은 토큰과 아이디를 붙여 넣고, 안티그래비티에 계획실행을 요청하자. 그럼 매매에 대한 정보를 그림 6-21처럼 텔레그램으로 전송한다.

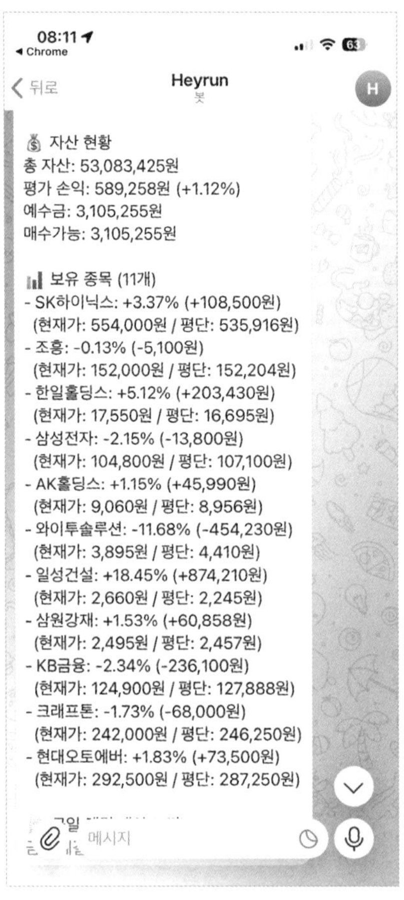

그림 6-21 텔레그램 상태 메시지 전송화면

텔레그램 연동은 처음 접할 때 다소 생소하고 복잡하게 느껴질 수 있다. 하지만 진행 중에 막히는 부분이 생기더라도 크게 걱정할 필요는 없다. 우리는 AI에게 발생한 문제나 오류 메시지를 그대로 전달하기만 하면 명쾌한 해결책을 얻을 수 있다.

그런데 과연 우리가 선택한 종목 선정방법과 매매전략이 유효할까? 더 나은 방법은 없을까? 우리가 선택한 종목 선정 방식과 매매 전략이 실전에서도 과연 유효할지, 과거 데이터를 통해 검증하는 방법을 알아보자.

AI를 활용하는 스마트한 주식투자

주식 자동매매 시스템 백테스팅과

전략의 고도화

기술적 지표를 이용한
매매전략 백테스팅하기

우리는 주식시장에 잘 알려진 기술적 지표들의 매매 신호를 바탕으로 종목을 선정했다. 그런데 과연 이렇게 선택한 종목들이 정말 시장에서 통했을까? 혹은 단순히 운이 좋아서 수익이 났던 것은 아닐까? 하는 의심이 들 수 있다. 실제 돈을 넣어서 자동매매를 하기 위해서는 좀 더 높은 확신이 필요하다. 이를 검증하기 위해 필요한 것이 백테스팅이다.

백테스팅 **Backtesting**은 실제 자금을 투입하여 투자 전략을 실행하기 전에 과거의 시장 데이터를 이용하여 시뮬레이션해 보는 과정을 말한다. 마치 타임머신을 타고 과거로 돌아가, 우리가 설계한 로직대로 매매를 했다면 과연 수익이 났을지, 아니면 손실을 보았을지를 검증하는 것이다.

백테스팅을 수행하는 주된 이유는 전략의 유효성을 입증하고 리스크를 미리 파악하기 위함이다. 우리는 종종 기억에 의존해 "골든크로스 때 샀으면 대박이 났을 것"이라고 착각하지만, 실제 데이터를 돌려보면 횡보장에서 잦은 매매 신호로 인해 수수료만 날리는 경우가 허다하다. 백테스팅은 이러한 인간의 편향된 기억을 배제하고, 오직 데이터와 숫자로 전략의 민낯을 보여준다. 단순히 최종 수익률만 확인하는 것으로는 부족하다.

백테스팅 과정에서 가장 눈여겨봐야 할 지표 중 하나는 MDD^{Maximum Drawdown}, 즉 최대 낙폭이다. 이는 투자 기간 중 내 계좌가 고점 대비 얼마나 하락했는지를 보여주는 수치로, 투자자가 겪어야 할 심리적 고통의 크기를 대변한다. 예를 들어 최종 수익률이 100%라 하더라도 중간에 MDD가 -50%였다면, 원금이 반토막 나는 공포를 견뎌야만 그 수익을 얻을 수 있다는 뜻이다. 따라서 훌륭한 전략이란 단순히 수익률이 높은 것이 아니라, 감내할 수 있는 수준의 MDD 안에서 꾸준히 우상향하는 곡선을 그리는 전략을 의미한다.

하지만 백테스팅이 만능은 아니다. 백테스팅을 진행할 때 가장 경계해야 할 함정은 과적합^{Overfitting}이다. 이는 과거의 데이터에만 지나치게 끼워 맞춘 전략을 만드는 것을 의미한다. 예를 들어 "RSI가 30일 때 산다"는 전략보다 "RSI가 28.5일 때 사고 62.3일 때 판다"는 전략이 과거 테스트에서는 더 높은 수익률을 기록할 수 있다. 그러나 이렇게 과거 데이터의 노이즈까지 학습하여 최적화된 전략은 패턴이 조금만 달라져도 미래 시장에서는 실패할 확률이 높다. 과거는 미래의 거울일 뿐, 미래 그 자체가 아니기 때문이다. 또한, 실제 매매에서 발생하는 슬리피지^{매수 주문 시 내가 원하는 가격보다 비싸게 체결되는 현상}나 거래 수수료를 고려하지 않은 백테스팅 결과는 실제 수익률과 큰 괴리를 보일 수 있다는 점도 명심해야 한다.

결국 백테스팅은 미래를 예언하는 도구가 아니라 내 전략의 논리적 결함을 찾고, 리스크를 사전에 인지하게 해주는 안전장치와 같다. 우리는 파이썬의 다양한 라이브러리를 활용해 수년 치의 주가 데이터를 순식간에 분석할 수 있다. 이 과정을 통해 막연한 기대감이 아닌 통계적 확률에 근거한 투자를 할 수 있게 되며 이는 시스템 트레이딩을 지속 가능하게 만드는 가장 강력한 무기가 된다.

안티그래비티에서 백테스팅을 진행하는 방법은 너무 간단하다. 지금까지는 좀 더 명확한 지시를 위해 제미나이에서 프롬프트를 작성해서 입력하는 과정을 거쳤지만 사실 안티그래비티에 직접 입력해도 잘 작동한다. 자동매매시스템을 구축한 폴더의 대화창에 백테스팅을 요청하기만 하면 된다.

지금 작성한 기술적 지표의 매매신호에 따른 자동 매매 전략에 대한 백테스팅을 진행해 줘.

너무 간단하지 않은가? 그럼 안티그래비티는 자료 검증을 위한 방법을 구상하고, 실행하게 된다.

다음은 백테스팅 결과를 나타낸다.

항목	결과
초기 자본금	100,000,000원
최종 자산	119,499,24원
총 수익률	19.50%
MDD(최대낙폭)	-9.00%
승률	45.76%
총 매매 횟수	354회

표 6-5 안티그래비티 기술적 분석 백테스팅 결과

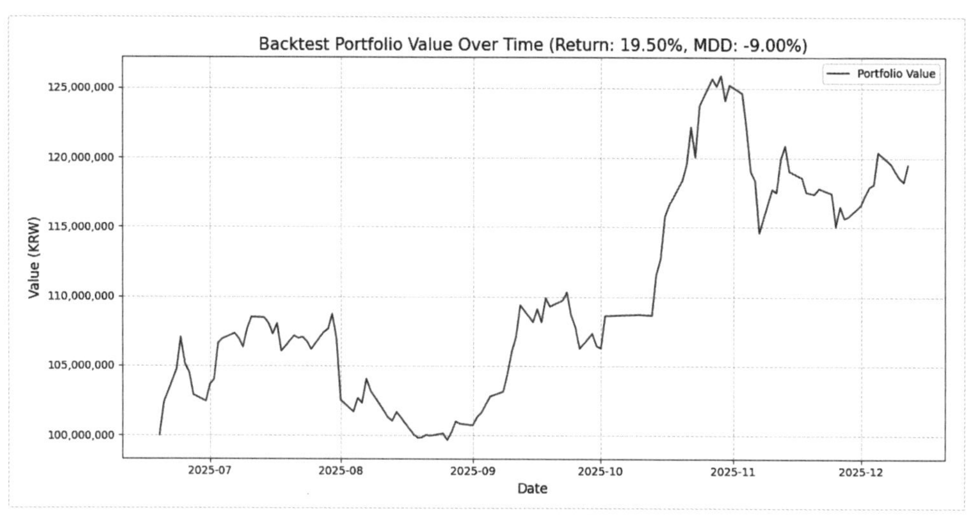

그림 6-22 안티그래비티 기술적 분석 백테스팅 결과

우리가 수립한 종목선정방식과 매매전략을 지난 6개월간 백테스팅을 진행해 보니 1억을 투자했다고 가정했을 때 19.50%의 수익률을 기록했다. 승률이 50%를 하회하기는 하지만 MDD가 -9.00%로 양호한 수준이다. 매매횟수가 354회이므로 수수료를 무시할 수 없을 것 같다. 위 수익률은 매수 시 0.015%, 매도 시 0.165%증권거래서 0.15%포함의 수수료를 반영한 수익률이다. 수수료를 감안했을 때도 상당히 안정적인 수익률을 달성했다.

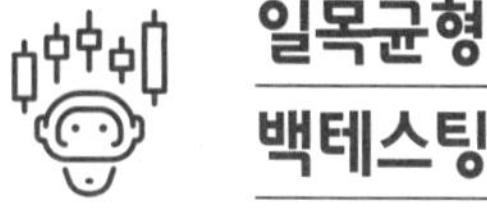

일목균형표로 백테스팅하기

일목균형표(Ichimoku Kinko Hyo)

이번에는 일목균형표라는 기술적 지표를 이용해 백테스팅을 진행해보자. 일목균형표는 1930년대 일본의 신문기자였던 호소다 고이치가 약 30년의 연구 끝에 1969년에

AI를 활용하는 스마트한 주식투자

발표한 지표이다. 단순히 가격의 흐름만 보는 다른 지표들과 달리, '시간'의 개념을 도입하여 현재의 주가가 과거 및 미래와 어떤 균형을 이루고 있는지를 한눈에일목 파악할 수 있게 설계했다. 주가 추세의 전환 시점을 예측하고 지지와 저항 구간을 시각적으로 확인하는 데 탁월한 성능을 발휘한다.

일목균형표는 5개의 선으로 구성되며, 각 선은 특정 기간의 최고가와 최저가의 중간값을 계산하여 산출한다. 계산 방법은 다음과 같다.

먼저, 5가지 핵심 지표를 계산한다.

① **전환선** : 최근 9일간의 (최고가 + 최저가) / 2

② **기준선** : 최근 26일간의 (최고가 + 최저가) / 2

③ **선행스팬 1** : (전환선 + 기준선) / 2의 값을 26일 앞에 표시

④ **선행스팬 2** : 최근 52일간의 (최고가 + 최저가) / 2의 값을 26일 앞에 표시

⑤ **후행스팬** : 당일 종가를 26일 뒤에 표시

이 중 선행스팬 1과 선행스팬 2 사이의 공간을 '구름대 Kumo'라고 부르며, 이 구름의 두께와 위치가 시장의 강력한 지지나 저항을 나타낸다.

간단하게 최근 9일간의 데이터를 바탕으로 전환선을 계산해 보자.

날짜	종가 (고가/저가 동일 가정)	최근 9일 최고가	최근 9일 최저가	전환선
1일	10,000원	-	-	-
...	...	...	...	...

| 8일 | 12,000원 | - | - | - |
| 9일 | 11,500원 | 12,000원 | 10,000원 | 11,000원 |

9일간의 최고가(12,000원)와 최저가(10,000원)의 중간값인 11,000원이 전환선이 된다. 만약 현재 주가(11,500원)가 전환선(11,000원)보다 위에 있다면 단기적으로 매수세가 우위에 있다고 판단한다.

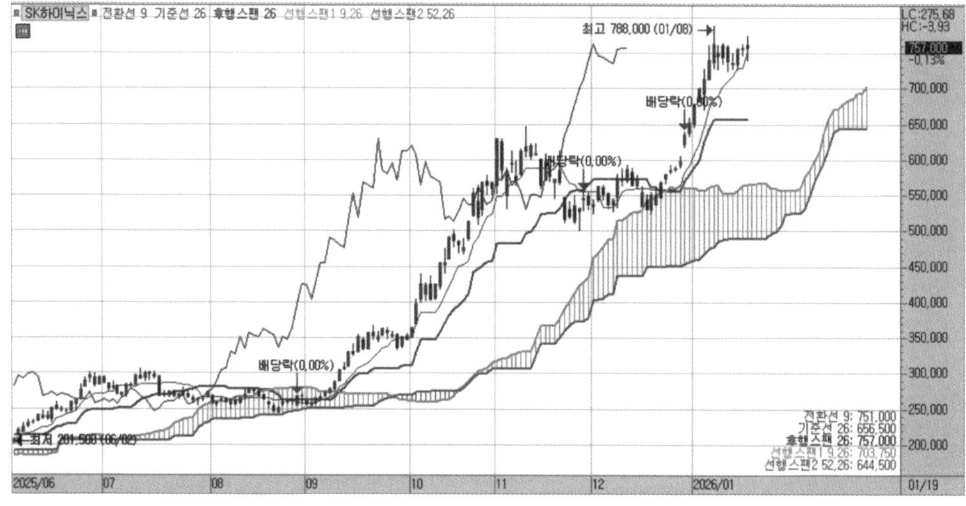

그림 6-23 SK하이닉스 일목균형표

일목균형표를 활용한 실전 매매 전략은 다음과 같다.

● **매수신호** : 전환선이 기준선을 상향 돌파하고 주가가 구름대 위에 위치하며 후행스팬이 26일 전의 주가보다 높을 때를 가장 강력한 매수 신호로 본다.

AI를 활용하는 스마트한 주식투자

- **매도신호** : 전환선이 기준선을 하향 돌파하고, 주가가 구름대 아래로 진입할 때는 추세가
  하락으로 반전된 것으로 보고 매도로 대응한다.

- **구름대 활용** : 주가가 두꺼운 구름대 위에 있으면 안정적인 지지를 받는 것으로 보며, 반대
  로 구름대 아래에 있으면 강한 저항에 부딪혀 상승이 어려울 것이라고 예측한다.

종목 선정과 투자결과 분석하기 (백테스팅)

안티그래비티에 일목균형표로 매수 종목 선정을 요청하고, 해당 종목을 6년 동안
매매했을 때 수익률을 검증을 요청해보자. 미국 주식과 함께 백테스팅을 해보자.

PROMPT

한국 주식 코스피200과 코스닥 50 종목을 대상으로 하고 미국 주식은 S&P500종목
을 대상으로 최근 6년간 일목균형표를 이용한 매매전략이 유효한지 백테스팅을 진행
해보고 싶어. 구체적인 프롬프트를 작성해 줘.

Gemini

[역할 설정] 너는 파이썬 기반의 퀀트 트레이딩 시스템 개발자이자 데이터 분석가야.
아래 서술된 복합적인 매매 전략을 한국(KR)과 미국(US) 시장에 대해 각각 백테스팅하
고, 그 결과를 시각화된 리포트로 제출해 줘.

[1. 대상 유니버스 및 데이터 수집]

- 한국(KR): KOSPI 200 및 KOSDAQ 50 지수 구성 종목 (최신 리스트 반영 요망).
- 미국(US): S&P 500 내 시가총액 상위 100개 종목.
- 기간: 최근 6년 (데이터 가용성에 따라 조정 가능).
- 도구: yfinance 또는 pykrx 라이브러리를 사용하여 시가총액 데이터와 수정주
  가 데이터를 수집할 것.

[2. 기술적 지표 계산: 일목균형표(Ichimoku Cloud)]

각 종목별로 다음 지표를 계산해:

1. **전환선(Tenkan):** (과거 9일간 최고가 + 최저가) / 2

2. **기준선(Kijun):** (과거 26일간 최고가 + 최저가) / 2

3. **선행스팬1(Span A):** (전환선 + 기준선) / 2 (26일 선행)

4. **선행스팬2(Span B):** (과거 52일간 최고가 + 최저가) / 2 (26일 선행)

5. **구름대 상단:** max(선행스팬1, 선행스팬2)

[3. 매매 로직 및 자금 관리]

- 매수 조건 (Entry): 현재가 > 구름대 상단 AND 전환선 > 기준선

- 매도 조건 (Exit): 현재가 < 기준선 도달 시 전량 매도

- 포트폴리오 규칙:

  ① 최대 보유 종목: 20개로 제한.

  ② 종목당 비중: 동일 비중(자산의 5%)으로 진입.

  ③ 우선순위: 매수 신호가 동시에 여러 종목에서 발생할 경우, 시가총액이 큰 순서대로 빈 슬롯을 채움.

  ④ 재진입: 매도 후 다시 매수 조건이 충족되면 재진입 가능.

[4. 출력 결과 (Artifacts)]

1. **백테스트 성과 지표:** 누적 수익률, 연평균 수익률(CAGR), 최대 낙폭(MDD), 샤프 지수, 승률을 표로 정리해 줘.

2. **수익률 곡선 차트:** 전략 수익률과 벤치마크(KOSPI 200 또는 S&P 500)를 비교한 그래프를 생성해.

3. **포트폴리오 분석:** 백테스트 기간 동안 가장 수익률이 좋았던 Top 5 종목과 매매 횟수를 요약해 줘.

[실행 지침]

- 모든 코드는 안티그래비티 내부 터미널에서 실행 가능한 파이썬 코드로 작성

    AI를 활용하는 스마트한 주식투자

이 프롬프트를 안티그래비티에 붙여넣고 백테스팅을 진행해 보자. 다음은 백테스팅 결과이다.

안티그래비티

한국 및 미국 주식 백테스팅 성과 보고서

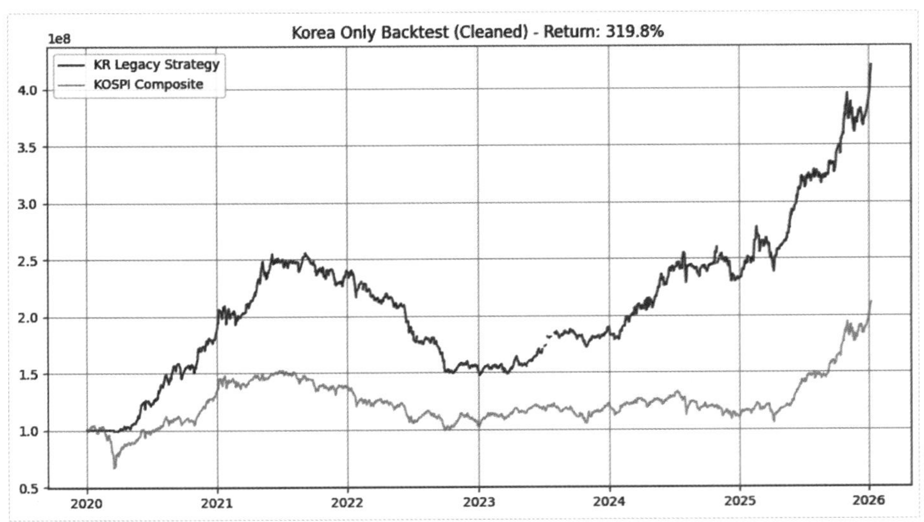

그림 6-24 한국주식 일목균형표 백테스팅 수익률 결과

1. 매매 전략 개요 (Strategy Overview)

본 전략은 일목균형표(Ichimoku Cloud)의 추세 추종 신호를 기반으로 하며, 검증된 우량주(대형주) 위주로 포트폴리오를 구성하여 안정적인 수익을 추구합니다.

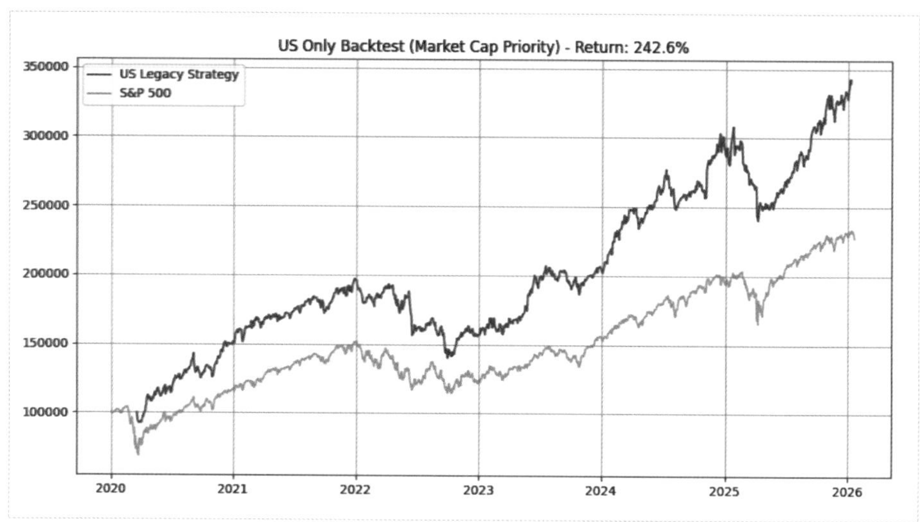

그림 6-25 S&P500 일목균형표 백테스팅 수익률 결과

1.1 대상 종목 (Investment Universe)

● 한국(South Korea): KOSPI 시가총액 상위 200위 + KOSDAQ 시가총액 상위 50위 (총 250 종목)

● 미국(USA): 시가총액 상위 우량주 (Mega-cap & Large-cap)

1.2 매매 규칙 (Trading Rules)

● 매수 조건 (Buy Signal): 다음 두 가지 조건을 동시에 만족할 때 매수합니다.

  ① 구름대 돌파: 주가(Close)가 구름대(선행스팬1, 2) 상단을 상향 돌파

  ② 이동평균 정배열(유사): 전환선(Tenkan)이 기준선(Kijun)보다 위에 위치 (Golden Cross)

● 매도 조건 (Sell Signal):

  ○ 추세 이탈: 주가가 기준선(Kijun) 아래로 하락하면 즉시 매도하여 리스크 관리

● 자금 관리 (Money Management):

  ○ 포트폴리오 구성: 최대 20개 종목 분산 투자

  ○ 비중: 종목당 자산의 5% 균등 배분

  ○ 우선순위: 매수 신호 발생 시 시가총액 상위 종목 우선 편입

AI를 활용하는 스마트한 주식투자

2. 전체 성과 요약 (Total Performance Summary)

기간: 2020년 1월 1일 ~ 2026년 1월 21일 (약 6년)

전략 실행 결과, 한국과 미국 시장 모두에서 시장 지수(Benchmark)를 크게 상회하는 성과를 기록했습니다.

구분	전략 누적 수익률	벤치마크 누적 수익률	초과 수익률 (Alpha)	벤치마크 지수
한국 (KR)	**319.5%**	110.7%	**+208.8%p**	KOSPI (^KS11)
미국 (US)	**242.1%**	133.00%	**+109.1%p**	S&P 500 (SPY)

표 6-7 한국주식과 미국주식 백테스팅 결과 ①

3. 연도별 수익률 상세 (Annual Returns Detail)

3.1 한국 주식 (Korea)

변동성이 큰 한국 시장 특성상, 상승장(2020, 2024~2025)에서는 시장을 압도하는 수익을 냈으나, 하락장(2022)에서는 방어력이 다소 부족했습니다.

연도 (Year)	전략 수익률 (%)	KOSPI 수익률 (%)	차이 (%p)	비고
2020	**84.00%**	32.1%	+51.9%p	대세 상승장 초과 수익
2021	**30.3%**	3.6%	+26.7%p	횡보장에서 선방
2022	**-36.00%**	-24.9%	-11.1%p	하락장에서 방어 실패
2023	**23.3%**	18.7%	+4.5%p	시장 회복기 동조
2024	**22.4%**	-9.6%	+32.0%p	하락장 속 수익 달성 (우수)
2025	**65.2%**	75.6%	-10.4%p	시장 폭등기 소폭 하회
2026 (YTD)	**9.7%**	8.8%	+0.9%p	연초 양호한 흐름

표 6-8 한국주식과 미국주식 백테스팅 결과 ②

3.2 미국 주식 (United States)

전반적으로 벤치마크와 유사한 흐름을 보이면서도, 상승장에서의 베타(Beta) 효과로 누적 수익률을 극대화했습니다.(2022)에서는 방어력이 다소 부족했습니다.

연도 (Year)	전략 수익률 (%)	S&P500 수익률 (%)	차이 (%p)	비고
2020	51.7%	17.2%	+34.4%p	기술주 중심 랠리 수혜
2021	29.3%	28.7%	+0.6%p	시장 수익률과 유사
2022	-20.2%	-18.2%	-2.0%p	하락장 동조화
2023	31.3%	26.2%	+5.1%p	회복장 초과 수익
2024	40.2%	24.9%	+15.3%p	강세장 주도
2025	13.9%	17.7%	-3.8%p	시장 소폭 하회
2026 (YTD)	4.4%	1.8%	+2.6%p	연초 강세

표 6-9 한국주식과 미국주식 백테스팅 결과 ③

3.3 한국과 미국 성과비교

항목	한국 (Strategy)	미국 (Strategy)	비고
테스트 기간	2020-01-02 ~ 2026-01-09 (약 6.0년)	2020-03-18 ~ 2026-01-09 (약 5.8년)	미국 데이터 확보 시점 차이
초기자본	100,000,000원	$100,000	
최종 자산	419,794,681원 (+319.8%)	$342,558 (+242.6%)	한국 전략 수익률 우위
연평균 수익률 (CAGR)	26.91%	23.59%	
최대 낙폭 (MDD)	-42.3%	-28.94%	미국 전략이 더 안정적
승률	38.7%	44.23%	추세 추종 특성상 승률은 낮음

매매 횟수	3,287회	3,138회
전략 요약	KOSPI 200 / KOSDAQ 50 대상 일목균형표 추세 추종	시가총액 상위 우량주 대상 일목균형표 추세 추종

표 6-10 한국주식과 미국주식 백테스팅 결과④

일목균형표를 이용한 한국 주식 매매전략을 약 6년간 백테스팅해 본 결과 누적 투자수익률이 319.8%로 연평균 26.91%의 매우 높은 수익률을 달성했다. 같은 기간 코스피 수익률이 110.7%로 우리 전략이 +209.1% 더 높은 수익을 기록했다. 투자 횟수 대비 승률은 38.7%로 다소 낮고, MDD가 -42.30%로 높은 편이지만 코스피 대비 압도적인 수익률을 기록했다.

미국 주식의 결과도 비슷했다. 약 5.8년간 테스트해 본 결과 누적 투자수익률이 242.6%로 연평균 23.59%의 우수한 수익률을 달성했다. 같은 기간 S&P 500 수익률이 133.0%로 우리 전략이 +109.6% 더 높은 수익을 기록했다. 승률은 44.23%로 준수하며, MDD가 -28.94%로 비교적 안정적인 흐름을 보였다. 한국 시장보다 변동성은 낮으면서도 꾸준한 우상향 수익을 기대할 수 있는 전략이다. 기술적 지표를 이용한 매매전략이 미국 시장에서도 동일하게 작동하는 것을 확인할 수 있었다. 이 전략을 그대로 자동매매로 만들어보고 싶다면 안티그래비티에게 **"이 전략으로 한국투자증권 API를 통한 자동매매를 구축해 줘"** 라고만 하면 된다!

머신러닝(Machine Learning)을 이용하여 전략 고도화하기

지금까지 사용한 이동평균선이나 RSI 같은 지표들은 규칙 기반^{Rule-based} 시스템이다. "5일 이동평균선이 20일 이동평균선을 돌파하면 매수한다" 혹은 "RSI가 30 밑으로 떨어지면 산다"와 같은 명확한 규칙은 단순하고 강력하지만 약점도 가지고 있다. 시장은 수학 공식처럼 딱딱 맞아떨어지는 세계가 아니라 금리, 환율, 국제 정세, 투자자들의 심리 등 수만 가지 변수가 얽혀있는 복잡한 환경이다. 과거에 통했던 공식이 미래의 시장 환경에서는 전혀 작동하지 않을 수 있으며, 단순한 규칙만으로는 급변하는 시장의 변동성을 모두 담아낼 수 없다.

이러한 한계를 극복하고 시장의 복잡성을 꿰뚫어 보기 위해 필요한 것이 바로 머신러닝Machine Learning과 딥러닝Deep Learning이다. 인공지능은 인간이 정의한 고정된 규칙을 따르는 것을 넘어, 데이터 속에서 스스로 규칙을 찾아내고 학습한다.

기존의 기술적 분석은 오직 차트상의 가격과 거래량 정보에만 의존했다. 하지만 머신러닝 모델은 차트 데이터뿐만 아니라 금리, 환율, 유가, 미국 증시 동향, 심지어 뉴스 기사의 뉘앙스까지 학습의 재료로 삼을 수 있다. 서로 다른 성격의 방대한 데이터를 한꺼번에 분석하여, 인간이 미처 파악하지 못한 변수 간의 입체적인 상관관계를 찾아낸다.

머신러닝은 숨겨진 비선형적 패턴을 발견할 수 있다. 주식 시장에는 '골든크로스'처럼 눈에 띄는 패턴만 존재하는 것이 아니다. 데이터 깊숙한 곳에는 인간의 직관이나 단순한 수식으로는 정의하기 힘든 미세하고 복잡한 패턴들이 숨어 있다. 딥러닝, 특히 시계열 데이터 분석에 특화된 모델들은 이러한 비선형적 패턴을 스스로 학습하여 시장의 흐름을 예측한다.

머신러닝은 확률적 접근이 가능하게 해준다. 기존 방식이 '산다' 혹은 '안 산다'의 이분법적인 결정을 내렸다면 머신러닝은 "내일 주가가 오를 확률이 70%이다"와 같이 확률적인 예측값을 제시한다. 이를 통해 투자자는 단순한 매매 신호를 넘어, 확신의 정도에 따라 투자 비중을 조절하는 등 더욱 정교한 리스크 관리를 할 수 있게 된다.

머신러닝이나 딥러닝을 주식투자에 즉시 적용하는 것은 전문가들에게도 상당히 도전적인 과제이다. 개념 자체가 난해할 뿐만 아니라, 이를 구현하기 위한 환경 설정과 데이터 처리 과정이 매우 방대하기 때문이다. 하지만 안티그래비티의 보조를 받는다면, 이러한 고차원적인 시스템의 구조를 이해하고 시도해볼 수 있다.

주의할 점은 단순한 기술적 지표 몇 개만으로는 딥러닝 모델의 진정한 위력을 발휘할 수 없다는 사실이다. 모델이 시장의 복잡한 패턴을 읽어내기 위해서는 거시 경제 지표부터 투자자 동향까지 폭넓은 데이터가 유기적으로 결합되어야 한다.

이에 여러분들이 딥러닝 기반 자동매매의 전체적인 흐름을 파악하고 자신만의 전략을 구상해 볼 수 있도록, 실제 작동하는 고도화된 시스템의 사례를 준비했다. 이 예시는 한국투자증권 API와 최신 AI 모델인 TFT^{Temporal Fusion Transformer}를 결합한 프로젝트의 구조이다.

주식자동 매매 프로젝트 문서

한국투자증권(KIS) API를 기반으로 작동하는 AI 자동매매 봇의 현재 코드 구조와 로직을 상세히 설명합니다.

1. 프로젝트 개요

- 목표: TFT(Temporal Fusion Transformer) AI 모델을 활용해 유망 종목을 선정하고, 변동성 돌파 전략(ATR)으로 장중 자동 매매를 수행.

- 핵심 기능:
  - 장 시작 전 AI 모델 추론을 통한 종목 선정(Top 5).
  - 장중 실시간 시세 감시 및 자동 매수/매도.
  - 텔레그램을 통한 실시간 상태 보고 및 체결 알림.
  - API 호출 제한(Rate Limit) 자동 관리.

○ 일별 투자 성과 자동 기록 (daily_summary.csv).

2. 파일별 역할 및 상세 설명

real_trader_main.py (메인 실행 파일)

두뇌에 해당하며, 전체 프로그램의 흐름을 제어합니다.

- **주요 기능:**
  - 초기화: API 연결, AI 모델 로드, 종목 선정(strategy.select_targets) 실행.
  - 상태 관리:
  - trade_state.json 파일을 통해 매수/매도 상태, 보유 수량, 목표가 등을 관리 (재시작 시 복구 가능).
  - 매매 루프 (Trading Loop):
    - 09:00 ~ 15:40 동안 무한 반복하며 시세를 조회합니다.
    - 매수 로직: 현재가 >= 돌파가격(Breakout) 조건 만족 시, 예수금의 20% 비중으로 매수.
    - 매도 로직: 현재가 >= 목표가(Target) (익절) 또는 현재가 <= 손절가 (Stop) (손절) 도달 시 전량 매도.
  - 속도 조절 (Rate Limiting):
    - API 초당 거래건수 초과 방지를 위해 종목당 0.5초, 루프당 2.0초의 대기 시간을 가집니다.
    - 초기 구동 시 15초(10초+5초)간 대기하여 할당량을 회복합니다.
  - 자동 종료: 15:40 장 마감 시 daily_summary.csv에 기록을 남기고 텔레그램 보고 후 종료합니다.

kis_api.py (KIS API 연동)

손과 발에 해당하며, 증권사 서버와 통신합니다.

- **주요 기능:**

○ 인증:

○ kis_key.txt에서 키를 읽어 토큰을 발급받고 관리합니다.

○ 시세 조회:

○ get_current_price(현재가),

○ get_daily_chart_price(일봉 차트) 등을 수행합니다.

○ 주문:

○ send_order 함수로 시장가 매수/매도 주문을 넣습니다.

○ 잔고/체결:

○ get_balance(예수금, 총자산, 수익률),

○ get_daily_order_history(당일 체결 내역)를 조회합니다.

○ 특이사항: 최근 업데이트로 잔고 조회 시 D+2 예수금과 총 평가 자산을 정확히 가져오도록 개선되었습니다.

strategy_core.py(전략 및 AI)

지능에 해당하며, 어떤 종목을 살지 결정합니다.

- 주요 기능:
  - ○ 데이터 수집: 주요 우량주 20개에 대해 120일치 차트, 투자자 동향, 거시 경제 지표(환율, 금리)를 수집합니다.

  - ○ AI 추론: 학습된 TFT 모델(best_model_tft.pth)을 로드하여 각 종목의 상승 확률을 예측합니다.

  - ○ 종목 선정: 예측 점수가 높은 상위 5개 종목을 선정합니다.

  - ○ 가격 전략 수립(ATR):

    - 각 종목의 변동성(ATR)을 계산하여 목표가와 손절가를 설정합니다.
    - 목표가(Target): 현재가 + (ATR * 2.0)
    - 손절가(Stop): 현재가 − (ATR * 1.5)

macro_data.py (거시 데이터)

- FRED(연준 데이터)에서 환율(DEXKOUS)과 미국 10년물 국채금리(DGS10)를 수집하여 AI 모델에 제공합니다.

run_bot.bat (자동 실행)

- 윈도우 작업 스케줄러(Task Scheduler)와 연동하여 매일 아침 07:00에 봇을 자동으로 실행시키는 배치 파일입니다.

liquidate_all.py (긴급 청산)

- 비상 시 실행하는 스크립트로, 현재 보유 중인 모든 종목을 즉시 시장가로 매도하고 프로그램을 종료합니다.

3. 실행 흐름 요약

1. 07:00:
2. run_bot.bat에 의해 자동 실행.
3. 초기화: AI 모델 로드 및 데이터 수집 -> 유망 종목 5개 선정.
4. 대기: 09:00 장 시작 전까지 대기.
5. 장중 매매 (09:00 ~ 15:40):
   - 선정된 종목의 가격을 2초 간격으로 순환 감시.
   - 조건 만족 시 매수/매도 진행 및 텔레그램 알림.
6. 종료 (15:40):
   - 당일 매매 요약 저장.
   - 최종 상태 보고 후 프로그램 종료.

이처럼 딥러닝을 활용한 자동매매는 파일 간의 유기적인 결합과 정밀한 로직 설계가 필수적이다. 모든 코드를 이 자리에서 직접 구현해 보기에는 복잡도가 높으므로, 여기서는 시스템 설계를 위한 예시를 제시하는 것으로 이번 장을 마무리하겠다.

지금까지 이 책을 통해 AI에 질문하는 법부터 주식 자동매매 시스템 구축 그리고 딥러닝을 활용해 수익률을 극대화하는 방법까지 살펴보았다. "AI로 주식을 한다"는 말이 처음에는 막연하게 느껴졌을 수 있지만 이제는 프롬프트 몇 줄로 고도화된 전략에 접근할 수 있다는 사실을 직접 확인했을 것이다.

물론 머신러닝과 딥러닝의 세계는 매우 방대하다. 이를 자유자재로 다루고 모델의 내부 구조까지 완벽하게 이해하기 위해서는 통계학, 선형대수, 심화 프로그래밍에 대한 깊은 공부가 필요하다. 이 모든 내용을 다루기는 이 책의 범위를 넘어서기에 기술적인 가이드는 여기까지 마무리한다.

하지만 다양한 전략을 이용한 수익률 개선 시도는 충분히 가능하다. 현재까지 배운 AI 활용법만으로도 독자 스스로 더 깊은 지식을 습득하기에 충분하다. 이제 주식 수익률을 높이기 위한 전문적이고 학술적인 자료에도 직접 접근할 수 있다.

제미나이의 딥리서치 기능을 적극적으로 활용해 볼 것을 권한다. 수많은 주식투자 전략 논문을 검색하고, AI에게 "이 논문에서 통계적으로 유의미하다고 검증된 전략의 핵심 로직을 분석해 주고, 이를 파이썬 코드로 구현해 줘"라고 요청할 수 있다. 과거에는 펀드매니저나 금융 공학자들만의 영역이었던 전문 지식을 이제는 직접 활용할 수 있게 되었다.

이 책에서 익힌 AI 활용 능력은 비단 주식투자에만 국한되지 않는다. 데이터를 수집하고, 분석하고, 자동화하며, 질문을 통해 해결책을 찾아내는 과정은, 마주하는 어떤 문제 해결에도 적용될 수 있다. 다각도로 AI를 활용하는 이 정도의 기술을 익혔다면, 주식뿐만 아니라 원하는 목표를 달성하기에 충분할 것이다.

이제 24시간 지치지 않는 AI 파트너와 함께 끊임없이 검증하며, 자신만의 성공적인 투자 원칙을 완성해 나가길 바란다.